新时代新商科系列教材

全球营销管理

主　编　马　颖
副主编　邱　欣　杨　帆

武汉理工大学出版社

内 容 提 要

在经济全球化浪潮中，中国企业如何运用各种资源提升在国际市场上的竞争力是学界和企业界共同关心的问题。本书基于习近平新时代中国特色社会主义思想，采用马克思主义经济理论和辩证唯物主义、历史唯物主义世界观，充分结合管理学的理论和方法，重点研究当前世界大变局背景下全球营销理论与方法的新变化、全球政治经济和文化新形势、"一带一路"倡议下区域市场理论，并结合中国改革开放的实践、中外经典案例进行分析，探讨"百年之大变局"后全球营销战略方案，为中国企业"出海"提供相关建议。

图书在版编目(CIP)数据

全球营销管理/马颖主编. —武汉：武汉理工大学出版社，2023.9
ISBN 978-7-5629-6856-6

Ⅰ.①全… Ⅱ.①马… Ⅲ.①国际营销-营销管理 Ⅳ.①F740.2

中国国家版本馆 CIP 数据核字(2023)第 153667 号

全球营销管理
QUANQIU YINGXIAO GUANLI

项目负责人：楼燕芳　　责任编辑：向玉露
责任校对：赵星星　　排　　版：天成图文
出版发行：武汉理工大学出版社
社　　址：武汉市洪山区珞狮路 122 号
邮　　编：430070
网　　址：http://www.wutp.com.cn
经　　销：各地新华书店
印　　刷：武汉市洪林印务有限公司
开　　本：787×1092　1/16
印　　张：13.5
字　　数：360 千字
版　　次：2023 年 9 月第 1 版
印　　次：2023 年 9 月第 1 次印刷
定　　价：48.00 元

凡使用本教材的教师，可通过 E-mail 索取教学参考资料。
E-mail：10124159@qq.com
本社购书热线电话：027-87384729　87664138　87165708(传真)
凡购本书，如有缺页、倒页、脱页等印装质量问题，请向出版社发行部调换。

新时代新商科系列教材

编审委员会

总 序

新时代,我国发展的新的历史方位对商科人才的培养提出了新的要求。教育部发布的《关于深化本科教育教学改革 全面提高人才培养质量的意见》(以下简称《意见》)明确指出:要深化高校专业供给侧改革,在本科高校人才培养方面,要积极发挥“互联网+教育”模式的优势,探索智能化教育新形态。培养出符合时代发展需要、满足行业需求的应用型、复合型新商科人才,是新时代商科教育改革发展的阶段性目标,将为我国经济社会实现可持续发展提供重要的人才保障。为此,我们组织人员编著了这套“新时代新商科系列教材”。

新一轮科技革命和产业革命引发的商科教育变革越来越清楚地表明,必须重新审视与深刻思考传统意义上的以专业职能培养为导向的商科教育,勇于探索与积极实践一场范式转化意义上的商科教育的深入变革。本系列教材的编著立足中国特色社会主义进入新时代这一新节点,面对中国高等教育的新需求、新变化、新阶段、新特征、新考验,特别是党的十九届五中全会确定的高等教育发展的新目标和新要求,力求大力推进商科人才培养范式的新变革,以期为挖掘中国改革开放和现代化建设的伟大实践,构建新时代新商科理论体系,建设优质商科教学资源和内容做出贡献。

本系列教材首批共有十五种,涵盖工商管理和管理科学与工程两个学科,具有以下四个鲜明的特色:

一是体现专业思政。高校的根本任务是立德树人,教材是传播知识的最重要载体,本系列教材的内容结合立德树人的根本要求,强调知识与思政内容的有机结合,在传授知识的同时,重视家国情怀、人格塑造和科学方法论知识的传播。因此,本系列教材不仅是知识传播的载体,更是立德树人的渠道。

二是强调交叉融合。为满足新经济时代对商科人才的能力要求,本系列教材以管理与技术的融合为特色,包含了最新的全球营销、网络营销、财务智能分析、大数据分析以及商务数据决策等新时代新经济发展所需要的理论知识与实践应用。

三是立足市场导向。为全面培养新时代的商科人才,本系列教材不仅包含了战略管理、财务管理、会计学等基础性商科理论知识,还涵盖了面向实际需求的情商与沟通管理、项目管理、数据分析等新商科人才应具备的实践技能。

四是扎根中国情境。本系列教材以中国特色话语体系为主导,在强调与国际接轨的同时,也强调中国国情,采用中国案例,用符合中国国情的理论解释中国现象,解决中国问题,指导中国的经济发展实践,其内容更加适合中国实际,符合新时代中国高校的课程设置。

本系列教材结合互联网技术,根据每种教材的具体内容,配套相关的多媒体资源,在一定程度上弥补纸质书的缺陷。除了适用于工商管理、管理科学与工程学科的本科生外，本系列教材也可作为工商管理、管理科学与工程学科的研究生以及工商管理从业人员的参考资料。

随着新时代教育改革的不断深入、新技术的日新月异和新经济的蓬勃发展，商科的研究和教育应顺应时代潮流，不断发展和完善，教材也要不断更新内容——“终日乾乾，与时偕行”。编著这套教材，是在新时代对新商科教材建设的初步探索和尝试，希望广大读者对这套教材提出批评与建议，以便于我们不断修订与完善。

新时代新商科系列教材编写委员会

前　　言

习近平主席“当今世界正处于百年未有之大变局”的重大论断，深刻揭示了世界新时代特征。近年来，中国的综合国力不断增强，世界影响不断扩大，百年未有。2020年，新冠肺炎疫情暴发，国际金融危机对西方经济造成严重冲击；美国加息影响全球金融市场，全球化进程遭遇逆流；新科技革命使发展理念和发展模式发生深刻变化。与此同时，俄乌战火难熄，全球能源和农业供给格局被打破，大国博弈进入未知领域。在2022年世界经济论坛视频会议上的讲话中，习近平主席更加明确了在世界处于百年未有之大变局背景下，中国将坚定不移推进改革开放，继续使市场在资源配置中起决定性作用，继续扩大高水平对外开放，稳步拓展规则、管理、标准等制度型开放，推动共建“一带一路”高质量发展。

基于习近平新时代中国特色社会主义思想，本书采用马克思主义经济理论和辩证唯物主义、历史唯物主义世界观，充分结合管理学的理论和方法，重点研究当前世界大变局背景下全球营销理论与方法的新变化、全球政治经济和文化新形势、“一带一路”倡议下区域市场理论，并结合中国改革开放的实践、中外经典案例进行分析，探讨“百年之大变局后”全球营销战略方案，为中国企业“出海”提出相关建议。

本书的编写基于作者团队十余年的教学实践和科研经验，从全球化视角梳理营销战略框架和管理理论，结合国内外企业最新案例进行对比分析。在“全球营销的经济环境”部分，分析数字经济中对全球营销结算产生巨大影响的通证经济。每章都配备与理论内容相关的案例，扩大读者的国际化视野，提高对全球市场的洞察力。本书在一定程度上推动了全球营销理论框架和中国企业应对策略研究，对高校和科研单位管理学研究者、专业硕士和博士研究生系统了解全球营销格局演变的特点，探索其理论和方法，思考中国企业全球营销发展方向和具体应对策略具有重要的参考价值。

本书的编写汇聚了团队的智慧，在本书即将出版之际，特别感谢武汉理工大学管理学院邱欣老师（编写第二章、第三章、第五章）、桂林航天工业学院管理学院杨帆老师（编写第八章、第九章、第十章、第十一章和第十二章）的辛苦付出，感谢武汉理工大学管理学院市场营销专业学生寇佳婷、况星园、郭天莉、汪刘丽媛对本书编写所做出的贡献。由于世界形势瞬息万变，限于时间和水平，书中难免存在纰漏和不足，敬请各位专家、同仁和读者朋友批评指正，后续作者团队将持续进行完善和更新。

教授、博士生导师：马颖

2023年2月

目　录

第一章　全球营销管理导论

学习目标

1. 掌握全球营销的定义、发展阶段和核心理念。
2. 理解全球营销的驱动因素以及重要意义。
3. 洞悉大数据背景下全球营销趋势。
4. 熟悉中国企业全球化发展现状。

开篇案例

特斯拉和拼多多不友好地过招

在全球营销市场中，品牌商和零售商本应该是相生相长的关系，品牌商会借助零售商增加销量、完善渠道，零售商需要与品牌商建立长期稳定的关系，以保证优质货源。特斯拉的野蛮生长没有问题，如果不按照中国的市场规则进行调整，不遵守市场秩序和法律法规，销售效率和市场规模就会受限，服务体系的成本会非常之高。

案例背景

特斯拉和拼多多的这次纠纷主要因一位武汉车主的买车过程而产生。这位车主想买的是特斯拉 Model 3 的标准续航升级版，补贴后的售价约 27 万元。2020 年 8 月 26 日，在拼多多网站上，这款车的团购价只要 25 万元左右，5 人就可以成团，比特斯拉官方便宜了差不多 2 万元，2 万元的差额是拼多多自己掏钱给的补贴。这看上去是一个多方共赢的事，但问题在于拼多多 25 万元的定价没有获得特斯拉的官方授权，最后导致武汉车主被特斯拉拒绝，不能提车。这个事情引发网上热议，舆论开始发酵。

品牌之争还是模式之争

在中国这样一个巨大的市场中，品牌商的销售体系非常复杂，有代理商、经销商等，线下和线上的零售商也是多样化的。案例中，中美之间的渠道模式出现了冲突，特斯拉、苹果等新兴的品牌商都希望通过自建渠道的模式将商品销售给消费者，这跟品牌的定位、服务模式、产品特性等有很大的关系。

特斯拉有自己的展示店，通过自己的官网商城去销售。因为汽车属于耐用品，它的更换频率是比较低的，所以自营渠道的优势非常显著，无论是价格策略还是服务体系，都由自己来把控。但是作为零售商，拼多多在没有获得品牌方授权和许可的情况下，跟第三方公司一起发起团购进行售卖。

拼多多面临诸多电商的竞争，它的压力随着竞争对手的成长越来越明显。拼多多从去年开始启动了对品牌商品的百亿补贴，这能够带来两个好处：一个好处是促进市场消费者的消费升级，另一个好处是能让品牌商品的消费更多集中在一线和新一线的市场里，拼多多可以在用户增长速度放缓的情况下获取更多的高价值的、高消费能力的用户。但问题是,拼多多自身的组织结构、激励机制和流程、服务体系并不能够很好地去服务品牌商。之前已经有很多品牌商提出抗议,出现过类似的矛盾冲突。这次事件之所以引发热议是因为特斯拉的品牌影响力足够大。

对于新能源电动汽车市场而言,有没有可能像零售业一样实现规模效应,提高效率,降低整车销售的成本,人们拭目以待。

特斯拉的本土化

特斯拉整车生产、交付的周期和快速生产的模式跟原来的燃油车生产有很大的区别。燃油车有很多经销商去释放库存,除了某些高端的车型需要比较长的订货周期之外,大部分都是现货车型。但是特斯拉不同,它想将自己的库存降到很低,因此在官网订了车之后不是马上可以拿到车的,还需要一定的生产周期。这需要很好地协调自己的资金周转周期和原材料生产周期,这个平衡关系只能通过直营这种单一渠道才能控制得很好。

如果要扩大市场,还保持原有的销售体系,而不按照中国的市场规则调整的话,销售效率和市场规模就会受限,服务体系的成本会非常之高。这种局势不只特斯拉需要面对,之前像宝洁、联合利华等外企品牌都已面对过,它们都曾做过一定程度的妥协,不然早就被中国的品牌消灭掉了。所以进入中国市场的全球品牌方的经销体系和渠道体系还是要适应中国的市场。

(案例来源:庄帅、王艺瑾《特斯拉不愿和拼多多"交个朋友"》,载于《超级观点》栏目,2020 年 8 月 25 日,有删改)

第一节　互联网时代的全球营销

一、经济全球化

"全球化"的概念最早由美国经济学家西奥多·莱维特(Theodore Levitt)在 1983 年出版的著作《市场的全球化》中提出,用以概括商品、服务、资本和技术在世界生产、消费和投资领域的国际性发展与扩散。全球化主要表现在经济活动的全球化,包括贸易自由化、生产国际化、技术共享化、资本全球化等一系列具体表现。

根据国际货币基金组织的定义,经济全球化是指跨国商品与服务贸易及资本流动规模和形式的增加,以及技术的广泛迅速传播,使世界各国经济的相互依赖性增强。从流动上来看,经济全球化使得商品、资本、信息、技术、人才等经济要素通过国际交换与国际分工在全球范围内加速流动,其中资本的全球流动可以带动工业发展,加快地区工业化进程和经济发展。从市场经济角度来看,其以交换行为为基本特征,随着专业化分工的不断深化和市场规模的不断扩大,交换关系无限扩展,最终形成一体化的全球市场和全球经济。

关于经济全球化的发展,按照经济学家托马斯·弗里德曼的理论,从 1492 年至今分为三个阶段:

1. 1492—1800 年,第一次经济全球化

该阶段将早期航运作为主要媒介展开经济贸易联系。除了将商品运往远航探索过程中发现的地区,如郑和下西洋、哥伦布远航等,一些航运发达的西欧国家也开启了殖民统治和奴隶贸易。这一阶段又称经济全球化的 1.0 时代。

2. 1800—2000 年,第二次经济全球化

该阶段主要以第二次工业革命为基础,包含从蒸汽机、电力到通信、自动化等多方面领域的技术革命。到 20 世纪中叶,美国成为经济全球化的"领头羊",推动了第二次经济全球化浪

潮。许多后发国家拒绝全球化，闭关锁国，导致自身发展受阻，最后不得不实行自由贸易的开放经济政策。苏联等东欧国家尝试过非市场经济发展道路，建立了社会主义计划经济体系，在探索中获得经验。

3. 2000 年至今，第三次经济全球化

弗里德曼认为，以互联网技术为基础的全球化，把世界夷为平地，从而使“地球村”成为现实。随着脸书、微信等一系列社交软件的推出，人们随时随地都能进行信息的获取和交流；阿里巴巴、亚马逊等电商平台的建设让人们足不出户，逛遍全球。互联网带来了更透明化的信息碎片，也让全球的经济活动与商业交易更加方便快捷。

然而经济全球化并没有想象中的那么完美，它推动了世界发展，实现更深入的国际分工，在资本利益最大化的同时也让利润分配不公平等问题进一步凸显，反全球化与去全球化的呼声与力量仍然不容小觑。除了利润分配上发达国家与发展中国家之间存在较明显的差距之外，制造业普遍向成本更低的发展中国家转移，使得原发达国家制造业萎缩，工人下岗。这是以美国为代表的发达国家纷纷出现民粹主义和贸易保护主义现象的原因，其核心就是反对多元主义和多元化，希望通过税收等措施推动制造业转向本土。特别是在“特朗普新政”冲击下，美国从原来鼓励企业进行全球化跨国经营逐渐转向鼓励企业向本国回流。

二、互联网与全球营销

互联网为全球范围内的营销活动提供了新的载体。传统的营销宣传手段诸如报纸、杂志、传单、电视广告和户外广告等投放成本高，受众缺乏针对性。互联网的出现给我们带来了一种新的营销方式——网络营销。借助互联网和新媒体，我们获得了更为多样的宣传手段。如果想打入年轻人的群体，QQ 群、微信朋友圈的广告推送不容错过；如果目标客户是中年人，今日头条等 App 将成为主要阵地；通过百度，筛选出搜索过相关内容的群体，并对他们进行精准的广告推送。互联网的出现让消息的传播变得更便捷，人们可轻松获取海量资讯，对于新闻的关注度也空前提高。这有利于在全球范围内进行广告投放和宣传。

小案例

“三只松鼠”萌转互联网

提及坚果零食，除了遍地开花的良品铺子旗下店铺，许多人会想到另一个品牌——“三只松鼠”。与良品铺子长达 12 年的苦心经营、构建 2 200 余家门店不同，“三只松鼠”置身互联网创业的浪潮中，依托“互联网＋”和大数据，跳出了传统的商业模式，打造互联网新生态圈。在“三只松鼠”的三个不同发展阶段中，我们可以洞察到互联网技术给企业营销带来的不同程度的影响。

1. 前期品牌打造

第一个阶段重视用户体验和核心文化打造，立志将“三只松鼠”打造成互联网第一坚果品牌。在没有一家线下实体店的情况下，“三只松鼠”自建云中央品控平台和中创食品检测有限公司，通过用户评价及检测数据对上游生产者进行实时监控，运用网络技术建立起农产品生产者与消费者之间沟通的桥梁。从围绕“三只松鼠”品牌打造“主人”卖萌式营销，到提供湿巾、开箱器等细致周到的服务，消费者会欣喜地在社交媒体上分享自己的消费体验，从而扩大了“三只松鼠”在公众心中的影响力。运用互联网技术，企业在提高效率、降低成本的同时，丰富了用户体验，更好地满足了消费者需求。

2. 中期品类扩张

第二个阶段进军全品类零食，强化品牌的塑造和传播。“三只松鼠”进行“主人”卖萌式营销，最终目的是要和消费者产生互动，拉近品牌与用户之间的距离。如此卖萌营销是如何借助互联网突出重围、逐渐深入人心的呢？在产品包装和官方网站上，三只各具特色、朝气蓬勃的小松鼠随处可见。由“三只松鼠”和功夫动漫联合制作的动画片《三只松鼠》在卡酷少儿频道进行首播，以白天时段收视排名全国第一的好成绩获得收视、热度、口碑三丰收。除了运用传统媒体进行宣传之外，“三只松鼠”还积极运用新媒体和信息技术开展营销，比如通过社交网络服务建立粉丝交流平台，鼓励粉丝分享和二次消费，在淘宝、天猫网站进行关键词的推广，同时制作品牌衍生品增加粉丝黏度。

3. 后期开启新零售

第三个阶段建立线下投食店，开启新零售模式。“三只松鼠”将通过优质商品和数据分析，帮助线下便利店提升效率，针对不同区域的消费习惯推出具有地域特色的定制产品。“三只松鼠”还推出松鼠零食订阅店(松鼠小店)，无需加盟费，没有管理费。每一家松鼠小店都具有创业者独特的 IP 特质，凭借“三只松鼠”的品牌背书和海量产品，打造各具特色的零食便利店。

(案例来源:《财经头条》,新浪网,2019 年,有删改)

除了将信息传递给更多的消费者，互联网技术也让企业内部、企业之间的信息流动更畅通。互联网让企业有机会获取更多信息，以便及时调整当前的营销活动。钉钉等社交软件的流行，让企业内部能够及时进行信息采集与反馈。企业网站上的新闻动态、每年公开的报表数据也让外界能随时了解到企业的发展情况。互联网背景下大数据的处理与采集方便企业进行会员管理，通过计算分析顾客购买倾向以挖掘更多的潜在商机。另一方面，网络安全问题导致消费群体信息泄露，多数人对促销手段产生抵触心理，不利于全球营销策略的开展和实施。

三、互联网时代的国际化组织创新

企业在国际化发展过程中，面对日益复杂和多变的内外环境，为了实现全球化发展战略，不得不在原有的组织结构上进行改进和创新，如调整经营模式、引入复合型人才、提倡新的文化理念等。国际化组织创新是企业根据自身国际化战略目标对其经营管理方式进行调整和创新，不同的企业因为内部管理制度、企业文化以及资源实力不同而在创新的探索中有所侧重。根据商业模式的不同，互联网时代下国际化组织创新模式主要有三类视角。

1. 战略视角

企业为了能更好地应对未来的国际化经营，改变企业原有的财产组织形式或法律形式使其更适合经济发展和技术进步，即由于战略改变而创新的战略先导型创新模式。该模式是目前中国企业主流的组织创新模式，既适应了世界经济发展的趋势，又符合我国经济转型时期的特点。

2. 市场视角

从市场的角度看，组织创新的动力主要来自于市场竞争的压力，市场竞争迫使企业求生存，谋发展，努力通过战略创新、文化创新和组织结构创新来保持和提高企业核心能力，靠持续的技术创新赢得竞争优势。对于中国大多数企业来说，市场组织创新更多体现为文化创新带动大规模的战略创新，最终以反复的结构创新来实现企业组织创新的目标。一般而言，表现为企业根本性创新的市场组织创新，要求企业首先转变观念，最高层管理者和基层员工都要有市场竞争意识；其次，要有进行根本性战略创新的勇气，适应市场的需要重新配置企业资源；最后，需要熟悉市场变化、明确竞争来源，及时准确地把握各种内外部创新源的变化，以此尽量降低创新成本。

3. 技术视角

企业新技术和新工艺的发展，尤其是带有根本性的产品创新导致的产品结构的变化，会引发企业的部门设置、资源配置及责权结构的相应调整，最后形成结构创新。在结构创新基础上，企业的价值观和行为规范发生转变，完成文化创新的迭代。

小案例

海尔的四次变革

从 1984 年至今 30 多年间，海尔集团一共进行了四次大型组织创新，分别针对各个时期不同的战略规划做出对企业内部组织构造的调整。

首先是紧抓生产质量的名牌战略阶段(1984—1991 年)。著名的“砸冰箱”事件正是出现在此时，在这一时期海尔采用的是直线职能型组织结构。这种结构在减少成本的同时，简单有效地保证了对企业大规模生产的管理与控制，常常用于产品单一、大生产量决策信息比较少的现代工业生产企业。如福特时代的汽车生产企业多采用这种组织结构。1988 年 12 月，海尔冰箱在全国冰箱评比中，以最高分获得中国冰箱史上的第一枚质量金牌，从此奠定了海尔冰箱在中国冰箱行业的领军地位。

紧接着，海尔进入由冰箱走向系列家电的多元化战略阶段(1991—1998 年)。简单的直线职能型组织结构无法满足企业发展需求，因此在进行组织创新时海尔采用矩形事业部制，即针对不同产品或服务增设了空调、洗衣机、热水器等事业部，通过兼并重组的方式进军各领域，实现产品线扩展和多元化，创下连续兼并 18 家亏损企业并迅速扭亏为盈的纪录，将海尔打造成中国家电第一品牌。

随着“走出去”的呼声不断高涨，怀揣要“出口创牌”而不是“出口创汇”的豪情壮志，海尔在 1998 年通过在海外建厂迈向全球化品牌战略发展阶段(1998—2005 年)。海尔在海外第一个工业园——美国南卡罗来纳州海尔工厂建成，后欧洲海尔、中东海尔等先后揭牌，有更多海外经销商加入海尔的营销网络中，海尔走入海外市场，针对不同区域需求创新差异化产品。此时的组织结构被称为超事业部制，与第二阶段的矩形事业部制相比，在组织最高管理层和各个事业部之间增加了一级管理机构，负责管辖和协调所属各个事业部的活动。这种方式有效地避免了各事业部之间由于过度竞争带来的内部资源浪费，更好地协调了各事业部活动，使组织更具灵活性。具体来看，为了保障海尔在全球各区域之间发展的协调，除了专门设置管理、安保、技术研发以及规划发展等职能中心外，还将集团的采购、运输等业务进行统一化管理来降低成本、提高效率。

在 2005 年至 2012 年期间，海尔集团主要执行面向用户的差异化战略。集团创始人张瑞敏提出了“用户至上”的理念，将用户体验放在公司战略的核心位置。海尔通过深入了解用户需求，为不同的用户群体提供个性化的产品和服务。为实现这一战略，海尔进行了全面的组织和管理变革，从引进全球最先进的管理理念和方法，到实施“目标管理、过程管理、人才管理、品牌管理、智能管理”的五大管理模式。

最后是结合互联网提出的网络战略发展阶段(2012 年至今)。从 2005 年提出的“人单合一”模式,即让每一个员工都找到自己的用户,到2014年重新将战略主题定义为“企业平台化、员工创客化、用户个性化”,海尔依托互联网、物联网时代技术,提出“物联网时代引领者”品牌定位,创新开启智能定制模式,让用户有机会真正参与到产品设计打造过程中。从“家电”到“解决方案”再到“智慧生态”,海尔给用户带来前所未有的智慧家庭生态体验,满足用户对理想家的憧憬。海尔,正在智慧生活的道路上,成为物联网时代的引领者。

(案例来源:搜狐网,2015年,有删改)

四、中国企业的全球化营销

世界经济全球化发展经历了三个阶段,中国未能赶上第一次经济全球化的浪潮,闭关锁国导致了国运衰落,试图寻求突破却不敢大胆创新,以至于在西方国家进入工业革命和经济全球化的相当长一段时期,即在整个经济全球化1.0时代和2.0时代前期,中国一直在封闭和开放的两难选择中徘徊。直到20世纪最后20年,中国才决意实行开放政策,向市场经济转变,通过加速工业化和不断经济扩张逐渐成长为生产规模仅次于美国的第二大经济体。

自1979年北京友谊商业服务公司在日本成立中国第一家境外合资企业开始,中国企业正式拉开了跨国经营的序幕。中国企业的全球化营销大体可划分为三个阶段。

1. 尝试阶段:1979—1983年

1979年颁布的《中华人民共和国中外合资经营企业法》标志着对外开放政策的实施,我国企业获得了部分经营自主权。随着第一家中日合资的“京和股份有限公司”挂牌成立,部分有实力的国有企业出于自身发展及国家战略决策的需要,开始了正规化的迈向国际化的探索。在这一时期,企业国际化以内向型为主,外贸公司和综合性公司居多。吸引外商合资企业投资的,多为劳动密集型的加工项目和宾馆、服务设施等第三产业项目;对外直接投资处于自发状态,需得到国务院批准,仅一部分与贸易相关的企业获批。

2. 形成发展阶段:1984—2001年

对外投资合作的总体发展已初具规模,所投资行业集中于资源开发、承包工程、交通运输、金融保险、旅游等资源型和贸易型领域。对外贸易投资区域不再局限于邻近的几个国家,而是逐步往资源比较充足的拉美、非洲等地区延伸。1984年5月原中华人民共和国对外贸易经济合作部出台了《关于在境外开办非贸易性合资经营企业的审批程序权限和原则的通知》等一系列政策,在国家的帮扶与鼓励下,一批批企业在境外建立起战略性资源开发生产基地,并积极学习先进海外技术和管理制度。随着企业国际化的不断推进,部分中小企业和乡镇、民营企业开始参与对外直接投资,投资涉及的行业从最初的贸易发展到资源开发、生产加工、交通运输、工程承包、医疗卫生、旅游餐饮及咨询服务等更具挑战性和技术含量的领域。据2001年统计年鉴显示,2000年我国进出口总额达到39 274.2亿元,其中出口的工业制成品总额占据了主要部分。我国与181个国家/地区签订了近2.5万份合同,开展对外经济合作。据了解,我国境外投资企业除金融机构外已达到6 610家,中方协议投资金额达到84亿美元。1992—2008年中国直接对外投资金额曲线图如图1-1所示。

3. 强化阶段:2002年至今

自从加入世界贸易组织后,我国直接对外投资总额一直保持上升趋势,并保持着65.7%的年均增速。在不断发展过程中,中国企业对外投资呈现以下特点:

1)区域分布多元化

以亚洲和拉丁美洲为核心,逐渐向非洲等地区扩展。资料显示:2008年中国对亚洲其他

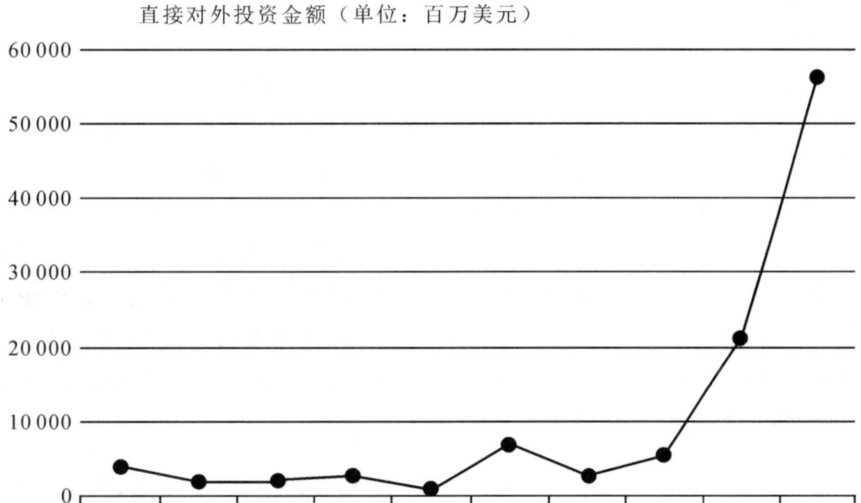

	1992	1994	1996	1998	2000	2001	2002	2004	2006	2008
直接对外投资金额	4 000	2 000	2 114	2 634	916	6 884	2 700	5 530	21 170	55 910

图 1-1　1992—2008 年中国直接对外投资金额曲线图

（数据来源:《中国统计年鉴 2003》和《2008 年度中国对外直接投资统计公报》）

国家和地区的直接投资达 435.5 亿美元，占到总流量的 77.9%，主要分布在新加坡、哈萨克斯坦等国家。对非洲投资的增速较快，2003 年流向非洲 0.75 亿美元，占总流量的 2.6%；2008 年达到 54.9 亿美元，占总流量的 9.8%，超越拉丁美洲位居第二。

2)产业种类多样化

行业从传统制造业向服务业和高科技产业转移。虽然如此，2017 年统计年鉴显示，2016 年我国对外直接投资主体集中在制造业、批发零售业，对外投资净额分别高达 290 亿美元与 208 亿美元，合计共占总对外投资净额约四分之一。

自 2002 年起，中央确立实施“走出去”与“引进来”并行的发展战略，随后出台一系列产业政策。2013 年由习近平主席提出的“一带一路”合作倡议，作为一个具有标志意义的壮举，除了遵循全球化的包容性发展理念，借助古丝绸之路历史符号，积极发展与沿线国家的经济合作伙伴关系，还一改原有的不平等交换关系，主动向外输送我国的优势产业和优质资源，缩小贫富差距，形成特有的跨区域经济带。据商务部统计，仅 2016 年，中国企业在“一带一路”沿线国家新签对外承包工程合同总额为 1 260 亿美元，同比增长 36%；一批重大标志性项目开工建设或建成投产。截至 2016 年年底我国企业已经在“一带一路”沿线 20 多个国家建设了 56 个经贸合作区，涉及多个领域，累计投资超过 185 亿美元。我们有理由相信，随着政策的不断完善、推进，将会有越来越多的企业加入“走出去”的队伍。

在“一带一路”的号召下，一张数字丝绸之路的大网悄然张开。多个国家之间就基础设施互联互通的建设工作展开互助合作，优势互补。前有巴基斯坦贸易发展局与阿里巴巴签署合作备忘录，携手通过电子商务促进中小企业全球化，后有华为技术有限公司联合中国进出口银行在非洲投资 10 亿美元，帮助非洲国家提升网络互联互通水平。在各个国家互帮互助的和谐共赢局势下，数字丝绸之路网络基本建成，伴随着跨境电商和移动支付等技术的迅速进入和物流等多个领域的深化合作，商品流通性得到增强。据京东大数据显示，通过电商平台，中国商品销往俄罗斯、乌克兰、波兰等 54 个沿线国家，同时超过 50 个沿线国家的商品走进了中国。但如何对随之而来的庞大数据进行处理和进一步挖掘，不同国家之间技术发展水平的差异仍是阻碍数字丝绸之路建设的重要因素。

在这看似一片大好的发展前景下，仍潜藏着许多风险与危机。经济全球化对于后发国家而言，意味着将自身经济发展的弊端公之于众，意味着站在弱者的角度不得不遵循一些看似公平的竞争规则，经济全球化在某种程度上被看作一种新式“恃强凌弱的殖民主义”阴谋。除此之外，中国企业在迈出国门、扎根海外的过程中，还存在着文化冲击、税务管理、投资、人才培养等方面的诸多问题。很多技术我们无法自主研发，只能被迫发展“中国制造”。除此之外，随着海权论、陆权论等全球战略理论的发展，人们意识到经济全球化不是如想象一般，在一个“空盒子”式的无障碍空间中展开，不同的地缘政治条件让参与国际经济活动的经济体在世界经济中的市场势力存在很大的差别，如何平衡这些不同的“母国势力”，缩短其带来的市场上的悬殊差距，让经济全球化问题变得更加复杂起来。

第二节　全球营销的概念和意义

一、市场与市场营销

何为市场？在经济学中，市场是买卖双方进行商品交换的场所，政府或是“一只看不见的手”对市场内部发生的经济活动进行调控。在营销学中，对市场的理解更多关注买方和需求群体的购买力和需求情况。我们往往根据消费者年龄、收入水平、所在地、消费水平等不同的因素来进行细分，以便选出企业更关注的、具有相同购买需求或特征的消费者群体，即目标市场。

简单来说，市场营销(Marketing)就是发现需求、实现需求。这种需求主要针对的是消费者对所购买产品与服务所希望实现的功能。在了解消费者的需求后，企业进行产品研发，通过营销手段将产品成功销售给顾客，并在消费者售后反馈中不断改进。这便是企业生产经营活动的一个缩影。市场营销作为其中重要一环，目的就在于通过承诺卓越价值吸引新顾客以及通过创造满意来留住和发展顾客。

例如，优衣库推出纯棉基础款 T 恤系列，严把原材料质量关，锤炼工匠手艺，以兑现其“服适人生”的承诺。优秀的营销对于所有组织都是至关重要的，无论该组织是否以盈利作为目的。今天，营销不仅仅是企业向消费者销售商品的过程，正如管理大师彼得·德鲁克(Peter Drucker)所言：“市场营销的目的在于使推销成为多余。”根据久负盛名的营销思想第一领袖菲利普·科特勒(Philip Kotler)的理论，我们认为，广义的市场营销是一种通过创造和与他人交换价值实现个人和组织的需要和欲望的社会和管理过程，在本书所涉及的全球营销背景下，狭义的营销是企业从顾客处获得回报而为顾客创造价值并与之建立稳固关系的过程。从交换关系而言，我们将市场看作某种产品的实际购买者和潜在购买者的集合。

二、全球营销的概念和特点

全球营销是指企业通过全球性布局与协调，使其在世界各地的营销活动一体化，以便获取全球性竞争优势。我们可以从三个方面来进行理解：首先，企业在制定全球营销战略时，必须确保在不同的国家和地区所采用的经营理念和产品等保持高度的一致性，即实施营销的标准化(Marketing Standardization)，这是保证企业长久发展下去的基础；其次，战略内容应包含企业在全球化发展过程中所涉及的几个环节，如产品研发、生产、销售和服务等，并针对这几个价值链增值活动来进行配置和协调(Configuration and Coordination of Value Chain Activities)，以确保企业生产经营活动的顺利进行；最后，随着全球化的不断深入，企业在整体运营过程中应进行整合(Competitive Integration)，保证各地区分公司统一协调化发展，注意不同区域在企业全球战略中所应当发挥的重要作用，只有各区域协调发展，才能带动企业的整体发展。

全球营销主要有三个特点，分别是全球运作、全球协调和全球竞争，用以描述企业在全球化进程中所拥有的属性和相互关系。全球运作强调企业在制定营销战略时需要放眼全球，以长远的、发展的眼光来看待，因此所制定的战略要在全球范围内可实施、可运作；全球协调强调企业下属各区域分公司之间的相互协调、相互配合的关系，包含了资源协调、人力调动以及战略上的协调等；全球竞争强调企业是在全球市场上开展业务，在制定战略时还要考虑海外发展环境和潜在的威胁等。

三、全球营销的驱动因素

1. 市场驱动因素

市场驱动因素是促使企业实施全球化营销战略的重要因素。市场上消费者需求的趋同，消费者收入与消费水平的提升，随着旅游业、连锁店铺的发展，全球性消费群体建立，让企业不得不顺应市场实施全球化营销战略。

(1)消费者需求的趋同性

据统计，全球每天有 17 亿人次的消费者在畅饮可口可乐公司的产品，大约每秒钟售出 19 400瓶。其中，经典的可口可乐系列软饮料深受各国消费者的喜爱。随着生活方式等方面差异的减少，消费者的共同需求越来越多，中国消费者们在选择晚餐时也会像美国人一样走进肯德基快餐店，在买运动鞋时更青睐耐克、阿迪达斯等知名品牌，他们甚至花钱托人代购海外产品。当然，这与消费者收入和消费水平提升有一定的关系。企业不用针对不同区域市场进行详细的区分，或是将产品拆分成不同的系列分区域单独销售。因为随着消费者需求的趋同，会有越来越多的人认可产品带来的价值，并产生一致的购买需求。在世界范围内，已经形成了一个统一的市场。企业在提升自身产品标准化水平的同时，也要关注在趋同性需求中存在的差异，比如可口可乐在初入中国市场时，针对消费者进行了甜度上的调整，使得产品更好地适应市场。

(2)全球消费者群体的建立

旅游业和运输业的发达，增加了消费者的流动性，消费者不仅仅局限于在当地购买本土化产品，而是渴望能获得他们认为更有价值的国际化产品，全球性消费群体由此产生。无论是在 28 个国家拥有 11 700 多家分店的大型商超集团沃尔玛，还是在全球拥有近 6 万家店的最大连锁便利店集团 7-11，每家分店在风格、店内陈列、管理制度、产品种类、价格等方面都保持高度的一致性。它们给世界各地的消费者提供同样品质的产品和服务，并逐渐发展为全球消费者所信赖的知名品牌。部分消费者对于世界品牌的追求也是促使企业实施全球化营销战略的原因。除此之外，全球消费者群体还促进了广告传媒、通信业等产业的全球化发展，不少企业希望通过多种宣传手段来向消费者传达品牌理念以及产品促销等信息。

2. 竞争驱动因素

竞争驱动因素主要取决于竞争对手的行为动态，包含了本地竞争对手实施向海外发展的策略，海外潜在竞争对手向本地入侵以及主要竞争对手采取全球化发展战略三种主要情况。本地竞争对手采取向海外扩张的战略，导致企业自身不得不紧跟对方脚步，同样向海外发展，以免对方获得先机与海外优势，最终改变当前的竞争格局。随着自由贸易的盛行，许多海外强有力的竞争者伺机而动，不断在其他国家进行扩张，给原本安逸的本国企业以竞争压力，从而迫使本国企业不得不向海外扩张以寻求更多的机遇，在除本土市场以外的海外市场给海外竞争者以反击。当企业发展到一定阶段，它所面临的竞争者不再是本国企业，也不是海外入侵本地的企业，而是同样具有足够实力的全球型企业。这使得企业不得不调整战略，同样站在全球化的视角上对企业发展进行战略性调整，这对企业自身的资本实力等提出了更高的要求。

3. 成本驱动因素

成本包括了企业在生产产品、进行营销战略实施等过程中所耗费的人力、物力、财力等。成本驱动因素是企业通过全球化战略所能够实现的规模经济效应、范围经济效应等。可以说，企业之所以追求全球化，另一个很重要的原因是全球化可以在一定程度上减少企业所投入的资本，从而获得更大的利益。

规模经济效应是指大规模化的生产可以降低企业每件产品所需投入的成本。为了能够实现大规模化的生产，企业不得不提高销量，在全球市场上进行产品的销售。当然，并非所有产业的产品都能够实现大规模化的生产，大规模化的生产受到产品的属性、技术、市场需求等方面的限制。

众所周知，优衣库以“服适人生”为理念，主要生产基础百搭款服饰，其中销量最高的是各色基础纯棉款 T 恤。为了简化生产步骤，T 恤没有复杂的花纹和样式，甚至品牌的标志只是印在吊牌上。这样就可以实现规模化量产，从而降低产品的成本。

范围经济效应是指企业在同一时间提供多方面的产品或服务（不包括垂直合并）产生的费用比提供单一产品或服务产生的费用低的情况。在同一时间企业多方面的产品或服务可以共享技术、生产线、销售渠道、品牌、信誉、管理和文化等资源，只要条件允许，企业会选择拓宽产品线，通过产品多元化来实现更大的范围经济效应。当然，并不是产品线越多、不同类型的产品越多就越好，还要考虑企业在全球的发展战略和自身的实际资本情况。

比如宝洁公司在全球大约 70 个国家和地区开展业务，旗下品牌多达 65 个，产业链涵盖了洗护用品、日用品、化妆品等，畅销 180 多个国家和地区。公司经过 179 年的不懈努力，在 70 多个国家建立了自己的工厂。如此庞大的品牌数量意味着需要耗费更多的精力和资本去进行统一管理和协调，找准每一个品牌的定位，确定主要发展品牌，以确保在每个领域都能拥有一个强势品牌带动企业发展。

4. 政策驱动因素

政策驱动因素包括政府、区域组织等所发布的各种与贸易相关的政策、签订的协议以及所推行的兼容技术标准等。

2001 年，经过各方的不断努力，中国终于如愿加入世界贸易组织（World Trade Organization，简称 WTO）。在其后十几年间，中国按照约定，集中调整了 2 300 多部法律法规和部门规章，进一步降低关税，放开市场和外贸经营权，将该组织倡导的非歧视、透明度、自由贸易、公平竞争等基本原则融入法律法规和有关制度。资料显示，2001—2015 年，中国贸易规模持续扩大，进出口总额由 5 000 多亿美元增至 4 万多亿美元，占世界贸易的比重由 4%升至 13%以上，中国一跃成为世界第一大出口国。正是在这些政策的支持下，许多企业积极在各个国家和地区开展贸易与投资活动，走上全球化的道路。

除了鼓励自由贸易的政策外，还有为了保护本国企业所提出的政策与扶持措施。为了维护市场秩序，政府还会引入针对不同产业产品的统一的技术质量标准。其中最有代表性的当属 ISO 9000 体系，通过该体系认证的产品，更容易得到消费者的认可和信赖。

5. 技术驱动因素

除了以上四种因素之外，全球化营销还离不开技术的推动，我们以肯德基的全球化营销为例来分析技术驱动因素带来的作用和影响。便捷的交通运输方式使得山德士上校可以远渡重洋，将传统的炸鸡配方带给中国的消费者。在肯德基官网上，孩子们可以看到最新的"篮球梦"专题活动，听到他们的偶像王源充满斗志的宣讲视频。没时间去排队？没关系，用支付宝就能在网上订餐，到店自取。订单数不断增多，原料不够了怎么办？只需向全国上百家配送中心下订单，配送中心便可以立即根据最近线路安排送货。除此之外，线上 App、微信公众号的花样服务层出不穷，消费者们还可以与商家展开互动，获取活动信息、领券等。互联网、交通运输、物流网络、支付手段等技术的突破，再加上人工智能带来的简单人工取代，都为肯德基的全球化扩张营销战略提供了条件。虽然全球化与本土化的冲突会给很多跨国企业带来困扰，但是运用大数据、云计算等先进技术，肯德基打造出了适合中国消费者的独特炸鸡菜单，顺利完成个性化定制。

四、全球营销的重要意义

在自由贸易盛行的大环境下，各国的贸易屏障逐渐被打破，企业不会局限于本土市场，而是从邻国开始扩展，一步一步打开海外潜在市场。在全球市场里，不同的企业将会获得不同的机遇，它们在一次次更激烈的竞争中获得经验，在更多变的市场中获得教训，在更复杂苛刻的条件下突破自我，获得生存的机会。全球营销让企业走出了国门，不再是简简单单地追求"全国畅销"，而是为扩大"全球影响力"而奋斗。除了追随对手的脚步，在不断较量中成长，企业之间还将因为国界被打通展开合作，无论是跨界合作还是中外合资，都将利于技术之间的交换学习。企业相互扶持，分散经营风险。综合来看，全球营销的重要意义可以归纳为以下几点：

1. 更广阔的市场

企业开展全球营销意味着将拥有更广阔的市场，这一点毋庸置疑。据统计，截至 2018 年 5 月底，罗森(Lawson)共有 15 971 家便利店，分布在日本、印度尼西亚、美国、泰国、菲律宾和中国等多个国家，所提供的商品多达 3 000 多种。通过实施全球营销战略，罗森在更多的地区提供更多样化的商品，开拓了更广阔的市场，这离不开政府对跨国经营的支持和帮助，也必定涉及关税或非关税壁垒问题。全球营销有利于企业规避这些阻碍，较为顺利地进入国外市场，从而降低成本。

2. 更广泛的资源

企业在参与国际竞争的同时，可以获得更多的自然资源、技术资源、信息资源等。值得一提的是，国外企业往往更愿意聘请当地居民来作为企业本土化的一种尝试，这为当地带来了更多就业机会，成为企业了解本土文化的窗口。除了获得这些资源外，企业与企业之间由于共同的利益而产生的不同领域的合作，也通过全球营销得以开展，比如"一带一路"沿线国家的企业进行合作交流。跨界合作如可口可乐推出的彩妆系列、奥利奥与妙卡合作的饼干套盒以及最让人期待的大英博物馆与各类潮牌服饰的合作，都是在企业全球营销构想基础上展开的不同领域的碰撞与融合。

3. 更快速的成长

市场的进一步开放意味着更多强有力竞争者的涌入，来自外部竞争的压力会让本土企业不断地进行核心竞争力的创造与再创造。百事可乐与可口可乐长达 100 多年的商业战争虽然不足以完全证明竞争带来的相互促进作用，但正是一种迫切的生存欲望，使百事可乐在近乎被收购吞并的情况下，摆脱可口可乐经典怀旧的影子，反而走出一条年轻潮流的时尚之路。适当的外部压力有利于保持企业的活力，促进企业发展，使企业能够快速成长，随之带来的新的理念和新的技术也会使企业更好地开展学习和借鉴，推陈出新。在全球营销过程中，还要注意对本国企业的保护和扶持。同时，转战国外市场也是规避国内市场强大对手的另一种手段和方式。

4. 更丰厚的利润

在对优衣库进行品牌调研时，我们惊奇地发现，2016 年 9—11 月，日本本土营业额为 2 388亿日元，占总营业额的 57%，海外营业额为 1 965 亿日元，占总营业额的 43%；2017 年 9—11 月，日本本土营业额为 2 570 亿日元，与海外营业额 2 582 亿日元相差无几。据统计，截至 2017 年 9 月，优衣库共有日本本土店铺 831 家、海外店铺 1 089 家（中国共有 668 家），海外市场已经成为优衣库发展的主要地区。随着优衣库全球营销战略的深化实施，店铺数将会进一步攀升，给企业带来更可观的营业额和利润。随着生产规模的扩大，通过大规模生产管理以及雇用中国、越南等国家较为廉价的劳动力，企业的利润还将得到进一步的增加。

除了上述几点外，全球营销还将帮助发展中国家企业进入其他国家高垄断行业，如通信、金融、保险等，雄厚的资本和实力是开拓海外市场的保障。许多发展中国家所拥有的得天独厚的自然资源和廉价的劳动力吸引外国企业纷纷入驻，未经完全开发的市场蕴含了巨大的潜力。在此过程中，本国企业也会快速成长。

最后，反全球化的理论也应该受到重视。全球化带来了许多好处，提高了许多地区的经济水平，带动了地方发展，但是剥削劳动力的现象的确存在。全球化是不可逆转的，如何抓住机遇摆脱困境，避免类似现象的产生才是更值得我们去思考的问题。

第三节　全球营销的发展阶段

根据国际营销学的“五阶段”发展理论，一个企业在国际营销的过程中一般要经过五个阶段的发展，即非直接对外营销阶段、非经常性对外营销阶段、经常性对外营销阶段、国际市场营销阶段和全球营销阶段。五阶段及其特征见表 1-1。

表 1-1　五阶段及其特征

五阶段	具体特征
非直接对外营销阶段	企业并不积极地寻找或培养国外客户，产品可能是在企业并不知情的情况下由国内的贸易公司代理销售到国外，或者通过国内的批发商或分销商在企业并不鼓励的情况下销售到国外
非经常性对外营销阶段	企业因为生产水平和需求的变化产生临时性的库存，从而引起非经常性的对外销售，国外市场被认为是国内市场的延伸和补充。由于生产过剩是暂时的，企业并没有打算维持国外市场，只是把为国内目标市场设计的市场营销组合直接推向国外，组织结构和产品很少因为外销而发生变化。当国内需求回升，吸收了过剩产品以后，企业就会撤回对外销售活动

续表 1-1

五阶段	具体特征
经常性对外营销阶段	企业不是简单地把国际市场看作国内市场的延伸，而是明确地把国际市场作为自己的目标市场，有固定的生产能力能够满足国外市场的需求。企业通过聘用国内外进出口贸易商或者在重要的国外市场建立自己的销售子公司来进行销售，并不断随着海外需求的变化进行调整和适应，海外利润成为公司整体利润的组成部分
国际市场营销阶段	企业全面地参与国际市场营销活动，在全球范围内寻找客户，将世界看作一个整体，根据不同国家市场之间的特殊性展开差异化营销，有计划地将产品销往世界各地，并建立起境外生产基地以及跨国公司
全球营销阶段	企业根据各个国家市场的共性制定策略，通过经营活动的标准化使收益最大化。企业的经营活动、组织结构、资金走向、生产和营销都以全球市场的共性为基础，构建完整的全球供应链体系

小案例

百年张裕的全球化征程

早期的张裕，仅作为一个出口产品加工厂对外出口三鞭酒、三鞭丸、葡萄酒和白兰地等主要产品，并不得不委托外贸公司进行销售。在争取到自营出口权以后，张裕着手逐步缩小代理出口份额的比例，1998 年彻底理顺了国内出货渠道，完全断绝了对外贸公司的供货，开始进入自营进出口阶段。在自营阶段对各区域代理商的管理尤为重要，以东南亚的市场为例，张裕通过产品和区域两个维度划分代理权，使得不同的代理商能够通过各自的渠道进行销售而不产生冲突。随着出口市场的基本理顺，张裕迈向了国际化的道路，正式进入国际市场操作阶段。公司举办了系列大型产品推介活动来贯彻营销理念和营销计划，比如在马来西亚，邀请各酒类分销商以及商界名流等参加“张裕干红之夜”，使得干红系列产品迅速占据市场。一个个专柜、一家家专卖店先后设立，越来越多种类的张裕产品被迅速推向国际市场。然而，如何让更多不同国别的消费者了解并接受具有东方神秘色彩的张裕保健品及酒类其他产品，如何构建全球范围内完善的产品价格体系和信息体系等诸多问题还尚待解决。酒类传统制作工艺还需要大量技术人才去改良与创新，百年张裕能否走向全球，打造出被世界所认可的知名品牌，还需要面对更多的考验。

（案例来源：《财经》，搜狐网，2015 年，有删改）

了解跨国企业的历史发展进程，能帮助我们理解和掌握全球营销实践发展规律。根据上面的案例，我们可以总结出全球营销发展所需经历的三个阶段：跨国营销阶段、国际营销阶段、全球营销阶段。这三个阶段并不是完全独立的，每个阶段都会有属于自己的营销方式和特征，往往是从一个方式过渡到另一个方式。根据竞争和发展的需要，会出现三种方式在空间上并存且互相融合的情况。

一、跨国营销阶段

非直接对外营销阶段、非经常性对外营销阶段、经常性对外营销阶段,可以统称为跨国营销阶段(Multinational Marketing)。它们的区别在于企业对于对外营销的投入度、重视度不同,核心都是通过出口的方式来完成对海外市场的延伸。跨国营销是国内企业走向海外较常见的方式之一。企业在早期只是针对本国市场需求开发出一套营销组合来更好地满足本国市场上消费者的需要,并渴望从竞争中脱颖而出,对于海外市场没有进行专门的研究细分,仅仅对国内多余的产品进行推销,一旦生产过剩问题得到解决,便会立刻停止对海外市场的供应。有时候在企业并不知情的情况下,所生产的产品被国内贸易公司代理销售到国外,或是在企业并不支持的情况下产品被分销商、经销商转手至国外。

可见早期的出口经营者并不追求最大限度地满足某个国外市场,企业涉足海外市场的目的只是销售多余的产品、平衡国内生产、增加销售数量、实现规模经济和延长产品生命周期等。跨国营销阶段是企业国际化的初级阶段,处于这个阶段的企业一般规模和实力有限,以开发本国市场为主,忽视了对海外市场和竞争者行为的信息收集。这也导致企业经营者没有全球化理念和管理资源进行针对东道国消费者的市场细分以及营销活动,也就丧失了进一步开发海外市场的机会。

二、国际营销阶段

随着出口额的不断增长,管理者们终于意识到海外市场的价值,此时的企业经过初级阶段的发展,基本具备了一定的拓展海外市场的资本与实力。针对东道国消费者市场进行信息收集和细分是进入国际营销阶段(International Marketing)的开始,在这一阶段中,营销人员把本国市场和外国市场放在同等的位置,在制定各区域营销策划方案过程中发挥重要作用。企业将一个个国家/地区看作独立的市场,是否开发取决于市场本身的盈利潜力。一旦决定开发,公司总部将下放更多的权力给外国子公司,并配合其实施差异化营销战略,有计划地将产品销往各地区,而各子公司之间联系甚少,基本上各自为政。除了依靠公司总部提供的必要支持外,国际营销在相当程度上还依赖于当地现有资源,比如聘用当地员工有助于企业更好地进入当地市场,避免因文化差异带来的不利影响。此外,还可以结合当地特有资源来助力新产品的研发与推广,在当地建厂提高生产能力等。

迈入新的阶段,企业面临着全然陌生的国外市场营销环境,这对于企业提出了更高的要求:充分了解当地文化,具备良好的沟通能力,通过制定针对性营销组合策略使企业产品迅速打入市场,占据一定份额以达到盈利的最终目的。除此之外,国外市场作为有着和国内市场同等重要地位的部分,在战略层面上,应该具有一定的海外优势,对国内市场的发展起到一定的补充带动作用。

三、全球营销阶段

在不断实践过程中,营销人员积累了大量的经验,开拓了广阔的海外市场。在不断扩张过程中,有针对性的国际营销方式除了带来精准的营销策略,也暴露了许多问题。比如各子公司相对独立,各自联系当地组织营销活动,不仅导致企业形象冲突,而且额外产生了重复成本。又比如产品双重标准带来的伦理问题。许多企业在发展中国家销售的产品和在母国销售的产品是有差异的,一些企业将在母国废弃、落后的产品转移到发展中国家继续投入生产,并雇用当地廉价劳动力,使用廉价材料以次充好。企业把关不严,将不合格的产品投入市场,欺瞒消费者,事后无论是召回产品主动认错还是欺软怕硬推卸责任,都给消费者造成不可挽回的损失。

种种问题的出现，无论是对企业自身发展资源的浪费还是对声誉产生的影响，都使管理者不得不将眼光放得更长远，在考虑制定标准化的管理制度的同时重视各个区域在企业全球发展过程中所起到的作用。这便涉及企业全球营销管理，强调企业从全球的视角来考虑营销优势和竞争对手，不再着眼于各地区之间的差异化发展，而是加强各区域分公司之间的联系，建立一个能够沟通、协调控制的营销体制。企业需要根据各个国家市场的共性制定策略，通过经营活动标准化来实现收益最大化，通过各区域协调发展来实现全球发展战略目标。

在全球营销阶段，标准化的经营活动指企业在产品、价格体系、销售渠道以及促销手段等方面，应该使分公司和母公司保持高度一致，避免出现双重标准现象。但是针对不同的市场，完全标准化难免会出现文化冲突，不利于产品进入市场，被当地消费者接受，这就涉及标准化与本土化的平衡之道。

小案例

麦德龙：标准化与本土化的平衡之道

1996 年，欧洲第二大零售批发集团麦德龙进军中国市场，在上海开设了中国第一家现购自运批发商场，迄今为止在中国 58 个城市开设了共计 93 家商场，2017 财年销售额达到 203.4 亿元。纵观麦德龙这 20 余年的在华发展历程，无不体现标准化与本土化的较量。除了在管理制度和店铺风格等方面保持标准化外，针对中国市场，麦德龙提出了一系列创新型营销策略。

首先是送货服务。自 2011 年起，麦德龙在中国开始试点送货业务。每家商场设立单独的送货部门，从物流供应商的选择到日常的行为都有统一的要求和规范。其次是会员管理制度。从 2013 年开始，麦德龙在中国全面推广消费者凭身份证即可办理的“麦德龙之友”会员卡，而原先的会员卡只针对公司所认定的专业型客户，如餐饮业或企事业单位的相关人员。

在大方向上保持一个统一的标准，统领全球市场；在小细节上进行创新和改进，迎合本土消费者喜好。标准化与本土化并不矛盾，而是在企业实施全球化营销战略的过程中相互协调，目的在于给各个国家的消费者提供价值相同、更贴心的服务，用产品实现对消费者的承诺。

（案例来源：《财经》，搜狐网，2021 年，有删改）

第四节　大数据时代背景下全球营销的趋势

在大数据时代背景下，无论是亚马逊、微软、脸书、苹果、沃尔玛等国外公司，还是阿里巴巴、腾讯、京东等国内企业，无不在数据上下功夫，不断提高企业的数据洞察能力，通过获取和分析数据的方式形成高质量的商业决策，从而把握转瞬即逝的商机，获得市场上的优先权，进而牢牢地占据全球竞争中的主导地位。

一、全球营销从整合到融合

云数据和物联网技术的兴起催生了大量交互平台，这些平台成功跨越了国界，将不同的行业进行整合，以更好地满足客户需求；而跨界型行业人才提供新的供给，使得全球内无关联的行业正在相互融合。全球知名公司的经营方式和营销策略正在发生巨大变化。在这种环境下，企业需要打破传统行业壁垒，突破整合策略，与新的合作关系共享数据，与智能开放系统相融合，以满足尚未满足的需求。全球营销人员可以通过重新定位公司核心资产来更好地驾驭大数据浪潮，从而与精选合作伙伴相融合，制订长远和有效的客户营销策略方案。

二、数字化的全球营销策略

1. 消费者购买决策方式复杂化

由于社交媒体的出现和不断发展，推广手段也在不断变化，消费者可以短时间内产生购买行为。品牌忠诚会因为刺激因素而减弱；个性化的产品设计、价值共创的成果会在某种程度上影响全球营销定价策略；移动互联网、物联网已经在改变传统消费者的消费习惯，在海量数据分析、挖掘和推荐的基础上，促使消费者完成购买决策过程。沉浸式购物场景（线上线下），消费者心理偏差，个人情绪的带动都将使购买过程多样化和复杂化。

2. 人工智能助力数字化营销

随着数据的爆发式增长、计算能力的大幅提升以及深度学习算法的发展和成熟，人工智能在计算机视觉、语音识别、自然语言处理等一系列领域都取得突破性进展，给全球社会和营销市场发展带来深远影响。营销行业是人工智能应用的前沿领域，主要是通过技术方法来改进顾客体验过程，运用机器学习对于确定性强的行为进行合理预测，在全球营销各个环节中对内容营销、数字广告、行为分析和精准推荐进行应用，如智能制造、动态定价、无人零售和自动创意等。

第五节 全球营销理念

一、全球营销理念的内涵

提及营销理念，从传统的增加产量、提高质量、加强推销以应对不同的供求情况，达到提高产品销量、实现盈利的目的，到现代化的生态营销观念、大市场营销观念，营销不再仅仅是为了销售产品，而是在保持社会可持续发展和生态平衡的前提下，尽可能地满足消费者的需求，即产品需求与社会利益并重。

在全球市场上，营销理念不再单单执着于产品销售与顾客需求层面，而是更关注企业在全球化过程中各区域分公司的协调以及企业战略层面。我们之前在定义全球营销时曾经提出要从营销实际标准化、相关价值链配置和协调以及整合者三个方面来理解。实际上，这正是全球营销理念的三个核心：标准化、价值链配置和协调以及对竞争活动进行整合。可以说，这三者作为灵魂，在全球营销管理的具体活动中得到贯彻和体现。

二、全球营销理念的核心

1. 标准化

标准化的含义在于统一性和一致性，在全球范围内推行营销标准化，是全球战略的核心思路和管理方式之一。实行全球范围内的标准化，即标准化的营销组合——相同促销方式、相同价格、相同产品、相同分销渠道和标准化的管理过程——计划、组织、管理、控制等。可是真的要实施起来，又不可能做到绝对的标准化，只能适当地降低标准，做出一些调整。这就涉及著名的“标准化”与“适应性”理论之争，两者各有现实意义和适用条件。标准化强调规模经济效应，主张在同质化市场中通过规模生产降低成本的方式来获得利益，适用于工业品和高科技等产业；适应性强调市场细分，主张在异质市场中通过差异化产品定制化服务消费者来获取品牌忠诚度，适用于食品等行业。在标准化与适应性之间寻找一个平衡点，实施混合型战略，便是后来发展衍生出的“连续统一体”和“思考全球化，行动本土化”思想。

在实际营销中，标准化不强调全部统一，而是在某些要素上保持高度一致。对于产品而言，可以是品牌、商标、包装、功能、质量和使用方法等。一般来说，保持品牌商标标准化最为常见，很多技术性产品还会要求在核心技术、装配等方面保持标准化；对于全球品牌，往往在主要构成元素上保持一致，广告创意也需要围绕着品牌核心理念来展开；对于定价，虽然不同地区的经济发展水平存在差异，但是企业会确定一个大致范围，忽高忽低、胡乱定价只会让企业产品失去消费者的信赖和忠诚度。

2. 价值链配置和协调

价值链的配置和协调，即分别从配置、协调两方面对融资、研发、采购、物流、服务等各项价值链活动进行管理。所谓配置，是选取一个或几个最具优势的国家或地区集中进行某项价值链活动的安排。如北京之所以是科技创新中心，是因为有大量科技企业将总部和研发中心设立在北京，比如小米、爱奇艺、腾讯等。所谓协调，是通过建立一个全球协调机制将分散在各地的价值链活动串联起来，并保障企业正常生产经营活动的进行。

配置的集中化，是针对需要集中化的价值链上游活动，如产品研发、原材料采购等。坐落在中关村的微软亚太研发总部，是微软集团在海外规模最大的研发园区；位于深圳的沃尔玛全球采购中心，将全球供应商所提供的商品进行比对，从而挑选出最具竞争力的产品。而面对遍及 100 多个国家的飞利浦维修网点，显然分散化才是更好的选择。

协调机制，是一种存于企业内部、交错在区域之间的沟通交流机制。存于企业内部，由公司建立的是正式的协调制度，用于技术与管理经验的分享；交错在区域之间，用于传递信息以便及时发现问题的是非正式的协调制度。协调制度的产生使得各分公司在某一特定区域内甚至是全球市场中能够更好地交流，这也是全球营销与国际营销之间不同之处的体现。以沟通为基础的协调使企业品牌形象能够时刻保持一致，在某一个地区试验成功的管理经验以及其他心得体会，也会在其他地区分公司得到适当推广和借鉴，这就是协调制度的价值所在。

3. 对竞争活动进行整合

全球营销整合战略是全球营销战略的一个重要体现，也是全球营销战略与一般的国际营销战略最重要的区别所在。在全球营销的视角下，企业不再单独关注每一个国家的市场潜力和发展水平，而是更关注其对于企业在全球市场上的作用和贡献。

整合分为两个步骤。第一步是对全球市场分布的调整与部署。根据各国分公司的发展情况，以及其对企业在全球市场上的利益贡献和战略意义，有目的地选择利润或是潜力更大的关键市场作为重点关注对象，并有意识地进行市场拓展，加大市场覆盖度。通过全球市场分布的调整，提高企业的竞争能力和全球影响力。第二步是在已有的格局上，针对不同区域进行竞争活动的整合。遇到旗鼓相当的对手主动出击，率先抢占市场，针对对手行为迅速做出反应，即开展进攻型竞争活动；遇到强有力对手，预判其未来发展路线，避免正面冲突或直接考虑放弃部分次要市场，发展主要优势产品，即开展防御型竞争活动；自身具有一定的优势时筛选适宜的企业进行兼并，或者与其他企业展开合作等，即开展其他竞争活动。

本章小结

本章从了解经济全球化、互联网浪潮下企业国际化发展历程开始，逐步切入全球营销的主题，先后讨论了全球营销的定义和特点，介绍促进企业制定全球化发展战略的驱动因素。通过回顾全球营销的发展历程，明确每一个发展阶段的特征和异同。事实上，对于一个企业来说，发展方式是没有明确的使用限制的，企业在实际营销过程中所遇到的情况要复杂得多。但是只要把握了全球营销理念的核心，再复杂的环境都可运用知识予以应对。

中英文关键词

经济全球化(Economic Globalization)
跨国营销(Multinational Marketing)
国际营销(International Marketing)
全球营销(Global Marketing)
标准化(Standardization)
价值链的配置和协调(Configuration and Coordination of Value Chain)
竞争活动整合(Integration of Competitive Activities)

复习思考题

1. 在互联网时代下，中国企业全球化有哪些表现？
2. 你认为反全球化理论正确吗？谈谈你的看法。
3. 试述全球营销三个发展阶段的主要特征及其比较。
4. 试述标准化与适应性的区别与联系。
5. 试述全球营销的三个核心以及它们之间的联系。

章末案例

雀巢公司：本土化造就全球化

有一个非常奇怪的现象：在英国，雀巢公司被认为是英国公司；在法国，被认为是法国公司；到了巴西，仍被认为是一家成功的巴西公司。这种现象的出现离不开雀巢公司自1905年至今实施了一百多年的全球化战略与苦心经营。现在几乎每个国家都有雀巢的产品在销售，旗下多达2 000多种品牌，涵盖了食品、眼科医疗用品、化妆品等多个行业。

1）品牌本土化

兼并和收购本土优秀品牌是雀巢公司的一项重要策略。对优秀品牌的整合再利用可以加速企业本土化发展进程，跨界收购使得企业不断拓宽产品种类，迈向多元化发展。毫不夸张地说，雀巢公司旗下一大半知名的品牌都是通过兼并和收购得来的。这种策略在初步实施上并不困难，如何在收购后继续保持合资企业的勃勃生机，形成优势互补和双赢局面，才是让人头疼的问题，这离不开企业强有力的管理和不断大量的投入。

2）产品本土化

对于并购后的公司，雀巢总部给予极大的自主性，并舍得为了研发迎合当地消费者喜好的产品而投入大量的精力。据悉，雀巢在中国有位于北京、上海、厦门和东莞的四个研发中心，旨在支援雀巢的本地、区域和全球范围的业务，并进行产品创新和改良，以造福广大消费者。如对中国传统食材进行研发与利用，将红枣、绿豆等加入婴儿米粉中，给消费者更健康、更传统的消费体验。

3)生产本土化

以雀巢公司最引以为傲的咖啡产品为例，其在中国云南建立了咖啡种植示范工厂以及农业指导中心用以进行优良咖啡品种的培育与种植，并派遣相关专家对当地的农户进行技术指导和补贴，与农场主签订咖啡作物种植收购协议。2012 年，雀巢公司在云南的咖啡发展项目荣获了"2012 年世界商业和发展奖"。除此之外，雀巢还建立了自己的奶制品厂，成为为数不多的拥有固定奶源的跨国企业。

4)渠道本土化

2018 年 9 月 21 日，雀巢咖啡联手天猫，以"一杯咖啡 纪念星空下的友情"为主题打造超级品牌日，限定版礼盒和专属定制限量行星杯一经网上旗舰店推出，便引来极大的流量和关注。围绕代言人陈伟霆展开的"打造 idol 和粉丝专属星星"的命名活动在微博平台获得 3 亿阅读量和 44 万讨论量。最终，店铺全天销售额同比增长 90%，新增认知及兴趣人群突破 500 万。聘请本土代言人、与本土电商平台等展开合作使得渠道本土化，更易为消费者所习惯、所接受。

（案例来源：《雀巢帝国：本土化成就全球化》，搜狐网，2018 年 4 月 10 日，有删改）

讨论题：

1. 思考雀巢对本土品牌进行收购与兼并可能存在的问题，采取这种措施的利与弊。
2. 越来越多的企业通过电子商务平台开展活动，分析这种方式的优势。
3. 如何看待跨国企业在进入他国市场时所遇到的本土化问题？试举例说明。

从"波音 787"看全球供应链战略模式

2011 年 9 月，波音公司向日本航空公司交付首架波音 787 客机。作为波音公司采用"全球供应链"的重要项目，波音 787 客机的交付标志着波音公司开始真正转变为一个系统集成企业，与主要供应商之间的关系由转包全面转向战略联盟。此前波音公司的生产模式经历了三个阶段的转变：

1)生产外包阶段

波音公司作为曾经高度纵向一体化的公司，其零部件生产模式主要为供应商供应原材料，在公司内部进行设计、研发、生产、加工、组装等工序。随着业务的不断拓展，波音公司开始寻找合适的伙伴将业务外包，主要是针对部分低端零部件，采用波音公司提供的总体设计图纸，外包给全球各地的合作伙伴，由他们提供相关的材料部件，在经过工程师的校验、装配、测试和改进后，从四面八方运至波音装配工厂。

这种生产外包的模式，即某种意义上的生产全球化，可以降低生产过程中波音公司的风险和所需承担的生产费用。与此同时，遵循倘若飞机中有其他国家生产的部件，将更容易在相应的国家出口这一规律，采用这种模式将确保外包生产的飞机能够更好地出口海外市场。

2)跨国供应链阶段

随着供应链概念的提出以及国际分工的不断深化，传统的纵向一体化生产管理模式已经无法适应市场竞争。从 20 世纪 80 年代后期开始，利用企业外部资源以快速响应市场需求的"横向一体化"模式兴起，波音公司开始将一些重要的零部件和分系统的研制工作转包给国外公司。海外合作伙伴由低端零部件生产商升级为更专业化的具有更高研发技术水平的零部件供应商，与波音公司一起承担起更复杂客机项目的高风险以及高成本。在波音777项目研发之时，海外供应商参与份额跃升至30%，跨国供应链初步形成。

3)全球供应链

采用了全球供应链模式的波音787代表了民机产业研制全球化的最高水平。在这种模式中，供应商的角色和作用在产品供应链中得到进一步凸显，由零部件生产供应者转变为产品零部件总成的参与设计者。在此过程中，网络化信息平台等技术让企业实时收取信息进行反馈成为可能，为供应商参与生产研发提供信息技术支持。供应链的成员遍布全球，生产资料的获得、产品生产的组织、货物的流动和销售、信息的获取都是在全球范围内进行，这种模式称为全球供应链模式。

波音787项目被视为成功的标志，也让波音公司成为全球化公司之一。然而，在共担风险、高度全球化的背后也出现了不少问题，由于供应商众多、零部件短缺、分包商执行不力、材料出现缺陷和工人罢工等各种原因导致的延迟交货有八次之多，该项目成为公司历史上被拖延交付使用日期最长的项目。这与其采取的错综复杂的全球供应链模式密不可分，广泛的外包带来的是大量的管理协调工作以及对上传下达和执行能力的要求。全球链的风险性和脆弱性无法忽视，大量的零部件在运回总部进行组装时也往往面临着质量上的风险，一旦链条上某一环出现问题，便会对整体运作进程产生阻碍。

另有学者认为，外包带走了波音公司在技术上的生产优势，将技术转移至国外不利于本国在相关领域的优势发展，这当然是比较绝对化的说法。对于全球供应链的优劣，众说纷纭，对于波音公司而言，更重要的是考虑如何对全球供应链进行优化和整合，完善管理制度，下好在全球市场上的这盘棋。

［案例来源：苏尼尔·乔普拉、彼得·迈因德尔《供应链管理》(第6版)，中国人民大学出版社，2017年，第68-70页，有删改］

讨论题：

1. 请谈谈对波音公司打造全球供应链的见解。

2. 结合我国相关制造业发展，谈谈波音公司的全球化举措对我国企业有什么启示。

3. 请收集资料，分析波音公司所采取的生产外包等行为是否会造成技术转移、丧失本国技术优势等严重后果。

4. 试析波音公司实施全球化战略所面临的风险，可以采取哪些具体措施予以防范。

小米在印度：Are you OK?

尽管小米总裁雷军在印度小米4i发布会上的“Are you OK”式英语被制作成鬼畜视频进行恶搞，但是并不阻碍反而推动小米在印度市场博得头筹，取得巨大的宣传效果。据2018年11月数据统计，在第三季度小米印度市场份额高达27%，位列榜首，其次是三星(24%)和vivo(10%)，一度将华为等强劲对手甩在身后。旗下的红米手机发挥主要作用，红米5A销量达到了1 000万部，成为印度最畅销智能手机，也是印度连续9个月销量第一的智能手机。

一、红米正式独立打造国际“Redmi”

1月2日，原金立总裁卢伟冰加入小米，拟出任小米副总裁，主要负责红米品牌的海外推广事宜。据报道，卢伟冰曾主要负责金立在印度市场的发展，2014—2015年，金立在印度营收额达到275亿卢比，在印度市场排名第五。与此同时，小米官方宣布将在1月10日召开全新品牌红米Redmi的发布会，将先前主打中低端的红米品牌独立出来，既避免了与小米主品牌定位高端市场的形象冲突，又直指消费水平较低的印度等海外市场，方便运营。强有力领导者的加盟以及独立运营条件的具备，使红米进军印度成为小米进军海外，避免在国内高端市场与华为、苹果展开正面冲突和激烈争夺的重要一步棋。目前，小米之家在印度大有“遍地开花”之势，在西班牙、墨西哥、迪拜等国家和地区均有出现，红米等子品牌的发展将成为小米未来发展的助推器。

二、当地政策的制约

小米在印度的扩张之路并非一帆风顺，抛开先前从众多品牌中杀出一条血路不算，新出现的一些变故也让小米不得不迅速采取对策。

2019 年 1 月，印度政府出台一项新的政策，规定禁止网络平台签署排他性协议，同时还要求单一厂商在电商平台上销售的产品量不可超过库存的 25%。这对在印度市场深耕数年的小米无疑是破坏性的打击(小米近 70%的销量来自在线渠道)，海外主战场的受挫很有可能会影响其在海外市场上的布局。面对此项变故，小米需要迅速增加实体店面的建设。截至目前，小米在印度已经拥有约 500 家小米之家实体店，计划在 2019 年年底增加至 5 000 家。

三、强龙与地头蛇之争

时至今日，越来越多的对手将目光瞄准了印度这个世界第二人口大国的庞大市场，新入局的是印度首富穆克什·安巴尼，身家一度超过马云达到 443 亿美元。据报道，其所执掌的信实集团 Jio 正在和美国著名电子专业制造服务供应商伟创力谈判，计划在印度生产约 1 亿部功能手机。信实集团的 Jio phone 手机在印度当地确实有不错的销量，今年的销量有望突破 3 000 万部，成为全球第十大手机品牌。这对将印度作为海外主战场，想要依托印度庞大的用户基数，采用完善而广泛的生态模式的小米手机来说，并不是一个好消息，雷军在印度 5 年的布局有可能因为印度首富的入局而被“截和”。

（案例来源：《潮汐商业评论》，2020 年 3 月 11 日，有删改）

讨论题：

1. 试析小米选择进军印度市场的原因。

2. 结合小米的发展现状，总结企业在开拓海外市场的过程中可能会遇到的问题和阻碍，积极探讨应对措施。

第二章　全球营销的理论基础

学习目标

1. 理解国家间进行贸易的原因。
2. 了解国际贸易理论。
3. 理解国际贸易理论在商业运营中的重要意义。

开篇案例

国际贸易发展史

国际贸易是在国际分工和商品交换基础上形成的。国际贸易连接示意图如图 2-1 所示。早在奴隶社会，由于生产力低下，交通不便，商品流通量不大，国际贸易十分有限，交易的商品主要是奴隶和供奴隶主消费的奢侈品。在封建社会，随着社会经济的发展，国际贸易也有所发展。这一时期，中国与欧亚各国通过丝绸之路进行国际贸易活动，地中海、波罗的海、北海和黑海沿岸各国之间也有贸易往来。15 世纪末至 16 世纪初的地理大发现，推动了国际贸易的发展。当时参与贸易的商品主要是一般消费品和供封建主消费的奢侈品。

图 2-1　国际贸易连接示意图

（资料来源：世贸官网 https://geneva.usmission.gov/international-trade/，2015 年）

贸易早期为对内贸易。在某个地区人们为了生存以物换物，后来货币出现了，便使用货币作为媒介进行交换，这才使得这个地区形成了贸易的往来，当贸易往来突破国界，于是国际贸易产生了。

待哥伦布发现新大陆后，资源优化配置，就有了奴隶贸易，美洲跟非洲的奴隶被卖到欧洲的工厂成为廉价劳动力。所以,国际贸易是建立在人们不断探索的基础上的,正是由于人们不断探索,发现了新的环境,才会有贸易往来,这也说明这个地区的人们生产还有富余,所以才会进行贸易。

资本主义生产方式产生后,特别是产业革命以后,由于生产力迅速提高,商品生产规模不断扩大,国际贸易迅速发展,并开始具有世界规模。从 17 世纪到 19 世纪,资本主义国家的对外贸易额不断上升。英国在国际贸易中长期处于垄断地位。当时参与国际贸易的商品主要是一般消费品、工业原料和机器设备。19 世纪末进入帝国主义时期后,形成了统一的无所不包的世界经济体系和世界市场。此后,第一次世界大战的冲击和 1929—1933 年世界经济危机使资本主义世界经济遭到很大破坏,世界贸易额锐减并停滞不前。第二次世界大战后,国际贸易进一步扩大和发展,美国成为国际贸易中的头号大国。20 世纪 50 年代以后,随着生产的社会化、国际化程度的不断提高,特别是新科技革命带来的生产力的迅速发展,国际贸易空前活跃并带有许多新的特点,在贸易中制成品已超过初级产品而占据主导地位,新产品不断涌现,交易方式日趋灵活多样。

在当代,国际贸易以发达国家为主,美国仍是世界最大的贸易国,但地位有所下降;德、日等国的对外贸易有极大发展;广大发展中国家在国际贸易中所占份额不大,但与自身相比,对外贸易也有了很大发展,成为国际贸易中一支不可轻视的力量。国际贸易在当代国际事务中具有举足轻重的影响,对各国自身的经济发展也有重要意义。

（案例来源:赵江红、邓海涛《国际贸易》,重庆大学出版社,2012 年,第 25-30 页,有删改）

第一节　国际贸易理论

国际贸易(International Trade)的产生由来已久。在英国,1355 年就有了外贸统计的记载。对国际贸易的研究早在 15 世纪末 16 世纪初,也就是西方国家的资本原始积累阶段就已经开始。国际贸易和国外直接投资是跨国公司开展全球营销活动的基本形式。因此,深刻地认识国际贸易的理论内涵非常重要。本章对国际贸易相关理论的讨论,并不是针对狭义的商品和劳务的空间国际转移,而是广义上分析跨国公司打开全球市场时一些必要的原理。

最早人们奉行的是重商主义(Mercantilism)。在重商主义者看来,国内贸易只能使社会财富在国内的不同集团之间分配,而出口则可以带来国外的财富,且只有当出口超过进口时,财富才能从别国流向本国。显然,重商主义者支持鼓励出口、抑制进口的政策。

从现代经济学的观点看,重商主义是不完善的。因为随着国际金融理论的发展,人们逐渐意识到,通常情况下,如果一国外汇出现长期大量顺差,不仅容易与贸易伙伴发生摩擦,引起双边关系波动,而且外汇大量盈余,往往需要适度地调整金融和外汇政策,致使市场上本国货币投入量增加,进而引起通货膨胀,对本国的财政与经济形成压力。

亚当·斯密的绝对优势理论和大卫·李嘉图的比较优势理论以及他们的自由贸易主张被称为古典国际贸易理论。由于重商主义本身不完善,18 世纪末,古典经济学派的自由贸易思想代替了重商主义,成为此后国际贸易方面的正统理论。1933 年,贝里尔·俄林(Bertil Ohlin)提出生产要素禀赋理论(Theory of Factor Endowment),它代表着新古典贸易理论,标志着国际贸易理论发展的新阶段,与李嘉图的比较优势理论共同构成了国际贸易理论的核心。自此之后,新的国际贸易理论不断涌现。

国际贸易的基础理论主要包括绝对优势和比较优势理论、生产要素禀赋理论、产业组织理论、资源配置理论和价值链管理理论等。

第二节　绝对优势和比较优势理论

19 世纪初，英国著名经济学家亚当·斯密主张自由贸易，并在《国富论》中提出了绝对优势理论(Theory of Absolute Advantage)。

亚当·斯密认为，在市场经济中，原本仅为自己服务的微观经济体可以发挥自己的特长，社会各微观经济体据此进行专业化分工，微观经济体仅进行自己擅长领域的专业化生产，对自己不是很擅长的部分进行市场交易，最终可以实现社会福利的最大化。当这种交易活动超出一个国家的范围时，国际分工和国际贸易就产生了。亚当·斯密认为，因为地理与气候的不同，每个国家都有适宜于生产某些特定产品的绝对有利条件，所以每个国家都有自己的绝对优势，据此进行专业化生产，其生产成本更低，生产效率更高，然后进行国际贸易，对所有贸易伙伴都是有利的。

大卫·李嘉图的比较优势理论(Theory of Comparative Advantage)是在亚当·斯密的绝对优势理论的基础上发展起来的。他认为，每个国家应集中力量生产那些利益较大或不利较小的产品，在资本和劳动力不变的情况下，通过国际贸易，各国生产总量将增加，如此形成的国际分工对交易各国都有利。

亚当·斯密的绝对优势理论作为大卫·李嘉图比较优势理论的基础，被视为比较优势理论的特例。绝对优势理论虽然能在国际贸易中获得绝对利益，但发挥绝对优势中的比较优势，更能锦上添花。处于绝对劣势的国家，并不意味着在贸易中一定受制于人，发挥绝对劣势中的比较优势，也可以获得比原来更大的利益。由于每个国家都存在生产要素与生产效率的差异，比较优势是普遍存在的。比较优势的普遍存在及其在国际贸易中形成的比较利益，是国与国之间开展分工生产的基础和动力。从以上分析可以看出，大卫·李嘉图的比较优势更具有普遍性，而且会为贸易各国带来更大的利益。

表 2-1 为葡萄牙和英国生产单位产品的劳动投入比较。

表 2-1　单位产品劳动投入比较　　(单位：有效工时)

国别	呢绒	葡萄酒
葡萄牙	90	80
英国	100	120

从两国的单位产品劳动投入可以看出，葡萄牙在呢绒和葡萄酒两种产品的生产上都具有绝对优势(90＜100，80＜120)。按照亚当·斯密的绝对优势理论，葡萄牙将生产并出口这两种产品，而英国只能作为净进口国，被排除在出口贸易之外。葡萄牙将在国际贸易中获得绝对利益。

根据比较优势理论，只要葡萄牙呢绒单位劳动投入/英国呢绒单位劳动投入≠葡萄牙葡萄酒单位劳动投入/英国葡萄酒单位劳动投入，双方都存在比较优势产品。由于 90/100＞80/120，英国生产呢绒的比较劣势较小，葡萄牙生产葡萄酒的比较优势较大。因此，英国应集中生产并出口呢绒，葡萄牙应集中生产并出口葡萄酒，依据比较优势理论的专业化分工对两国都有利。

第三节　生产要素禀赋理论

生产要素禀赋理论认为，在自由贸易条件下，各国或各地区都倾向于出口自己相对丰裕的要素生产的产品，而进口自己相对稀缺的要素生产的产品。

1919年，埃利·赫克歇尔发表论文《对外贸易对收入分配的影响》，最早提出这一观点。他在该文中以比较优势的各项假设为依据，提出一个问题：如何解释李嘉图理论中两国比较成本的差异？他认为，两国间存在比较成本的差异有两个前提：一是两国资源的稀缺程度不同，二是两国生产不同产品使用的要素比例不同。

1933年，贝里尔·俄林继承并发展了赫克歇尔的思想，在《地区间贸易与国际贸易》一书中提出要素禀赋理论。他认为，某个区域或国家具有相对丰富的生产要素与相对稀少的生产要素，诸如土地、劳动力、资本等。如果其从事生产各种生产要素相对丰富的商品，就处于有利的地位；如果其从事生产各种生产要素相对稀少的商品，就处于比较不利的地位。因此，每个区域或国家在国际分工和国际贸易中生产和出口各种生产要素相对丰富的商品，进口各种生产要素相对稀少的商品。

生产要素禀赋理论有狭义和广义之分。狭义的生产要素禀赋理论有两种形式：物质形式和价格形式。物质形式即如果两国拥有相同的科技水平和位似需求，并且没有要素密集度逆转，那么在自由贸易条件下，各国将出口在其生产过程中相对密集地使用本国相对丰裕的要素的产品，进口在其生产过程中相对密集地使用本国相对稀缺的要素的产品。价格形式即如果两国拥有相同的科技水平和位似需求，并且没有要素密集度逆转，则各个国家相对密集地使用本国在自给自足条件下相对便宜的生产要素生产的产品，和其他国家比较，其相对价格会较低。广义的要素禀赋理论则除此之外还包括要素价格均等化定理。其基本思想是，即使生产要素不能跨国流动，而只能在国内各部门之间自由流动，只要允许自由贸易，那么在一定的条件下各国之间相同要素的价格也会趋于一致。也就是说，商品流动会替代要素跨国流动对要素价格产生影响。

第四节　产业组织理论和资源配置理论

一、产业组织理论

产业组织理论是新兴的应用经济理论，它以微观经济学理论为基础，具体分析企业结构与行为、市场结构与组织，以及市场中厂商之间的相互作用和影响，进而研究经济发展过程中产业内部企业之间竞争与垄断以及规模经济与效率的关系和矛盾，研究和探讨产业组织状况及其对产业内资源配置效率的影响，从而为维持合理的市场秩序和保持经济效率提供理论依据和对策途径。

1890年，英国经济学家马歇尔（Marshall）在《经济学原理》中提出了“马歇尔冲突”（Marshall’s Dilemma），即自由竞争会导致生产规模扩大，形成规模经济，提高产品的市场占有率，又不可避免地造成市场垄断，而垄断发展到一定程度又会阻止竞争，扼杀企业活力，造成资源的不合理配置。这被认为是产业组织概念的提出。1936年，张伯伦（E. H. Chamberlin）和罗宾逊（Joan Robinson）在垄断竞争理论中提出，由于产品存在差异性，销售量不仅受价格的影响，还受销售者的产品性质和广告支出的影响，因此现实中典型的市场结构并非完全竞争，而是垄断竞争，即既包含有垄断因素又存在着激烈竞争的资本主义市场结构。厂商具有一定的决定价格的能力，可以通过不断推出具有相同性质不同形式的产品，使垄断利润长期大于零。因此，单靠市场的调节作用无法实现资源的最优配置，必须由政府对垄断势力加以干预，才能保证市场的良性竞争。这一理论的提出引发了人们对一系列问题的思考：什么样的市场结构才能保持适度竞争，市场结构合理化的评价标准是什么，等等。正是在对这些问题的研究和解决过程中，产业组织理论得以产生和发展起来。

在产业组织理论的发展过程中，哈佛学派构建了一个既有系统逻辑体系又能深入市场的SCP分析模型，如图2-2所示。

图2-2　SCP分析模型

外部冲击：企业外部经济环境、政治、技术、文化变迁、消费习惯等因素的变化。

市场结构：外部各种环境的变化对企业所在市场可能的影响，包括销售者的数量、产品的差异化程度、成本结构及纵向一体化程度等。

市场行为：企业对外部的冲击和市场结构的变化，可能采取的应对措施，包括价格、产量、研究与开发、投资、广告等。

市场绩效：在外部环境发生变化的情况下，企业在资源配置效率、价格与边际成本比例、产品种类、创新速度、利润、收入分配等方面的变化趋势。

SCP分析模型为早期的产业组织理论研究提供了一套基本的分析框架，通过对市场各方面的衡量，规范了产业组织理论体系，为该理论的发展提供了理论基础和研究路径。

二、资源基础理论

资源基础理论(Resource Based View，简称RBV)已经成为当今国际贸易战略管理主流理论。相对而言，产业组织理论主要关注外部环境因素对企业的影响，资源基础理论主要用企业内部的资源来解释企业战略和业绩。

资源基础理论基于一个核心假设：企业内部异质和不可转移的资源是决定企业持久竞争优势的根源。然而，对于决定持久竞争优势的“资源”的内涵，学者们存在不同理解。正是对持久竞争优势根源的不同理解，形成了资源基础理论的不同理论观点，主要包括早期资源基础观、企业能力理论、知识基础理论、动态能力理论以及动态资源基础观。

三、资源配置理论

“传统资源基础理论”是以“资源”为企业战略决策的思考逻辑中心和出发点，以“资源”联结企业的竞争优势与成长决策。由于企业拥有稀有、独特、难以模仿的资源和能力，不同的企业之间可能会长期存在差异，长期占有独特资源的企业更容易获得持久的超额利润和竞争优势。

传统资源基础理论把竞争优势的源泉定义在具体的作为物的资源上，完全脱离了企业中人的因素，造成了资源与资源配置者之间的分离。实际上客观存在的物质资源能够发挥多大的效用完全取决于使用它的人，资源异质性的背后是人的异质性。一些学者对传统资源基础理论进行了批判性的继承和发展，产生了资源配置理论。

第五节 价值链管理理论

价值链管理理论是对企业生产、管理、财务、资源等方面的整合，为企业的生产规划、生产管理、生产组织、生产调控等工作提供支持。企业能够通过价值链管理将业务流程整合为一个彼此联系的链条，从而加强各环节业务的关联，在保证企业生产正常运作的基础上，减少不必要的消耗，达到控制企业成本的目的。

一、价值链活动的内涵

价值链(Value Chain)是迈克尔·波特(Michael E. Porter)在其著名的“竞争三部曲”中的《竞争优势》中提出的概念。波特将价值链定义为企业用来进行设计、生产、营销、交货以及对产品起辅助作用的各种活动的集合。价值链由两种价值活动构成，即基本价值活动和辅助价值活动。基本价值活动指一般意义上的生产经营环节，包括物料储运、生产加工、库存管理及市场销售，这些活动与产品的实体流转有关；辅助价值活动包括采购、技术开发、人力资源管理及主要由计划、财务、会计、法律和政府事务组成的企业基础设施。

1995年雷鲍特和斯维奥克拉在《开发虚拟价值链》一文中首次提出了“虚拟价值链”的观点，认为进入信息经济时代的企业所面临的竞争环境分为两个：一个是由资源所组成的物质世界，称为市场场所；另一个是信息所组建的虚拟世界，称为市场空间。

跨国公司要获得竞争优势，在制定竞争战略的过程中，必须考虑两个变量，一个是价值链上各环节的经营活动在不同地区的区位布局，另一个是分布于不同国家处于价值链上不同环节的经营活动之间的协调程度。跨国公司战略的选择就是这两个变量的组合，如跨国公司可以在资源丰饶的地区设立密集消耗该资源的增值环节，可以充分利用当地的优势条件降低成本，可以在目标市场配置生产环节，有利于降低运输成本和更好地适应市场需求，可以选择在多个区域同时经营达到降低政治风险和市场风险的目的，可以为适应国际政治、经济和技术环境的变化而将一些重要职能和责任在全球战略的驱动下赋予某些子公司等。

二、价值链活动的配置

有关价值链活动配置的决策，实际上就是对价值链各环节活动是集中还是分散进行决策。如果是集中，集中在哪些国家和地区，为什么选择这些国家和地区？如果是分散，如何分散，怎么做到对集中和分散的平衡，从而在获得规模经济的同时又能具有地方性的灵活适应能力？这些都是跨国公司在对价值链活动进行配置时必须考虑的问题。

总的来说，全球融资、研究开发、原材料采购、生产等处于价值链上游的活动，一般更具有“集中”的可行性和必要性，而营销活动、售后服务等价值链下游活动一般更倾向于“分散化”，当然，对那些具有稳定性、一致性特点的具体活动仍然可以安排集中进行。这种归纳不是绝对的，价值链活动是全球集中还是地区分散，或是两者某种程度的结合，需要根据不同的活动进行不同的安排，而且这种配置也会随着环境的改变以及公司的发展出现不同的变化。

本章小结

1.国际贸易和对外直接投资是企业开展跨国经营乃至于全球营销的基本模式，有关国际贸易和对外直接投资的理论，对分析和解释跨国公司的对外经营行为具有重要意义。

2. 绝对优势、比较优势和生产要素禀赋理论解释了跨国公司实施全球营销战略的动机，而产品组织理论、资源基础理论、价值链管理理论更有利于分析跨国竞争的阶段和对策。

3. 从经济学和战略管理中的产业组织理论和资源基础理论的整合视角来分析跨国公司的全球营销战略，已成为大势所趋。

中英文关键词

国际贸易(International Trade)
绝对优势理论(Theory of Absolute Advantage)
比较优势理论(Theory of Comparative Advantage)
生产要素禀赋理论(Theory of Factor Endowment)
产业组织理论(Theory of Industrial Organization)
资源基础理论(Resource Based View)
价值链管理理论(Theory of Value Chain Management)

复习思考题

1. 试举例说明绝对优势理论和比较优势理论的基本内涵。
2. 重商主义是一种已经彻底失败了的理论，在当今世界没有一席之地。请辨析这一观点。
3. 世界上最贫困的国家在其经济的各个环节都处于竞争劣势，没有可出口的商品，没有资金，土地贫瘠，有太多的人得不到合适的工作机会，且受教育水平低下，自由贸易不可能对这样的国家有好处。请辨析这一观点。
4. 试述产业组织理论和资源基础理论的内涵及其对于分析全球营销战略的意义。

章末案例

华为国际化战略

华为技术有限公司是一家总部位于中国广东省深圳市的生产销售电信设备的员工持股的民营科技公司，于 1987 年由任正非创建，此后在国内得到快速发展。

1996 年华为公司开始全球化历程。1996 年到 1998 年对于华为公司来讲是个探索的过程。因为在这一阶段，华为公司对于国际市场的需求、人才需求以及自身产品的推广方式等都不清楚，而且中国对外投资高科技产品还处于空白期，加之“华为”对于外国市场而言是个很陌生的品牌，所以在这种情况下，华为选择的目标市场主要是南斯拉夫、俄罗斯、巴西、南非、埃塞俄比亚等发展中国家。1997 年华为在俄罗斯建立了合资公司，并创下了良好的业绩。

2001 年伊始，华为公司以 10G SDH 光网络产品进入德国为起点，后来顺利地进入法国、英国等发达国家。2003 年与 3COM 合作成立合资公司，专注于企业数据网络解决方案的研究。2004 年与西门子合作成立合资公司，开发 TD-SCDMA 解决方案，同年获得荷兰运营商 Telfort 价值超过 2 500 万美元的合同，实现在欧洲的重大突破。时至今日，华为公司已经在国际市场获得巨大的成功，它在全球部署超过 80 个 Single RAN 商用网络，无线网接入市场份额跻身全球第二。在2011年11月8日公布的2011年中国民营500强企业榜单中，华为技术有限公司名列第一。华为是全球第六大手机厂商，也是世界500强中唯一一家没有上市的公司。2018年2月，沃达丰和华为完成首次5G通话测试。2018年7月19日美国《财富》杂志发布了最新一期的世界500强名单，华为排名第72位。2018年在中国500最具价值品牌排行榜中，华为居第6位。

一、打造核心竞争优势

华为打造核心竞争优势的战略是其拓展海外市场的强大后盾。比如在阿联酋，华为在与世界五大电信巨头长达一年的竞争中，最终以质量和技术第一、价格第三的优势斩获其3G网络工程，且在工程建设中创造了4项世界第一。2008年华为披荆斩棘，拿下加拿大运营商Telus和贝尔(Bell)的UMTS/HSPA网络合同，成功突破北美市场。这些令人瞩目的成就再次证明了一个真理：华为抢占国际市场，其根本竞争力是核心技术与实力。

1. 压强原则与聚焦原则造就核心技术制高点

"压强原则"即将有限的资源集中于一点，在配置强度上大大超过竞争对手，以求重点突破，最终达到系统领先。一直以来，华为坚持以不少于销售收入10%的费用投入研究开发，并将研发投入的10%用于前沿技术、核心技术以及基础技术的研究。当华为认定某项技术的未来发展前景后，就会采用集中资源投入、集中开发的"压强战术"。《华为基本法》第一条规定："为了使华为成为世界一流的设备供应商，我们将永不进入信息服务业。"对"聚焦原则"的坚持，使华为能够应用压强原则，将资源集聚到最前线。华为的"压强与聚焦战术"并进，收到了很好的效果：在3G专利方面，华为拥有的基本专利数量排名全球前5位；在4G(LTE)专利方面，华为跻身全球前3位。也就是说，在全球无线技术的竞争中，华为已经从2G的跟随者，跃进为3G的竞争者，进而成为4G与5G的领跑者。

2. 研发国际化战略

"研发国际化"是指研发跨越国界的行为，即企业组织改变单一在母国进行研发活动的模式，通过直接建立国外机构、跨国并购或建立国际技术联盟等形式将研发活动扩展到国外的技术创新范式。华为在德国、瑞典、英国、意大利、俄罗斯及印度等国家设立了23个研究所，并且开创性地与领先运营商合作成立了34个联合创新中心，把领先技术转化为客户的竞争优势和商业成功。

二、管理体制国际化

通过引进西方发达国家企业的先进管理经验，华为逐步建立了"以流程型和时效型为主导"的国际先进管理体系。

从1997年开始，华为与国际著名管理顾问公司HAY合作，逐步建立了世界级的人力资源管理体系，包括企业文化价值体系、任职资格体系、薪酬体系、绩效管理体系和以员工持股、股票期权和虚拟股票权为主体的长期激励体系等。

1999年，华为以从IBM引进IPD(集成产品开发)、ISC(集成供应链)为核心进行业务流程变革。同时"高薪养廉"的薪酬体制以及独特的员工持股制度，保障了华为供应链体系的廉洁与高效，从根本上保障了华为产品成本的巨大竞争优势。

华为聘请普华永道(PWC)和毕马威(KPMG)设计了财务体系，实现财务制度与账目统一、代码统一、流程统一和监控统一。财务四统一目标的实现，为建立集中统一、高度分权的全球运作体系奠定了坚实的基础。

截至2016年年底，华为有17万多名员工，产品和解决方案已经应用于全球170多个国家，服务全球运营商50强中的45家及全球1/3的人口。

华为先后聘请IBM等美国、英国的十多家咨询公司对华为进行研发、供应链、人力资源、财务以及市场体系的管理变革，多年来用于管理变革的成本总计达到50多亿美元，其结果是构造了华为与西方公司接近乃至于完全相同的一整套制度和流程，这是华为能够在全球市场立足并获得成功的根本要素。

（案例来源：张宝贵《华为国际目标市场选择战略》，载于《商》2013年，第12期，有删改）

讨论题：

1. 在进军国际市场的过程中，华为选择了“深耕主要市场，灵活进军新兴市场”的双轨发展战略，你认为这种战略是否合理？优缺点有哪些？

2. 华为选择国际目标市场时，考虑了诸如市场规模、竞争格局、政策环境等因素，你认为在制定国际化战略时公司应该考虑哪些因素来选择目标市场？如何权衡这些因素并制定有效的国际化战略？

第三章 全球营销的文化环境

学习目标

1. 明确文化的含义与特征。
2. 了解全球营销的文化要素。
3. 理解文化分析、文化适应与文化变迁。
4. 掌握跨文化管理的模式。
5. 明确如何进行跨文化沟通。

开篇案例

微信进军印度，为何遭遇惨败？

2010年，张小龙带着微信横空出世。在上线433天的时候，这款以QQ社交为基础的产品用户数就突破了1个亿，上线2年用户数达到3个亿——这种增长速度十分惊人，相对于在此之前的所有PC互联网产品都是绝无仅有的。如今，作为一款每个月活跃用户数超10亿的"国民级"社交应用，微信的渗透率已经达到了令对手不寒而栗的程度，俨然已成为中国第一大移动社交工具。

然而，在2012年出征印度时，面对WhatsApp、Messenger、Line、Viber、Skype和Hangouts等大量即时通信工具的围剿，微信"折戟沉沙"，苦苦挣扎了5年最终还是惨败收场。

为什么微信在印度不能存活呢？

为了在印度上线，腾讯组建了一支由3～4名开发者、6～7名市场人员和2名高级经理组成的队伍。整个团队由Rahul Razdan和Nilay Arora带领，后者现在是腾讯印度区的总裁。

"微信的产品设计完全依照张小龙的愿景，拥有许多在中国非常受欢迎的功能，但这些功能并不太受印度用户的喜爱。"在2012—2015年任微信印度市场战略副总监的Humanshu Gupta说。

比如WhatsApp在自动关联通讯录后就可以联系了，而微信则需要邀请对方并得到许可才可以建立连接。

微信强迫好友确认的模式与Facebook很相似，直到今天Facebook依然如此——如果对方不接受你的好友请求，你就无法看到对方的私密内容。微信这样做的原因是它不仅是个聊天工具，更重要的是它还是个社交平台，其"朋友圈"的时间线功能很像Facebook的时间线。

但这种设置使得聊天交互多了一层阻力，特别是在群组聊天中。聊天群通常由一个人发起，通过电话号码邀请他人加入群。但在印度，微信的这个功能似乎并不符合当地沟通文化——管理员必须先"添加好友"并且获得对方许可之后才能邀请别人进群。微信在中国就没有这个问题，因为在微信上线的时候，桌面时代的腾讯系消息产品QQ已经有了7.5亿的活跃用户，而QQ用户只需用QQ号登录微信，就能转移所有QQ的社交关系。

微信的另一个功能可以让用户查找附近的微信用户并发送好友请求。用户第一次使用时会探索应用程序的功能,而许多人会尝试“附近的人”功能,这个功能会默认打开位置共享,将位置共享给附近的人,包括陌生人。但位置共享一旦打开,想关闭就没那么容易了。

“女性会收到许多男性的搭讪消息,这是导致许多女性卸载应用的主要原因。”Gupta 说,“可能在中国没有这种问题。”他还说,当他们把这些反馈报告给中国时,可能是由于文化差异,这些问题没有得到中国方面的重视。

尽管有许多问题,微信还是维持了大约一年的时间,之后用户大部分都切换到了 WhatsApp。2018 年 2 月,WhatsApp 这个 Facebook 的应用有了 2 亿活跃用户,它支持 10 种印度的语言,目前在印度的即时通信市场上占有最大的份额。

美食和生活博主 Suman Prasad 在 2013 年从大学毕业后就使用微信,他说他的许多朋友都在使用微信的群聊、发动态表情贴图和群发消息的功能。“作为一个品牌,微信拥有巨大的潜力,但我认为他们无法真正理解印度人的思维,因此没能抓住年轻人的喜好。”

微信刚刚在印度上线时,应用本身有 40MB。当时印度的主流手机只有不到 200MB 的容量。由于存储限制,微信在一开始就遇到了拦路虎,而且微信只有 Android 和 iOS 版本,而在当时的印度,塞班和黑莓还有很大的市场占有率。

来自风险投资公司 Blume Ventures 的 Sajith Pai 说,印度的消费者主要分成三个群体:第一个群体约 1 亿人,主要由城市人口和富人组成,是豪华电商品牌的主要目标;第二个群体约 1 亿人,是积极进取的人群;其余的约 10 亿人是依然挣扎在贫困线上的人。

当然,微信在印度遇到的问题并不特殊,其他领域的中国应用和服务也遇到了类似的问题。同年 2 月,世界最大的共享单车公司 ofo 在印度开展业务后仅仅六个月就停止了。

ofo 在印度开展业务时,共享单车市场已有许多竞争对手,包括另一家中国公司摩拜单车、来自 Zoomcar 的 Pedl 和位于班加罗尔的 Yulu 等。这些创业公司在印度发现了一片新市场,机会和风险并存。

负责 ofo 的印度运营的 Rajarshi Sahai 说,尽管 ofo 为印度市场专门打造了本地运营策略,但在应用的便捷性方面还是遭受了不小的打击。尽管 ofo 的应用已在 22 个国家拥有 3200 万日访问量,但当印度的团队试图将其本地化、定制化时,遇到了很长的酝酿期和任务排期,导致其他更小、更灵活的竞争对手能够更快地改进应用来迎合印度用户。

Sahai 说,对于那些由 BAT 支持的中国公司来说,中国市场永远是核心业务区域,其他市场只是补充,因此在面临印度的其他竞争对手时多少会有一些惰性。

但是,很明显印度市场并不能像其他国家的市场那样可以一并处理。

来自风险投资公司 Blume Ventures 的 Sajith Pai 说,包括苹果、Facebook 和 Instagram 等诸多国际公司都注意到了这一点,它们把印度当成二级市场,主要目标是第一个群体的 1 亿人。但微信等中国公司则不同,它们把目标锁定于第二个群体的 1 亿人,包括印度农村人群、新兴的互联网用户和年轻人。例如,MX player、News Dog、Share it 和 UC Browser 都在印度培养新兴互联网用户,它们在印度生存的机会更大,因为它们更了解印度的新用户。

但是,中国是由政府主导的单语言国家,各地文化十分相似,而印度与此完全不同,它的文化多样,没有通用的语言、城市结构,经济发展差异也十分明显,使得印度市场很难用同样的方法处理——这就是腾讯,或者说 BAT 巨头们得到的教训,这些教训只有投资了印度的大型公司后才能得到。

(案例来源:CSDN 资讯《微信“死于”印度》,2018 年 10 月 21 日,有删改)

第一节　文化的内涵

一、文化的含义

文化，这个词来源于古拉丁文，原意是“耕作”“教习”和“开化”。在中国最早把“文”和“化”两个字联系起来的是《易经》，提出了“观乎天文，以察时变；观乎人文，以化成天下”的主张，其意思是用儒家的诗书礼乐来教化天下，使社会变得文明而有秩序。英国的文化人类学家爱德华·泰勒在 1871 年出版的《原始文化》中，第一次把“文化”作为一个中心概念提出来，并加以系统的表述。他认为：“文化是一个复杂的总体，包括知识、信仰、艺术、道德、法律、风俗，以及人类在社会里所获得的一切能力与习惯。”美国的人类学家艾·克劳门和莱·克鲁克霍斯认为“文化包括内隐和外显的行为模式”，它是“构成人类群体的出色成就，包括体现于人工制品中的成就，文化的基本核心包括传统的观点，尤其是价值观念”。美国管理学家斯蒂芬·罗宾斯认为“文化是种知觉。这种知觉存在于组织中而不是个人中”。总之，人们对文化含义的理解是多样和丰富的，从而也为企业的经营管理提供最有力、最长效的支持。

一般认为，文化应有广义与狭义之分。广义的文化是指人类在社会历史发展的实践过程中所创造的物质财富和精神财富的总和。狭义的文化是指人类精神活动所创造的成果，如哲学、宗教、科学、艺术、道德等。

市场营销人员如果想要成功拓展海外市场，就必须学习和了解异国文化。

二、文化的特征

文化在人类长期活动中不断积累，具有共有性、差异性和变化性等特征。

(1)共有性。文化是由社会成员共同创造出来的，并对社会中的每一成员产生深远影响。同一文化呈现出某种共性，表现在受同一文化熏陶的人们往往具有共同的生活方式、风俗习惯、消费观念以及偏好禁忌。

文化的共有性还表现在不同文化之间的共享性。信息、交通的发达改变了人们相互影响、相互联系的频率和方式，不同文化影响下的人们通过直接或间接的交流相互越来越了解。不同的文化之间呈现出一种融合性。比如，中国的饮食色香味俱全，央视连续三季的《舌尖上的中国》节目让世界了解了中国的饮食文化。日本饮食的清淡、健康也得到全世界的认可和喜爱。

(2)差异性。每个国家、地区、民族都有自己独特的区别于其他国家、地区、民族的文化，即有自己独特的风俗习惯、生活方式、伦理道德、价值标准、宗教信仰等，这些方面的不同导致了不同社会文化的差异。企业必须时刻注意这种差异，在经营中做到“入乡随俗、入境问禁”，只有投其所好，才能被不同的文化群体所接受。比如，风靡全球的可口可乐，在世界其他地区销售采用的都是红白相间的包装，在阿拉伯地区则变成了绿色包装，因为那里的人们酷爱绿色，对于他们来说，绿色意味着生命和绿洲。再如，红色在中国象征着热烈、吉祥、美好，西方有些国家却认为红色代表危险，令人恐惧，易使人联想到流血、事故和赤字。由于这种观念上的差异，我国出口到德国的模型曾被要求换成灰色的外包装才被接受。

(3)变化性。人们所崇尚的生活方式、价值观念等是不断变化的，这种变化快慢不一，有的还具有周期性。消费市场是反映社会文化变化的一个敏感的窗口，因为社会文化的发展会带来消费时尚的变化。比如，从服装的发展变化来看，过去人们讲究质地精良、做工考究、款式庄重，现代人则倾向于舒适、潇洒、自然、宽松、随意。这种变化表面上看是服装风格、款式的改变，其实反映了现代人的生活观念、生活态度的改变。

小案例

20 世纪 50 年代以前，在西方国家，人们大都喜欢高脂肪、高蛋白质的食物，结果很多人患上肥胖症及其他多种疾病。进入 70 年代后，西方国家爆发了一场营养革命，人们的饮食结构发生了巨大变化，健康食品大受欢迎，市场上低糖、低热量、低胆固醇的食品十分畅销。受这一全球性健康化趋向的影响，近几年，我国民众在饮食习惯及对食品的评价标准方面也发生了巨大变化。过去人们比较偏重食品的口感与味道，常常忽略其营养价值和是否有利身体健康，随着消费水平的提高和健康意识的增强，食品的营养价值和保健作用越来越受到人们的重视。

（案例来源：《柳叶刀》2019 年第 393 期，第 434-445 页，有删改）

第二节　全球营销的文化要素

一、全球营销的文化要素

全球营销的文化要素组成如图 3-1 所示。

1. 语言

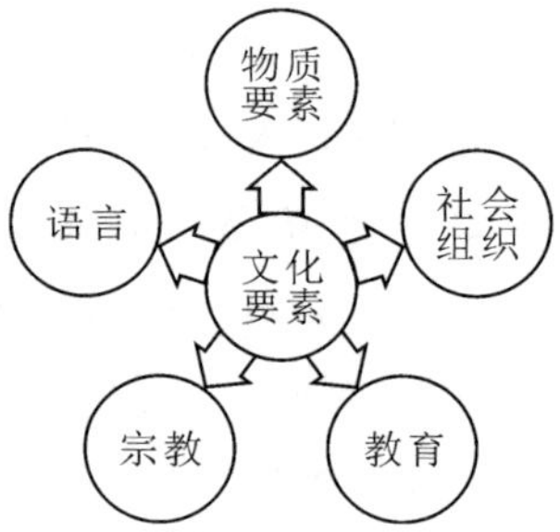

图 3-1　文化要素组成图

语言是文化中最表层的要素，也是最有区别性的要素，语言的差异往往代表文化的差异。语言按表达方式分为有声语言和无声语言，无声语言又包括肢体语言和表情语言等。语言按表达特征又可分为空间语言、时间语言和财富语言。空间语言如办公室的大小、室内陈设的格调，甚至所处的地理位置、楼层等，都可以传达一些重要信息；时间语言如对等待接见时间、洽谈时间、答复时间、签约时间的遵守与否，急迫或拖延与否等，可以反映工作态度；财富语言如使用的文具、皮包，穿戴用品的牌子与档次等，也可以显示企业形象或人员的素质、身份与地位等。

在全球营销中，语言是国际市场上各国通商的钥匙，是人们相互沟通的主要工具，通信联系、洽谈合同、产品介绍、广告宣传等都离不开语言。营销人员需要通过研究目标市场的语言来掌握目标市场国的信息，以利于制定相应的营销对策。语言是一个国家或地区社会文化的缩影，是人们思想、观念的直接体现，因此通过对当地语言的深入研究，可从中获得某些有价值的信息。同时语言也是产品的一个重要组成部分。任何产品都有品名、商标、内包装和外包装，都必须附有最基本的产品说明，即用一种或一种以上的语言对产品的品名、规格、性能（用途）、质量（成分）、操作规范、使用方法、注意事项等内容做必要的注释。产品的品牌、市场推广等也都离不开语言。

在实际全球营销活动中，难免会出现语言不通等情况。此时可以请国外经销商或者当地分销渠道的成员充当企业与当地市场之间的文化桥梁，也可以选择委托当地的广告公司进行广告策划和广告宣传，但是这样做往往费用较高。在文字翻译时应使用回译方式，即先由一人把由母国文字呈现的商标、广告词、调查表等译成东道国的当地语言，再另请东道国中懂得母国文字的人把它译回母国文字，看是否产生了歧义，并分析歧义产生的原因及可能的后果，采取相应的措施予以纠正。有条件的时候可以寻求在东道国的本国人相助，他们绝大多数都有强烈的爱国心，对当地的语言、风土人情、宗教信仰、民族情绪等各方面的情况比较熟悉，对当地语言和母国文字的异同把握得比较准确，理解比较深刻。因此，他们是企业解决国际交往中语言障碍问题的最佳人选。这种方式最为经济有效。

2. 宗教

宗教是文化中较敏感的要素之一。宗教戒律和文化倾向影响人们的消费行为。例如，在印度教徒的心目中，等级观念、家庭观念都是根深蒂固的，他们倾向于因循守旧，对新产品的接受需要一个过程，企业需要耐心宣传。佛教的核心思想是四大皆空，宣扬人生充满苦难，人们只有皈依佛门才能得到解脱，进入极乐世界。因此，在信奉佛教的国家销售高档消费品、享乐用品等必须小心翼翼。宗教是国际市场细分的一个重要变量。如在荷兰，天主教和基督教各有自己的政党和报纸，企业要想打入这一市场，就不得不分别在各自的报纸上做广告宣传，在产品设计、包装和销售方面也要有所不同。

3. 教育

教育是社会文化的重要组成部分，一国教育的发达程度可以用识字率、入学率等指标来衡量。一般来讲，经济愈发达，识字率愈高。

教育，作为现代社会提高人类素质的主要的、有效的手段，无疑在消费者素质提高的过程中起着重要作用。通过调查分析发现，人们的消费水平、消费方式以及消费观念等都与其所受教育的程度相关，说明教育对消费各方面都产生着重要的影响。受教育水平越高，居民用于非基本消费支出占消费总支出的比重越大，消费等级越高。

受教育程度的提高，将导致人力资本的增加，而受教育程度较高的劳动者收入会改善，从而使消费支出增加。消费支出增加，使得人们在满足基本生活需求以外，还拥有更多可以用于其他消费项目的支出，这时消费项目变得更加丰富，消费结构等级提高。这说明受教育程度对消费结构的影响是通过收入起作用的。

由此可见，受教育水平在一定程度上影响了全球营销活动的开展。

4. 社会组织

社会组织是重要的文化要素，指一个社会中个人和团体所发挥的作用以及这些个人和团体之间的相互关系，包括家庭、参照群体和社会阶层。

(1)家庭。家庭是一个社会的基本单位，是某种文化的基础，认真研究家庭可以获得有价值的营销信息。不同的家庭购买方式存在着差异，学者经研究认为，家庭决策方式受三种因素的影响：家庭成员对家庭的财务贡献、决策对特定家庭成员的重要性、夫妻性别角色取向。一般而言，对家庭的财务贡献越大，家庭成员在家庭购买决策中的发言权也越大。同样，某一决策对特定家庭成员越重要，他或她对该决策的影响就越大，原因是家庭内部亦存在交换过程，有时某位家庭成员可能愿意放弃在此领域的影响而换取在另一领域的更大影响力。性别角色取向，是指家庭成员多大程度上会按照传统的男女性别角色行动。研究表明，较少传统和更具现代性的家庭，在购买决策中会更多地采用联合决策的方式。

(2)参照群体。参照群体影响是消费者行为研究的重要内容。当作为参照点融入时，群内与群外、排斥与羡慕、近距离与远距离等不同处境和情绪反应的群体将对个体决策产生不同程度的影响。人们注重社会认同和群体一致，个体决策易受他人影响。参照群体对消费者的购买态度、观念产生影响。低层次的参照群体包括家人、亲友、同学、同事、邻居和朋友等，他们之间有密切的联系，在购买行为、需求偏好等方面容易相互影响。高层次的参照群体是各种类型的群众组织和团体，如职业协会或贸易协会、同业公会、政党、教派等。

参照群体的研究始于 20 世纪 40 年代，1942 年美国社会心理学家 H. 海曼研究个人对自身地位的看法，首先采用了“参照群体”这一术语，用以表示个人在确定自己的地位时与之相对比的人类群体。

参照群体可以大致分为两类。一类是个体所归属的成员群体，也就是消费者已经成为其中一员的群体，如家庭、工作单位等。一类是个体所向往的榜样群体，也就是消费者没有参与但渴望归属的群体，如其他阶层的群体等，运动员、电影明星、歌星以及社会名流和成功的企业家都可以成为个体的榜样。

一般来说，市场营销人员倾向于利用成员群体和向往群体的影响力，诱导消费者产生成为某群体成员的愿望来推广自己的产品。每一个人都会有若干参照群体，不同的参照群体从不同角度来影响人们的行为方式和生活态度。

(3)社会阶层。社会阶层是客观存在的，通常而言，依据职业、收入和财产、血缘和社会关系、受教育程度以及价值观念等五个主要因素来划分。社会阶层指的是社会中根据某种等级排列的具有相对同质性和持久性的群体。

社会阶层具有四个共同的特征：①处于同一社会阶层内的人们，行为大致相同；②社会阶层决定着人们优劣不同的社会地位；③一个人的社会阶层是由一系列因素共同决定的；④一个人的社会阶层不是永远不变的。由此可见，不同的社会阶层必然会有不同的消费需求、消费模式和购买习惯等，这些直接影响企业的产品定位、销售渠道的设计、广告媒体和广告诉求的选择等诸多方面的决策。

5. 物质要素

物质要素这里特指物质文化。物质文化是指人类创造的物质产品，包括生产工具和劳动对象以及作为物质产品的技术。物质文化来源于技术，并与社会经济活动的组织方式直接相关，它通过经济、社会、金融和市场的基础设施显示出来。物质文化影响消费者的需求、产品的特性及其营销的具体策略。

二、文化分析、文化适应和文化变迁

1. 文化分析

文化分析有利于全球营销者更好地认识文化差异。一个成功的全球营销人员必须对文化的差异非常敏感，必须具有协调本国文化与他国文化差别的能力，以便能客观地看待、评价和认识其他文化。

在分析文化差异时有三种观念：民族中心观念、民族同化观念和东道国中心观念。民族中心观念即认为本国文化价值具有优越性，国内畅销的产品或服务在国外市场同样受欢迎；民族同化观念即认为本国文化价值观可以得到其他文化的认同与接受，国内畅销的产品或服务经过企业的营销努力也可在国外市场打开销路；东道国中心观念即认为不同民族文化存在明显差异，国内畅销的产品或服务难以保证在国外市场获得成功。

从全球营销角度评估文化差异，往往着重于消费者态度、动机、信念和行为的分析。恩吉尔提出消费者行为跨文化分析纲要，如图 3-2 所示：第一，确定与当地文化相关的动机；第二，确定行为模式的特征；第三，确定与这种产品有关的文化价值观念；第四，确定决策模式的特征；第五，评估适合当地文化的促销方案；第六，确定消费者认可的产品分销机构。恩吉尔的跨文化分析纲要试图将文化特征和营销决策结合起来，认为仅了解当地文化的价值观是不够的，应当分析企业的产品或服务是否与当地文化的价值观念发生直接或间接的冲突。对广告构思、主题、内容或表现手法等方面的评估，是要确定在当地文化环境中的可行性。

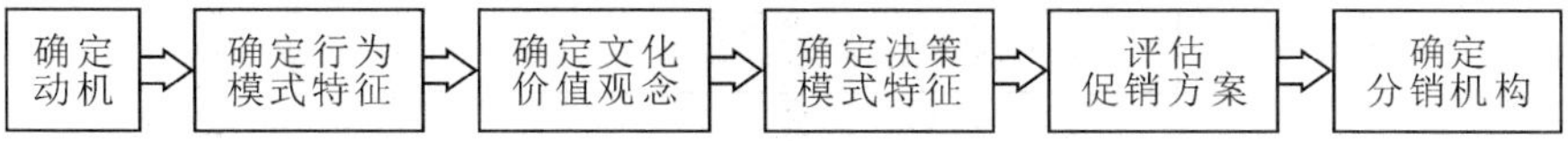

图 3-2　恩吉尔跨文化分析纲要

为了更好地对文化差异进行分析，营销人员使用以下两个方法：一是长期观察法，即长期生活在目标市场特定的文化环境中，目的是深入了解当地的文化特征和生活模式；二是现场观察法，即利用目标市场来搜集与当地文化有关的特定信息。长期观察法虽然有利于对当地文化更深层次地了解，但在实际营销活动中往往是不可行的。

正确的文化分析有利于全球营销者更好地认识文化差异，能够为营销组合提供指南。文化因素影响促销方式的选择，一般来说，在高度个性化以及权力距离小的市场，促销应当面向个人，促销中的模仿也应当是非正式和友好的。文化因素还影响渠道的选择，在强调个性化的社会，企业更倾向于根据客观标准选择渠道合伙人，而在不强调个性化的社会，企业更愿意选择业务代表可成为自己朋友的渠道。

2. 文化适应

文化适应是指企业在制定全球营销决策时充分考虑目标市场国的文化特点，使决策在实施过程中不但不与当地的文化传统、习俗、宗教信仰等发生抵触，而且能比竞争对手更好地满足当地消费者的需求，取得竞争优势。全球营销作为一种跨文化营销，必须适应目标市场国的文化环境，或者说能为该国文化环境所接受。跨国营销成功的关键之一在于能否跨越文化障碍，适应与本国文化不同的异国文化。

在文化适应过程中，营销人员常会意识不到文化差异的存在，或认识不到这些差异的重要性，即受“自我参照标准”的影响。自我参照标准即无意识地参照本国文化的价值观、经验和知识并将其作为决策的依据，它使营销人员不能真实评价国外市场，是国际商务产生问题的根源，会影响对外国市场营销组合方案的合理性的评估。

如何在文化适应过程中消除自我参照标准的影响？詹姆斯·A. 李提出消除影响的四个步骤如图 3-3 所示：首先，按照本国文化的特征、习惯或规范定义经营问题；其次，按照外国文化的特征、习惯或规范定义经营问题或确定经营目标，但不进行价值判断；再次，分离自我参照标准的影响，仔细分析自我参照标准如何使问题复杂化；最后，在没有自我参照标准影响的情况下，重新定义问题并解决问题，谋求最佳经营目标。

文化适应可分为产品适应、机构适应和个人适应。产品适应是指企业改进营销产品或重新设计产品以适应目标市场的文化特征。机构适应是指企业对组织结构和运作程序加以调整或者重新规划，以适应目标市场的文化特征。文化适应中最重要的是个人适应，个人适应主要是设法消除自我参照标准的影响，运用当地文化的价值观念和行为准则来评价事物、作出决策和采取行动。个人适应包括文化的方方面面，如时间观念、财富观念、创新观念、家庭观念、社会行为以及娱乐活动等。例如，在欧美国家非常注重时间观念，相约聚会不能迟到，但在伊斯兰文化国家，约定的时间仅表示一个大致的时间段。

小案例

一位美国教师在中国任教，中国同事总是对她说：“有空来坐坐。”可是，半年过去了，美国同事从来没有上过门。中国同事又对她说：“我真的欢迎你来家里坐坐。如果没空的话，随时打电话来聊聊也行。”一年下来，美国同事既没有来电话，又没有来访。奇怪的是，这位美国教

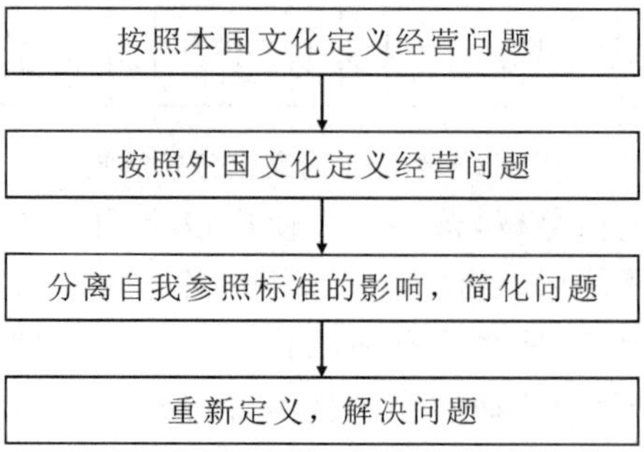

图 3-3　消除自我参照标准影响步骤

师常为没人邀请她而苦恼。

在中国，亲朋好友、同事之间串门很随便，邀请别人来访无须和对方确定时间，自己去探访别人也无须郑重其事征得同意。美国人则没有串门的习惯，遇到重大节日亲朋好友才到家里聚一聚，平时如果有事上门，需要预约确切时间，没有得到对方的应允，随时上门被视为不礼貌的行为。因此，美国同事将"有空来坐坐"这句话只当作虚礼客套，不当作正式邀请。无事打电话闲聊也是美国人视为占用别人私人时间、打乱别人活动安排的行为，予以藐视。若想邀请美国人上门，应当与对方商定一个双方都方便的时间。

（案例来源：廖国强、夏宏钟《中西方文化差异与商务交际》，外语教学与研究出版社，2015 年，第 38-39 页，有删改）

企业在进行跨国营销的过程中，既要有的放矢地针对异国消费者的喜好推出合适的产品，讲究其文化适应性，又要在推销产品的同时推销观念，潜移默化地影响异国消费者的购买行为，促进其文化变迁，从而为自己开辟新的国际市场。这就要求我们在跨国营销活动中不仅要注重文化环境的适应性. 而且要在文化适应的基础上通过文化交流促进异国的文化变迁。

文化适应对于企业全球营销活动的成功是必不可少的，它并非要求企业在经营观念、营销决策和行为举措等方面完全顺应当地文化价值观念和行为准则，更不是去模仿对方的思维方式和行为模式，而是要求企业在全球营销活动中注意消除自我参照标准的影响，加深对不同文化价值观念和行为准则的理解，培育兼收并蓄的文化观。

3. 文化变迁

如果说文化适应只是全球营销的一个策略，那么文化渗透就是全球营销的有效手段。如圣诞节、情人节等属于西方的节日近些年来为多数国内年轻人所追捧，他们模仿西方人进行庆祝，扮演圣诞老人、互送礼物等。

文化是动态的，现有文化是对原有文化的变革和冲击。随着科技、经济的飞速发展，尤其是互联网的出现，国际交流日益频繁，文化的反思、借鉴和变化大大地加快了步伐。

文化的发展是存在阻力的。研究表明，什么样的新事物能被接受，以及在多大程度上被接受，取决于人们对这一事物感兴趣的程度以及新事物对旧事物的改变方式，即新事物对旧事物有多大的破坏力。一般来说，人们最容易接受那些兴趣大、破坏力小的新事物。

大多数文化都有着民族中心主义倾向。人们对本民族的文化有着强烈的认同感，并不自觉地贬低其他文化中陌生和未知的部分。民族中心主义会使人们产生对本民族文化的优越感，对其他民族文化不够尊重或感到新奇，这使文化吸收过程更为复杂。民族中心主义是一种持续的现象，其形式随时间的不同而有所变化。

文化对于新思想、新技术或新产品的阻力出自多种原因。即使客观上需要革新，如果人们认识不到这种需要，也会遇到文化阻力。因为文化是动态的、变化的，所以阻力是可以克服的。当阻力慢慢被克服时，人们会逐渐认识到变化的需要，理解一度十分复杂的新思想，逐步吸收新文化。

一旦认识到某种需要，即使是社会机构也不能阻止接受新思想。某些新思想、新方法或新产品只需要几个月就可以被接受，某些新思想和新方法则需要数十年或几个世纪才会被接受。因为被介绍到其他文化中的许多产品和营销计划会遇到阻力，经营者了解创新过程是至关重要的。经营者不能等待数十年或几个世纪，必须在财力允许的范围内和预期获利周期内取得收益。研究如何有计划地引起社会观念变化的社会学家提供了一个可行的方法，尽管历史上多数文化借鉴以及由此而引起的变化都不是事先有意安排的，但某些有计划引导的变化会使社会变化加速发生。第一步是测定有哪些文化与创新相抵触并产生阻力，第二步是把这些阻力变成动力而刺激变化。从文化角度看，应根据文化被接受的程度、阻力大小或者是反对程度进行营销决策。

第三节　跨文化管理理论与模式

一、跨文化管理理论

文化模式是指文化要素的内在结构及其变化规律的表象形态。不同国家、民族或社会有不同的文化模式。管理模式指管理所采用的基本思想和方式，是一种成型的、能供人们直接参考运用的完整的管理体系。人们通过这套体系来发现和解决管理过程中的问题，规范管理手段，完善管理机制，达到既定目标。

“思维全球化，行为当地化”的全球性思维模式是对跨国管理者能力的挑战。文化模式与管理模式有着密切的关系，文化模式的多样性决定了管理模式的多样性。管理作为一种文化，主要是指管理的指导思想、管理哲学和管理风格，它是企业文化的重要组成部分。这种文化可以作为用共同价值标准培养企业意识的手段，增强企业凝聚力，提高员工士气，树立企业形象，形成企业的竞争优势。管理是伴随文化的发展而发展的。管理是文化的一个组成部分，管理水平的提高，促进了生产力发展，进而促进了在生产力基础上发展起来的文化。

在跨文化组织管理中，莫朗提出跨文化组织管理理论：文化一体化是一个动态过程，具有敏感性、适应性与学习性。文化一体化并非单方的妥协，是基于文化推动而做出的行为。

企业的行为是否在不同文化环境中是不同的，或者说，企业的各种投入要素（如工作环境、领导风格、决策过程、组织规范化程度）与产出要素（如绩效、满意度、对企业员工的承诺）之间的关系是否随文化环境的变化发生改变。对这类问题的研究大体上分为三类：单一文化研究、比较研究和把国家与文化分开的研究。单一文化研究只是孤立地研究企业在不同国家的行为特征，而不去寻找在不同国家企业的行为存在的共性和差别；比较研究侧重于分析在两个或两个以上国家经营的企业之间存在的差异；把国家与文化分开的研究将侧重点放在跨文化研究而不是跨国研究上。（多数研究把国家与文化作为同义语看待，忽略了一国内部可能存在的文化差异。）

在不同文化环境中，对于企业行为的变化趋势，有两种完全不同的看法。一是在跨文化环境中企业行为差异趋于扩大，此时企业行为对文化环境的变化十分敏感；二是不同文化环境中的企业行为差异趋于缩小，以这种跨文化的共性为基础制定跨国经营战略的企业，从全球性规模经济和范围经济中获得了巨大利益。

文化影响国际管理活动的方方面面，它既影响基本的管理理念、原则、战略、功能和过程，又影响具体的管理方法与手段。任何一种管理行为，都是由具有不同文化背景与价值观偏好的管理者实施的。企业国际化的程度越高，就越需要考虑不同的文化因素对企业国际经营战略及有效管理方式的影响。因此在国际管理中一定要注意文化的差异。

总之，跨国营销不仅要善于满足需求，而且要善于创造需求。在跨国营销实践中满足文化差异需求，并不是简单地适应目标市场的文化特点，而是要通过营销活动与文化要素之间的互动，解决文化差异带来的问题，从而取得跨国营销的成功。

二、跨文化管理模式

企业的跨文化管理需要经历长期的发展阶段，才能形成适合企业的独特管理模式。跨国公司的发展一般分为三个阶段，每阶段采用不同的跨文化管理模式，如图 3-4 所示。

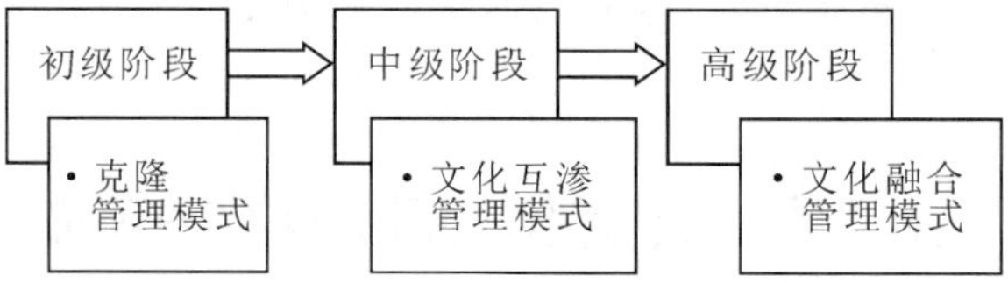

图 3-4 跨国公司的发展阶段及管理模式

在跨国公司发展的初级阶段，一般采用克隆管理模式，这是跨文化管理的初级形式。公司的管理模式完全照搬母公司的管理模式，管理人员主要由母公司派出，具有外籍化、现代化、规范化、严格化、高刺激、高效率、高竞争但稳定性低等特点。跨文化管理的中级形式即文化互渗管理模式。有差异的文化进行碰撞之后，会产生文化互渗现象。跨国公司在本阶段完成母国与东道国间文化的互相渗透，并完成人力资源配置从外籍化到本土化的转换，两国企业管理形式有效结合。文化互渗帮助企业更好地融入东道国，但也在一定程度上带来一些弊端，如可能会使本土员工产生崇洋媚外的心理等。根据相同的人性法则及文化间存在的互通性，管理人员需要明白文化整合的优势，顺应世界经济发展大趋势的要求，使母国企业文化与东道国文化相融合，即跨国公司经营到后期，进入跨文化管理的高级阶段，采用文化融合管理模式。文化融合管理模式不仅使人力资源配置模式国际化，而且吸纳了不同国家的跨文化管理人才，达到不同文化的共融共通。人力资源配置方式的转换见表 3-1。

表 3-1 人力资源配置方式的转换

管理层次	外籍化阶段	多民族化阶段	本土化阶段	国际化阶段
管理层	外籍人	外籍人	东道国人	国际型
执行层	外籍人	东道国人	东道国人	东道国人
操作层	东道国人	东道国人	东道国人	东道国人

第四节 跨文化沟通与谈判

全球营销活动实质上是一种跨越文化的经营管理活动，营销人员不仅需要了解不同文化的差异，适应不同文化的要求，而且需要加强与不同文化背景消费者之间的相互沟通和理解。

跨文化信息沟通，需要消除信息沟通过程的文化干扰和文化障碍，努力提高营销信息沟通的有效性和准确性。为此，应从信息沟通目标的确定、信息沟通对象的激励、信息来源可信度的评估、信息沟通方式的选择、信息结构的组织与表达形式的选用以及语言和非语言障碍的消除等方面入手。

(1)确定信息沟通目标

营销信息沟通的目标是要促使沟通对象产生预期的认识反应、情感反应或行为反应，营销信息沟通目标的确定受到不同文化价值观的影响。例如，制订交货计划或者确定完工时间常常是美国商人谈判的目标，但对于穆斯林商人来说，可能被视为对教义的亵渎，工程的进展应由真主的意愿来决定。

(2)激励信息沟通对象

信息沟通对象因文化差异可能表现出不同的心理特征和利益追求，全球营销企业应当依据信息沟通对象的不同，选择不同的激励方式与诉求内容。例如，在日本、意大利和墨西哥等男性文化国家，物质利益诉求往往具有很大的吸引力；在瑞典、荷兰和丹麦等女性文化国家，工作的满意感等生活质量诉求更容易受到关注。

(3)评估信息来源可信度

信息来源的可信度取决于信息接收者对信息发送者的社会地位、个人关系、专业权威和外观吸引力等方面的看法和态度，这种看法和态度受到不同文化价值观念差异的影响。例如，在委内瑞拉、墨西哥等权力差距大的国家，信息发送者的社会地位越高，信息来源的可信度就越高；在以色列、丹麦、奥地利等权力差距小的国家，信息发送者的社会地位对信息来源可信度的影响要小得多。又如，在中国、日本或韩国等高关联文化国家，业务关系往往建立在个人感情的基础上，信息发送者的社会关系网络越广，与信息接收者之间的关系越密切，信息来源的可信度被认为越高；在德国、瑞士等国家或者斯堪的纳维亚、北美等地区，文化关联度很低，专业知识与技能被认为至关重要，信息发送者的专业权威性越高，信息来源的可信度就越高。

(4)选择信息沟通方式

根据沟通对象参与的程度，信息沟通方式可分为告知、说服、商量和合作等几种。告知方式即信息发送者单方面传递信息，无需接收对象的事前参与；说服方式即信息发送者说服沟通对象接收信息；商量方式即信息发送者通过与沟通对象的磋商实现信息的传递；合作方式即信息发送者与沟通对象合作实现信息交流，信息内容反映双方的共同观点。

对信息沟通方式的选择受到不同文化价值观念的制约。例如，告知方式适用于权力差距大的国家或地区，人们对于权力的集中习以为常，领导者具有很高的权威；在权力差距小的国家或地区，商量方式更容易被接受，领导者需要通过自己的努力来赢得人们的尊重。又如，在美国、英国和澳大利亚等以个人主义文化为主导的国家，个人的作用被强调，个人的成就被尊重，告知方式或说服方式更适合个人主义文化氛围；在以集体主义文化为主导的非洲和南美洲地区，人们强调的是群体的和谐，依赖的是集体的力量，商量方式或合作方式更为有效。

(5)组织信息结构与选用表达形式

信息结构的组织和表达形式的选用主要受到文化关联性的影响。如果文化关联性低，人们往往采取开门见山的方式，直截了当地表达自己的看法或提出自己的观点；如果文化关联性高，观点的提出或者意见的表达常常显得委婉间接，过于直率被认为是不懂礼貌或者强人所难。如果文化关联性低，人们强调沟通效率，倾向于通过书面形式表达沟通结果，如书面协议或书面合同；如果文化关联性高，人们通常注重个人关系，强调双方的相互信任，认为君子一诺千金。

(6)消除语言和非语言障碍

语言差异是跨文化信息沟通的主要障碍。消除语言障碍，一可通过学习相关语言，二可利用外部翻译。为此，企业要求全球营销人员必须掌握一门或数门外语，即使如此，在全球营销活动中，为了消除信息沟通的语言障碍，企业也不得不借助于专业翻译人员。

非语言障碍对营销信息沟通的影响程度往往大于语言障碍。身体语言是跨文化沟通的主要非语言障碍，外貌衣着、姿态动作、面部表情或目光接触等均构成身体语言。身体语言之所以成为跨文化信息沟通障碍，其原因在于同样的身体语言在不同的文化环境中可能表示不同的意思或者反映不同的意愿。例如，当对方在谈判过程中就某一问题点头示意时，通常可理解为对方同意我方观点，但日本人点头示意仅表明了解我方观点，并不意味着同意，保加利亚人则以点头方式表示反对我方观点。为此，全球营销人员应深入目标市场国家的文化环境，了解不同身体语言在特定文化环境中的含义，消除跨文化信息沟通的非语言障碍。

第五节　企业伦理与社会责任

道德随着社会环境的变化而有所不同，商业道德在国际市场上更为复杂，在一个国家被认为是正当的行为，在另一个国家可能完全不被接受。例如，馈赠礼品是在世界上大多数国家都认可的行为，在美国就不流行，甚至还会遭到谴责。

企业在市场营销活动中可能出现的伦理问题如图 3-5 所示。在产品方面：一方面，制售假冒伪劣产品，如假酒和假药等；另一方面，产品包装信息不真实，如产品分量、构成成分、生产日期及有效期虚假，无售后服务或者虽承诺售后服务但不兑现。在定价方面：实施妨碍公平竞争的定价策略，如串谋定价、歧视性定价、低价倾销，来获取暴利；制定不合理的消费价格，如价格欺诈或误导性定价，来攫取不法利润。在分销方面：生产者与中间商不履行双方签订的经营合同，生产者供货不及时或不足，中间商不按期付款给生产者；经销商给消费者过多的空口承诺、误导信息或生产者和中间商相互推卸售后服务的责任等。在促销方面：夸大产品的特色或性能，诱导消费者购买已滞销的廉价货；设计与播送虚假广告、误导性广告及内容与形式不健康的广告，操纵或强迫顾客购买，实施贿赂，产生送礼、拿回扣等不正当的行为。世界各国都在试图区分送礼与贿赂之间的关系，简单的办法是划定金额范围，但这也难以界定。

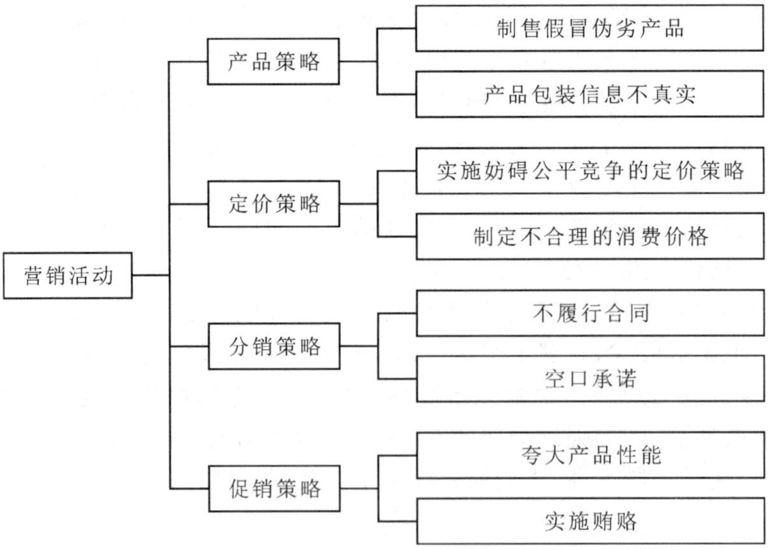

图 3-5　企业可能出现的伦理问题

小案例

在德国，赠送价值超过40美元的礼品就为贿赂。在另一个国家里，为了签订一个肉类加工合同，东道国企业在完全合法的条款中规定，对方企业需捐款12.5万美元建设一个儿童医院。数额相差之大，令人咋舌。2003—2007年间，西门子公司曾向5家中国公立医院行贿2 340万美元，还通过贿赂部分官员，获得了中国价值10亿美元的地铁工程和华南地区两个总价值约为8.38亿美元的电力高压传输线项目。为了结这一困扰自己两年多的贿赂案，西门子公司在2008年12月18日同意支付大约13亿美元罚金，创下了有史以来数额最大的商业贿赂罚单纪录。

（案例来源：转载《华尔街日报》中文版，2018年11月，有删改）

企业文化是直接影响企业伦理的重要内部因素，它制约着营销决策的动机，规范着营销决策的内容，对营销决策的实施起着不可忽视的作用。领导者是企业的头脑和灵魂，其经营哲学必然融入企业经营决策的制定和实施过程，如果领导者具有正确的经营哲学，在制定营销决策时，才能既考虑企业的利润目标，又考虑消费者和社会的利益，从而体现出企业营销决策的道德性。除此之外，企业职工素质对企业伦理也有极大的影响。

企业在市场营销中贯彻企业伦理准则，就是要在市场营销活动中生产能够符合消费者和市场需要的产品，做到诚信经营，对顾客真诚无欺、信守诺言。实践表明，企业只要自觉践行诚信经营之道，以商品的质量赢得消费者的信任，以周到、热情的服务博得顾客的满意，就会赢得信誉、获得效益。由于不同国家的社会与文化以及经济需求各不相同，对于全球营销者来说，要做到履行社会责任并严格按照伦理准则进行经营管理不是件容易的事情。

本章小结

本章从文化的内涵、文化要素、跨文化管理理论与模式、跨文化沟通与谈判及企业伦理与社会责任几方面介绍了全球营销中的文化环境。不难发现，文化环境是动态发展且复杂多变的，给全球营销活动带来极大的挑战。市场营销人员只有熟知目标国文化习俗，运用符合伦理准则的营销策略，抓住机遇规避风险，才能弘扬企业文化，才能取得战略成功。

中英文关键词

文化（Culture）

文化适应（Acculturation）

参照群体（Reference Group）

文化要素（Cultural Element）

跨文化管理（Cross Cultural Management）

复习思考题

1. 文化具有哪些特征？

2. 进行全球营销需要考虑哪些文化要素？
3. 物质文化对于全球营销有哪些影响？
4. 简述分析文化差异时的三种观念。
5. 如何在文化适应过程中消除自我参照标准的影响？
6. 文化适应的种类有哪些？
7. 谈一谈文化互渗管理模式的利弊。
8. 企业该如何进行跨文化沟通？

章末案例

成为市场第一，小米在印度做对了什么？

根据2018年10月24日的消息，Counterpoint Research公司发布了《印度智能手机2018年第三季度出货量市场报告》。报告显示，小米在2018年第三季度占据印度手机市场27%的市场份额，位居第一。

报告还显示，与去年同季度相比，小米手机总出货量增长24%。Counterpoint Research公司的研究分析师卡恩·乔汉(Karn Chauhan)透露，这一增长幅度很大，印度的出货量超过了美国的出货量。印度的用户数量超过4亿，使得这个亚洲国家成为继中国之后全球第二大智能手机市场。

小米，作为一个享誉中外的国产手机品牌，不仅在中国大卖，而且在全球范围内掀起了浪潮。特别是在东南亚国家，小米的销量如日中天。小米仅仅花了两年时间，就成为印度第二大手机厂商，不得不让人叹服。

印度是一个实际人口数量不亚于中国的国家，智能手机起步比较晚，人均消费能力也不及中国。小米作为一个性价比闻名的手机品牌，特别适合印度市场。2017年小米在印度的销量较2016年增长了2倍，达到惊人的1.2亿部，不亚于在国内的市场销量。

从印度小米之家的评价中可以看出，小米是最值得购买的手机品牌，地位毋庸置疑。

雷军也频频示好印度。小米之家在印度开业的时候，雷军亲自去了现场，和忠实的“米粉”合影，毫无架子。印度小米之家开业引起了排队热潮，有点“果粉”在国内排队的缩影。此前，雷军在印度小米新品发布会上的那一句“Are you OK?”成为网红段子，不少印度网友因此记住了小米。

小米进入印度并不是一帆风顺的，不过公司承受住了市场的检验，在印度的热度持续发酵。如今小米在印度的营收已经突破10亿美元，折合人民币数百亿。在去年的“印度电商购物节”上，小米仅用18天，就创造了智能手机100万部的销售业绩，让世界友商叹服。

论及小米的成功，除了其自身商业模式创新、人才过硬的内因和港交所允许“同股不同权”的外因外，人们往往忽略了印度市场对小米上市的重要助推作用。

印度的人均收入较低导致其国民的购买力较低，高价手机远离印度人的消费水平，难以获得销量。小米则深度切合印度的现实，针对印度人的消费水平推出有足够吸引力的产品。

雷军坚持“小米不是单纯的硬件公司，而是创新驱动的互联网公司”这一理念。印度的互联网生态成熟才是推动小米与vivo、OPPO产生差异化并迅速反超的关键。

印度的互联网用户数量约为4.62亿，巨大的用户基数与人口红利昭示着其拥有充满潜力的市场，预计到2025年印度互联网市场规模将达到中国在2017年的1/3到1/2。

印度运营商也是助推小米印度销售量井喷的重要因素。印度运营商多，3G/4G资费低。2016年9月，Jio公司正式宣布以免费的方式向印度用户提供4G服务。

在Jio公司的带动下，许多运营商开始降低自家的4G资费。激进的低价策略，使得越来越多原先不敢奢求移动上网的印度底层网民可以便捷地接触到数字信息。在4G网络普及的同时，智能手机也同步获利。

印度也是全球拥有IT开发人才较多的国家之一。在莫迪总理2015年鼓励年轻人创业的“Startup India，Standup India”号召下，越来越多的人才投身互联网创业，为印度互联网生态贡献了丰富的商业应用。

印度互联网生态的成熟度让小米可以轻易地在印度复制其在中国的MIUI操作系统、硬件生态链以及战略投资的打法。

在印度的本地供应链系统，为小米快速铺货及售后服务提供了保障。至2018年年末，小米在印度的代工工厂数量将达到6家，平均每秒能够生产两部智能手机。

除了500家服务中心，小米在印度售后服务方面的其他部署还有3家专门的维修工厂，2家大型的零部件仓库，拥有600人的2个呼叫中心。有了这些设施和机构之后，小米在印度的售后服务水平已大大提升，现在小米86%的手机维修服务已能在4个小时内完成，95%的手机维修服务能在一天内完成。

除手机外，小米其他硬件如移动电源也早已在印度诺伊达通过海派实现本地制造。小米生态链的其他品牌，甚至主做箱包的“90分”也通过其在印度南部的工厂实现了本地制造和本地销售。

由此看来，小米的成功与其顺应印度本土文化是分不开的。根据外媒报道，很多印度人误认为小米是印度品牌，而不是中国品牌。这也不难理解，大街小巷随处可见接地气的小米Logo门头，而印度互联网普及度还不高，这一误解在情理之中。

在印度手机市场竞争与机会并存。小米能成为“最接地气”的手机品牌，深入了解当地文化环境，制定有效的营销策略功不可没。

（案例来源：艾邦产业通《Counterpoint Research发布了印度手机市场第三季度数据报告》，载于《电子说》，2018年10月27日，有删改）

讨论题：

为什么微信进军印度失败，而小米取得了成功？试分析小米拓展海外市场的成功之处。

第四章　全球营销的政治法律环境

学习目标

1. 理解政治法律环境的内涵。
2. 了解政治环境的构成。
3. 掌握国际政治风险的评估方法。
4. 了解法律环境的构成。
5. 了解知识产权法。

开篇案例

中美贸易争端为哪般?

2018 年 1 月,特朗普政府宣布,对进口大型洗衣机和光伏产品分别采取为期 4 年和 3 年的全球保障措施,并分别征收最高税率达 30%和 50%的关税。

2018 年 2 月,特朗普政府宣布,对进口中国的铸铁污水管道配件征收 109.95%的反倾销关税。

2018 年 2 月 27 日,美国商务部宣布,对中国铝箔产品厂商征收 48.64%至 106.09%的反倾销税,以及 17.14%至 80.97%的反补贴税。

2018 年 3 月 9 日,特朗普正式签署关税法令,对进口钢铁和铝分别征收 25%和 10%的关税。

2018 年 3 月 22 日,特朗普政府宣布,因知识产权侵权问题对中国商品征收 500 亿美元关税,并实施投资限制。

2018 年 3 月 23 日,中国商务部发布了针对美国进口钢铁和铝产品"232 措施"的中止减让产品清单并征求公众意见,拟对自美国进口部分产品加征关税,以平衡因美国对进口钢铁和铝产品加征关税给中方利益造成的损失。其中计划对价值 30 亿美元的美国产水果、猪肉、葡萄酒、无缝钢管和另外 100 多种商品征收关税。

2018 年 4 月 2 日起,中国对原产于美国的 7 类 128 项进口商品中止关税减让义务,在现行适用关税税率基础上加征关税。

2018 年 4 月 4 日,美国政府发布了加征关税的商品清单,将对中国出口美国的 1 333 项价值 500 亿美元的商品加征 25%的关税。美方这一措施违反了世界贸易组织规则,严重侵犯中方合法权益,威胁中方国家发展利益。根据《中华人民共和国对外贸易法》和《中华人民共和国进出口关税条例》相关规定,经国务院批准,国务院关税税则委员会决定对原产于美国的大豆、汽车、化工品等 14 类 106 项商品加征 25%的关税。实施日期将视美国政府对中国商品加征关税实施情况,由国务院关税税则委员会另行公布。

2018 年 4 月 5 日，特朗普要求美国贸易代表办公室依据“301 调查”，额外对价值 1 000 亿美元中国进口商品加征关税。这一做法严重违反国际贸易规则。

中美贸易战如火如荼，双方你来我往，愈演愈烈。贸易战本身是一场高风险的游戏，在这场游戏中，中美两国全球营销的政治法律环境产生巨大变化。

（案例来源：佚名《特朗普又变脸！中美贸易战重燃》，搜狐网，2018 年 5 月 30 日，有删改）

第一节　政治法律环境的内涵

国际环境对一个国家的安全有着重大的影响。国际环境是动态的，是国际关系结构体系对一个国家的影响和一个国家对此所作出的反应的一种互动的过程。21 世纪初，经济全球化在世界大部分地区发展势头迅猛，国际政治、经济和文化的联系更为密切。与此同时，世界各地反全球化运动也在蓬勃发展，各种力量间的竞争和对抗加剧，国际形势不断发生着变化。正如中美贸易战给两国带来巨大影响一样，政治法律环境给全球营销带来的影响也是巨大的。

从广义上来说，政治法律环境是一个国家的意识形态、统治集团的价值取向的统称，包括政治制度、政治体制、方针政策、法律法规等方面。从狭义上来说，可从以下两个角度进行分析：从经济角度来看，政治法律环境指企业市场营销活动的外部政治形势和状况以及国家方针政策的变化对市场营销活动带来的或可能带来的影响；从政治角度来看，政治法律环境指特定政治主体在政治生活中所面对的各种现象和条件的综合，可划分为政治体系内环境和政治体系外环境。政治体系内环境包括政治资源、政治模式、政治局势等；政治体系外环境包括自然环境、社会环境、国际环境等。

当前，各国都在进行贸易保护，不同的国家制定不同的政策和法律制度来干预外国企业在本国的营销活动。各国政府对政治法律环境的影响，是通过政策、法令规定以及其他限制性措施起作用的。因此，全球营销企业在进入一个国家之前必须尽可能评估该国的政治法律环境。由于各个国家的国家利益与全球营销企业的经营活动之间常常发生冲突，引发种种纠纷，再加上地域和文化差异，给 21 世纪国际环境带来巨大影响，也给全球营销企业的经营活动造成莫大的困难。

小案例

中国作为伊朗石油的最大买家（占伊朗石油出口的 35%），每个月从伊朗购买石油的价值约为 15 亿美元。中国的支持，是伊朗最大的底气。然而，受到美国 11 月 4 日生效的原油禁令的影响，据消息人士透露，作为中国与伊朗交易唯一的资金渠道——昆仑银行，迫于压力已经口头通知该行客户，将从 11 月 1 日起停止处理来自伊朗的支付业务。昆仑银行停止伊朗结汇，这意味着中国企业通往伊朗市场的路已被封死。

（案例来源：《晴天霹雳！中国通往伊朗资金通道已经关闭，美国却无法独善其身》，搜狐网，2018 年 10 月 25 日，有删改）

全球营销的制度环境由各国政府和非政府代理机构组成。这些机构执行法律或制定商务行为指南，处理各种营销问题，包括价格控制、进口和出口产品的估价、标签、食品和医药法规、雇用条件、共同砍价、广告内容以及竞争手法等。如今，政治联盟乃至于国界的意义都在弱化，这种变化使得世界政治秩序的历史基础——主权国家的概念正在发生动摇。

法律环境方面，每个国家的政府都对本国企业与其他国家企业开展的商贸活动实行管制，并试图控制外国企业获取本国资源的途径。每一个国家都有其独特的法律制度体系，这些体系影响着全球性企业的经营活动，影响其捕捉市场机会的能力。法律制度限制着跨国界的产品、服务、人员以及资金的流动。全球营销企业必须努力遵从东道国的每一条法规，但由于各国的法律制度经常模糊不清并不断变化，使得营销人员面临的挑战加大。

第二节　政治环境

政治环境是指政府和政党体制、国家政策及其变化、政治风险等。

一、政府和政党体制

(1)政府类型

政府是国家权力机关的执行机关。世界上多数国家的政府可分为两类：议会政府和专制政府。议会政府又分为共和政府和君主立宪政府。专制政府包括君主专制和专政两种。在议会制度下，政府经常通过议会制定重大政策。在专制制度下，政府政策的制定在很大程度上带有独裁者的意愿。

西方国家的政治制度可以分为两类：君主制与共和制。君主制的最基本特征是由君主担任国家元首，而君主是由世袭产生的。君主制主要存在于欧洲国家中，最典型的首推英国。此外，比利时、荷兰、丹麦、挪威、瑞典、西班牙都是君主制国家。严格地讲，英联邦的加拿大、澳大利亚、新西兰，也在君主制之列，因为它们以英国国王为本国元首。欧洲的几个公国，如列支敦士登、卢森堡、摩纳哥，其元首为由继承产生的大公或者亲王，也可以视为君主制国家。日本是亚洲的君主制国家。共和制的特征是由民选的总统担任国家元首。最典型的共和制国家是美国。法国、德国、意大利、奥地利、芬兰、瑞士等也都是共和制国家。如今，君主制与专制、共和制与民主，已经不能简单地画上等号。现代西方国家的君主制实际上都是君主立宪制，君主并无统治国家的实权，其权力受到宪法的限制。

小案例

从 1789 年的资产阶级大革命到现在的 200 多年间，法国政治制度从君主立宪到帝制再到共和经历了长期的演变过程，其政体形式之多，斗争之激烈，是近代欧洲各国所没有过的。在近现代国家，政体一般由宪法规定，宪法的变化会引起政体发生变化。法国在这 200 多年间先后颁布了 13 部宪法，其政体的变迁与之相对应，大致可以划分为三个时期。

从 1789 年资产阶级大革命到 1875 年宪法颁布，是法国政体极不稳定、交替演变的阶段。从 1789 年到 1875 年的 86 年内，法国颁布了 12 部宪法，平均约 7 年更换 1 次。法国宪法的频繁更迭引起了政体的复杂多变，先后经历过三次君主立宪政体、两次帝制和三次共和政体。

从第三共和国 1875 年宪法的颁布到第五共和国的建立，是共和政体自身发展阶段。第三共和国 1875 年宪法颁布后，法国成为一个典型的议会共和制国家，1875 年宪法也成为法国宪法中寿命最长的一部。这部宪法由《参议院组织法》《政权组织法》《政权关系法》三个宪法性文件组成。

1958 年宪法的颁布使法国由一个典型的资产阶级议会制共和国变成了实际上的半总统半议会制国家。20 世纪 50 年代末，由于法国政党林立，议会内各派政治力量分化、合并频繁，很难形成稳定多数，而议会又拥有倒阁权，这导致内阁的极不稳定，造成沿袭议会共和传统的第四共和国政府软弱无力，内阁更迭频繁，党派纷争不息。据统计，在第四共和国存续的1946年到1957年这12年间，议会针对内阁提出过118次不信任案，更替过21届内阁，每届内阁平均执政仅半年左右，还出现过40天组织不起政府的内阁危机。

法国是世界上政体变化最大、最典型的国家。它经由君主立宪制、共和制、帝制的反复轮回，历经上百年终于确立了共和制的政体，然后又经过近百年的发展，由较典型的议会共和制国家转变为一个半总统半议会制国家，权力中心由内阁转移到总统。观察法国政体的演变过程，我们可以发现其变化规律：政体是一个历史范畴，会根据统治阶级的需要而发展变化，是维护统治阶级根本利益的；任何国家的政治制度都要适应本国政治、经济、社会发展的需要，适当的、健全的政体对于维持一国的稳定具有十分重要的作用。

（案例来源：郭华榕《法国政治制度史》，人民出版社，2015年，第174页，有删改）

全球营销人员要注意了解东道国政府的构成及其对经营和外商的主要政策，了解政府是保守的、中立的还是极左的，目前的商业政策是鼓励自由经营体制还是鼓励国家所有制。要回答这些问题还必须考虑执政党的主张。

(2)政党体制

政府内部的政党体制可以分为四种：多党制、两党制、一党制和一党专制。

在多党制国家，没有一个政党具有独立控制政府的能力，政府由各党联合组成。与两党制相比，多党制的党派联合变化更为频繁，因为联合执政时间取决于各党的协作。实行多党制最典型的例子是意大利，另外德国、法国、比利时、荷兰和以色列也属此类。

在两党制国家，有势均力敌的两个政党，它们各有主张，营销人员要重点研究执政党的主要政策倾向。英国和美国都是实行两党制的国家。

在一党制国家，某政党占绝对支配地位，其他政党没有机会在选举中获胜。这种情况在刚开始实行议会制的国家比较普遍。一党制进一步演化，可能形成多党制。对于一个经济发展处于困难时期的议会制国家，健全的一党制对国家的稳定和发展具有重要意义。

小案例

墨西哥革命制度党从20世纪30年代到21世纪初70多年一直执政，可以说是墨西哥执政时间最长的政党。

革命制度党之所以会执政这么长的时间，是由墨西哥国情和社会制度决定的。在第三世界国家，往往容易产生一党制。尤其在拉美国家，长期存在考迪罗制度，经济社会发展不充分，民主在这里得不到发展。墨西哥通过1911年革命推翻了迪亚斯军人政权，1917年颁布了进步宪法。但是从1917年到20世纪30年代政权更迭频繁，保守势力依然强大，各项改革措施往往停留在纸面上。20世纪30年代卡德纳斯上台以后大力推行改革，推动了经济社会发展，缓和了社会矛盾。经济的发展推动政治制度的完善。墨西哥革命制度党从这个时候开始奠定其牢固的统治基础。

卡德纳斯使墨西哥加快了政治现代化的步伐。革命制度党的政策自那以后保持了相对平衡，推动经济平稳发展和社会进步。第二次世界大战以后世界形势进一步发生变化，墨西哥的外部环境有所改善，革命制度党通过实施合作制度，得到不同阶层的支持。此时，墨西哥社会发展相对稳定，矛盾较少，即使有冲突也在控制之中。1968 年墨西哥城奥运会成功举办，这是第一次在发展中国家举办的奥运会，充分体现了墨西哥第二次世界大战后发展的成果。

一个政党能够长期执政，和人民的支持是分不开的。只有充分维护各个阶层的利益，保持国家的稳定，才能得到民众的支持。革命制度党之所以在 2000 年下台，主要是因为墨西哥国内出现了难以解决的问题，如经济危机和毒品问题。革命制度党用以解决这些问题的办法行不通，因而民众把政权交给了新的政党。

墨西哥革命制度党的发展经历对其他国家尤其是第三世界国家有一定的借鉴意义。

（案例来源：徐世澄《墨西哥革命制度党的兴衰》，世界知识出版社，2009 年，第 98-112 页，有删改）

一党专制与一党制不同。某党派压制或镇压其他的党派，其执政权不是通过自由竞争，而是通过军事或政变的手段获取的。一党专制不会发展成为两党制或多党制，而可能成为独裁制。

全球营销人员只有了解各政党的主张，才能做出正确的决策。对政党主张的认识，要特别注意其对外商和外国政府的态度。因为企业常被看成国家的代表，是国家的象征。我们不仅要研究具有代表性政党的基本主张，而且要研究整个国家的政党体制，即便是在一党制国家，其他政党的态度和主张也同样重要。

二、国家政策及其变化

国家政策是权威的价值分配方案，即通过公共资源的分配维护和促进公共利益。目前，国家政策制定的主体主要包括官方决策者和非官方参与者。官方决策者由执政党、立法机关、行政机关、司法机关组成，而非官方参与者则包括利益集团、大众传媒、公民等。

国家政策及其变化直接影响企业经营战略的长期性。尽管国家政策始终处于某种渐变状态，但企业首要关注的是国家政策的根本性变化。这种根本性变化所生产的原因可以从以下几个方面进行分析。

（1）政权的频繁更替

执政党的变换通常引起商业政治环境的变化。如果这种变化并不过激，那么跨国公司只需调整其经营方针即可。如果变化剧烈，就无法进行有效调整。例如，缅甸政府对外来投资的限制十分严格，但是其法规含义明确且相对稳定，因此许多外国公司都来申请投资。相反，秘鲁政府对外来投资持积极欢迎的态度，但是有关政策变化无常，所以许多外国公司不愿去该国投资。

国家政策的变化过去常体现在政治利益上，由于政党处于敌对状态，导致产生许多过激的报复行为，如“没收”外国企业，甚至激发民族不满情绪。如今，国家的利益更多体现在经济利益上，如为了重振美国经济，保持美国在科技创新领域的领先地位，美国政府制定了相关的政策，包括开放政府政策、公开获取政策和开放数据政策，通过释放公共资源数字财富能量，助力民众创业和国家创新，从而有效应对健康和医疗、教育、能源、公共安全、全球发展等重大国内国际问题。

（2）发生政治事件

政治事件是与国家政治有直接联系的事件，如暴力事件、治安混乱和示威游行等。有些东道国虽然没有发生暴力事件，但其社会存在着严重的不平等现象，也会导致动乱的发生。例如，以前人们认为伊朗是中东地区政局最稳定的国家，但是由于其社会潜存着严重的不平等现象和宗教矛盾，霍梅尼领导的宗教革命爆发，建立了新的政权。

(3)文化分裂

文化分裂是导致国家政策发生根本性变化的又一因素。例如,语言上的差异,导致了斯里兰卡境内泰米尔族与僧伽罗族之间发生多次流血冲突;在印度,当政府将印地语与英语并用为官方语言时,也发生过纠纷;比利时和加拿大都曾因语言问题发生过骚乱。

(4)宗教对立

宗教对立经常是政治动荡的根源。最典型的例子是印度教与伊斯兰教的冲突致使印度分裂成两个国家——印度和巴基斯坦。至今,印度境内印度教与伊斯兰教或者印度教与锡克教之间仍时有冲突发生;在北爱尔兰,天主教与新教之间的斗争由来已久。这种宗教上的对立导致政治环境的不稳定,从而影响全球营销。

(5)民族主义

尽管政权更替可能会引起政府与企业关系的不稳定变化,但当今世界影响全球营销最关键的政治因素是强烈的民族主义。

民族主义认为,一国的经济发展要更多地依靠本国自己的经济力量,要特别支持本国民族工业的发展,保护民族的利益与安全。有人称之为忠诚的民族主义或爱国主义,尤其对发展中国家而言,在经济发展中要维护本民族的利益。

作为维护民族利益的思想武器,经济民族主义不可避免地强调本民族的价值理念。它在发挥民族整合的特殊功效的同时,也与外来的经济价值理念发生碰撞,其结果是一方面在碰撞中实现某种程度的融合,另一方面则更顽强地体现本民族的传统经济价值理念。经济民族主义体现对本民族历史和文化传统的强烈认同感和归属感,它强调民族意识、民族特征和民族利益,并呈现较强的差异性和多样性。因此部分时候它表现出较强的排他性、分离性,以及在一定条件下的狭隘性。它具有固守经济传统和排斥外来强势经济力量的特征。

值得注意的是,经济民族主义的主流思想并不完全反对经济全球化,而是强调在经济全球化过程中国家经济安全的重要性,强调处理好参与经济全球化与维护国家经济安全之间的具有战略性的矛盾关系,因为经济全球化给民族和国家带来了新的不安全感和不确定性。经济民族主义是把"双刃剑",它对全球经济以及国际贸易各当事国同时起正面与负面的作用。

民族主义对外国企业的影响,无论是在发达国家还是在发展中国家都是一样的,只是激烈程度不同而已。所有的东道国都会在其国内控制利润和借贷,控制外商对本国企业的冲击(如削减进口、推动出口),控制外商的投资规模等。

三、政治风险

1. 政治风险的类别

政治风险来自于东道国未来政治变化的不确定性和东道国政府对外国企业未来利益损害的不确定性。欧美一些发达国家往往以国家安全为由干预我国企业在当地的投资行为,在税收政策、外汇政策、就业政策等方面给予歧视性对待。此外,东道国的政治动荡、国内战争、恐怖主义等也会给投资者带来不可估量的损失。在政治稳定性较高的国家或地区开展跨国投资业务,企业所面临的政治风险相对较小,完善的法律制度可以有效保护投资者的权益,健全的监管体系能够有效惩处违约行为,保证合同的正常履行。

政治风险一般包括四类:总体政局风险、所有权/控制风险、经营风险和转移风险。

(1)总体政局风险。它产生于企业对东道国政治制度前景认识的不确定。例如,2018 年 3 月利比亚动乱导致许多华人企业严重受损。总体政局不稳定不一定会迫使企业放弃投资项目,但肯定会干扰企业经营决策,降低企业获利水平。

(2)所有权/控制风险。它产生于企业对东道国政府注销或限制外商企业行为认识的不确定性。这类风险包括政府对外商企业的没收和国有化行为。

(3)经营风险。它产生于企业对东道国政府控制性惩罚认识的不确定性,主要表现在对生产、销售、财务等经营职能方面的限制。

(4)转移风险。它产生于企业对东道国政府限制经营所得和资本的汇出认识的不确定性。转移风险还包括货币贬值的风险。

2. 评估政治风险

评估政治风险可按政治风险评估程序进行,如图 4-1 所示。如果投资项目走完程序,通过计算可以达到预期的投资收益率,便可提请主管部门核实批准。

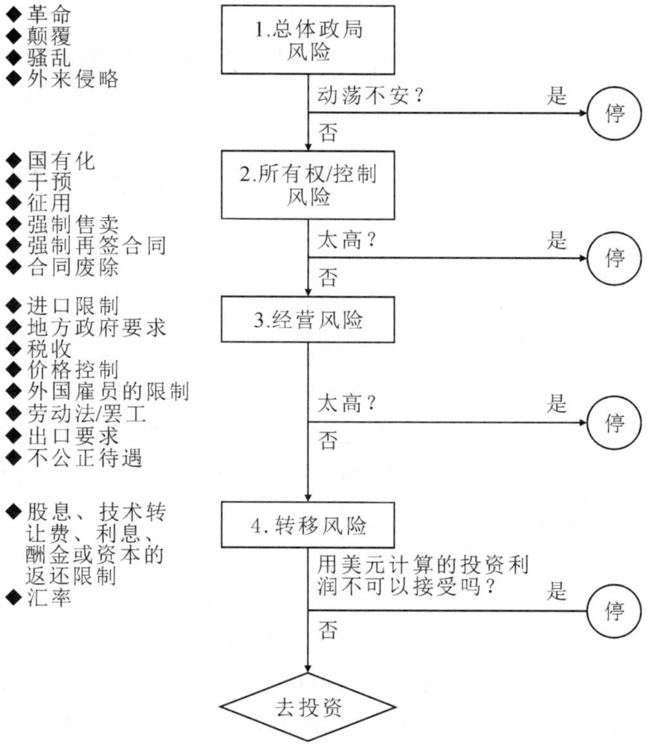

图 4-1　政治风险评估程序

在实际情况中,政治风险的评估是复杂多变的。如评估在中东推进“一带一路”建设所面临的政治风险。从大国关系层面上,我国面临的核心问题在于在中东推进“一带一路”建设是否会引起中美关系的紧张或对抗。美国对我国在中东推进“一带一路”建设主要有前后两种反应。在“一带一路”倡议提出初期,美国担心我国通过“一带一路”建设扩大在中东的影响力,并对美国在中东的领导权构成威胁,“挑战美国在亚洲、非洲和中东地区的影响力”。之后,伴随我国“一带一路”倡议“共商、共建、共享”原则的进一步明确,美国舆论多认为我国在中东推进“一带一路”建设并不会对美国构成威胁,主张加强中美在中东事务上的合作。

我国首先应对参与中东事务的能力进行准确定位,争取美国的理解。应通过多做解释工作使美国认识到我国在中东推进“一带一路”建设,以及参与中东事务的角色定位是发挥建设性作用,而不是谋求控制和主导作用,更不是挑战美国的中东霸权。其次,加强我国与美国围绕中东事务的务实合作。双方应进一步加强中美战略对话机制下的中东事务磋商机制建设,切实加强双方在热点问题、反恐、反海盗等领域的磋商与合作,共同维护中东地区稳定。

第三节　法律环境的构成

法律代表一个国家书面的或正式的政治意愿。在这种意义上，一个国家的政治与法律制度是密切相关的。全球营销的法律环境是由企业本国法（国内法律）、国际经济法律和东道国法律组合而成的，如图 4-2 所示。

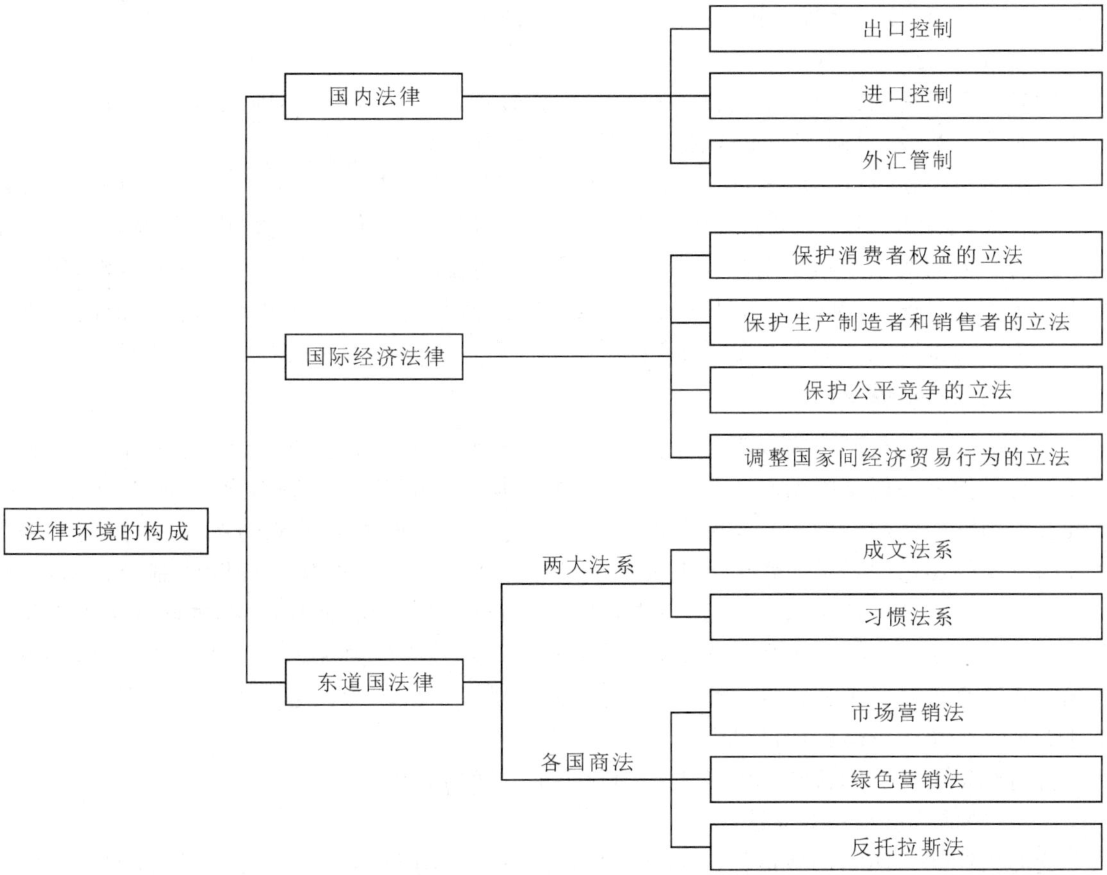

图 4-2　法律环境的构成

一、国内法律

许多国家为了保护国内市场，增加国内就业机会，以及更好地与国际惯例接轨，都制定了明确的法律制度，其内容大体包括三个方面：

（1）出口控制

许多国家都有出口控制制度。我国同其他国家一样，对出口商品采取归类管理办法。出口控制主要体现在实行出口许可制度，拟经营出口业务的公司，必须事先提出申请，经国务院有关部门批准后，才能经营出口业务，而且必须经营在批准范围内的出口业务。任何企业向任何国家或地区出口的任何商品，如果不符合我国的规定，有关部门可随时通知其停止出口、暂缓出口或者减少出口。

我国各级海关按照有关规定，对商品和货物的出口进行监督。凡规定需要申报出口许可的商品和货物，在向海关报关出口时，必须交验出口许可证。对弄虚作假、无证出口的，由海关按违章走私论处。

(2)进口控制

许多国家对进口商品采取较严格的控制措施,尤其是那些在国际收支中发生赤字的国家,一般通过关税和非关税以及配额制等来控制全部商品的进口或某类商品的进口。

我国和其他国家一样,也采用征收进口税的办法来控制"进口税则"中所规定的有关商品。外贸部门和其他国有企业、集体企业、中外合资经营企业、机关、团体、事业单位等从国外进口的商品,都应当依照国家税法规定,缴纳关税和工商税。

(3)外汇管制

世界上有不少国家对外汇的供需和使用进行管制。例如,限制本国出口货物者所能持有和获得的外汇数额,限制国外投资者所能汇出的利润数额等。

我国为了加强对外汇的管理,增加外汇收入和节约外汇支出,以利于国民经济的发展和维护国家利益,于 1996 年 1 月发布《中华人民共和国外汇管理条例》(2008 年 8 月修订),规定了经营外汇业务的两个基本原则。一是金融机构经营外汇业务须经外汇管理机关批准,领取经营外汇业务许可证,经批准经营外汇业务的金融机构,其外汇业务不得超出许可证的批准范围。二是除经批准经营外汇业务的金融机构外,任何单位和个人不得经营外汇业务。

二、国际经济法律

国际法是调整交往中国家间相互关系,规定其权利和义务的法律。国际法的主体,即权利和义务的承担者一般是国家而不是个人,其主要依据是国际条约、国际惯例、国际组织的决议,以及有关国际问题的判例等。这些条约或惯例可能适用于两国间的双边关系,也可能适用于许多国家间的多边关系。尽管国际上没有一个相当于各国立法机构的国际法制定机构,也没有一个国际性执行机构实施国际法,没有实际的法官根据国际法进行裁判,国际法依然在国际商业事务中扮演了重要的角色。例如,世界贸易组织对其成员国规定了若干贸易准则,尽管这些规定并不直接对各个公司发生作用,但是它们提供了一个较为稳定的国际市场环境,从而间接地促进了公司的全球营销活动。

目前对于全球营销活动影响较大的国际经济方面的立法有以下几种:

(1)保护消费者利益的立法

这类法律又称国际产品责任法,主要是确定生产者和销售者对其生产或销售的产品所应承担的责任,保护消费者的合法权益。如关于造成人身伤害与死亡的产品责任的《欧洲公约》和《产品责任法律适用公约》等。

(2)保护生产制造者和销售者的立法

这类法律又称工业产权法,主要包括专利法和商标法。如《保护工业产权巴黎公约》《专利合作条约》《欧洲专利公约》《商标国际注册马德里协定》《商标注册条约》等。

(3)保护公平竞争的立法

这类法律又称国际反托拉斯法、限制性商业惯例或保护竞争法。有关这方面的立法,除各国的国内立法之外,迄今尚未有具法律约束性的完整的国际立法。比较有潜在影响的是联合国有关组织和会议制定的《一套多边协议的控制限制性商业行为惯例的公平原则和规则》《国际技术转让行动守则》《跨国公司行动守则》中的有关条款。

(4)调整国际经济贸易行为的立法

这类法律调整的对象和范围十分广泛,包括各种国际公约、条约、惯例、协定、议定书、规则等。最有影响的有《关税及贸易总协定》《联合国国际货物买卖合同公约》《国际商会国际贸易条件解释通则》《解决国家与他国国民之间投资争议公约》等。

国际经贸经过了长期历史发展，可以追溯到文艺复兴之前，当时进行跨国贸易并没有设立专门的保护机制和协定，所颁布的法令均是在国内施行的。第二次世界大战之后国际贸易的法律体系出现结构性的变化，贸易协定从以往的国内转到国外，形成跨国贸易协定。可以说，当前经贸法律的体系建设是以西方国家为主导的，一些国家很难实现贸易高度发展。从历史角度讲，我国对于贸易体系法律结构进行修正是历史发展的必然选择。这也是"一带一路"倡议出现的历史因素和现实环境基础。

三、东道国法律

影响全球营销活动最经常最直接的是目标市场国即东道国有关外国企业在该国活动的法律规范。

(1)法律制度的两大体系

目前世界上大多数国家现行的法律制度，大致可分为两大体系：成文法系和习惯法系。

①成文法系

成文法系源于罗马法，又称大陆法系。世界上大多数国家的法律制度，都属于成文法系。

成文法系最重要的特点是以法典为第一法律渊源。法典是各部门系统的、综合的、首尾一贯的成文法汇编，如《民法典》《刑法典》《民事诉讼法典》《刑事诉讼法典》等。在实行成文法系的国家，明确的法律条文非常重要。成文法系国家的司法不是依据法院以前的裁决，同样的条文可能产生解释上的偏差，这样就使全球营销人员面临一个不确定的法律环境。

②习惯法系

习惯法系又称不成文法系或普通法系，源于英国的法律制度，原属于英国殖民地的国家的法律体系都属习惯法系。

习惯法系最重要的特点是以传统导向为主，重视习惯和案例，过去案例的判决理由对以后的案件有约束力，即遵循先例原则。近年来，英国、美国等国家制定了大量的成文法，作为对习惯法的补充，但是合同法与侵权行为法仍为习惯法。

不同的法律制度对同一事物可能有不同的解释。例如，根据美国的习惯法，如果出现了订约双方都不能预见的事件，即"不可抗拒的自然灾害"，双方可以不执行合同。这里的"不可抗拒的自然灾害"包括水灾、雷电、地震以及类似事件。但是，根据成文法，"不可抗拒的自然灾害"不只限于自然事件，而且延伸到"履行职责遇到的不可避免的阻力，不论来自自然力还是不能预见的诸如罢工、暴动等人类行为所引起的事件"。因此，全球营销人员在进行全球营销时，必须对国外市场的法律环境进行慎重而明确的分析。

(2)各国商法

从世界各国的经济发展与商事立法的历史事实来看，虽然经济发展的阶段不同、社会制度不同、商品经济形式有所不同，但在不同的历史背景下，世界各国的商品经济有着共同的规律。商法作为商品经济的基本法，虽然带有时代和民族的烙印，但其目的是为适应商品经济发展而存在的。在不同的时代、不同的社会制度下，商法的内容总是存在共性的，这一表现即商法的国际化。随着商品经济的全球化发展，我国对商法的国际化也最终予以确认。在现代社会，各种经济资源不仅要合理配置于国内市场，而且要跨出国门，走向国际市场，在全球范围内得到有效配置。因此，在市场经济中，商品经济的国际化要求商法的国际化与之相适应，即各国商法的内容在差异性上渐趋向零的极限。商法的国际化特征主要表现在商品经济的全球化要求各国商法淡化边界，趋于一致且具有一定弹性。

如果企业开展跨国经营，就必须对不同的法律体系保持警觉。即使不存在语言与风俗的差异，国与国之间的法律差异也可能使营销人员无法推行标准化的营销计划。

①市场营销法

所有国家都制定法律对市场营销活动进行调节，不同国家法律的严格程度有所不同。如在奥地利，给顾客优惠必须以折扣法为依据，这一法律禁止以现金折扣的方式给不同的顾客群提供优惠，因为大多数优惠会造成对顾客的差别待遇。总体上讲，德国有关促销的法律几乎是最严格的，有一百多年反不正当竞争历史的德国最近禁止企业提供任何类别的刺激以吸引顾客，大多数以特定顾客群为目标的刺激与大多数赠品属于非法。

又如在产品比较方面，在德国，如果广告中进行了产品比较，那么竞争对手就有权走上法庭，要求拿出证据，证明其明说或暗指的优点。在加拿大，对此规定更为严格，所有说法都必须经过验证以确保任何对公众的表述无虚假或不会产生误导。根据加拿大法律，在判定某一广告表达是否虚假或产生误导时法庭必须考虑该表述给人的“总体印象”以及字面含义。法庭采用“轻信人标准”，该标准是指如果任何有理智的人有可能被该表述误导，那么就该判定该表述会产生误导。如在加拿大，“最不易损坏的驱动轴”这样的说法会被判定为是误导性的，除非广告者有确凿的证据证明此驱动轴比在加拿大销售的所有其他驱动轴都坚固。

再如在波多黎各与维尔京群岛，法律规定任何促销规则必须以西班牙语与英语刊登。在整个促销期内，这两种语言的版本必须在至少一种流通广泛的报纸上每周刊登一次。波多黎各法律规定，如果促销宣传中有图画，必须配上文字说明。此外，国家与国家之间的这类法律差异还涉及广告、定价、销售协议及其他商业活动。

②绿色营销法

各国对全球环境的关注已从工业污染、有害物处理和滥伐树木扩展至消费品本身。绿色营销法律主要关注产品包装、对固态废物的处理以及对环境无害产品的生产与销售。

不少国家已开始制定有关绿色营销的法律、法规和条例。如德国已颁布最为严格的绿色营销法律，对包装物的处理与回收做出了规定。该新包装法的实施分三个阶段：第一阶段要求运输包装物如板条箱、金属桶、托盘及聚苯乙烯泡沫塑料容器全部回收利用；第二阶段要求制造商、批发商及零售商接受所有返回的二次包装物，包括瓦楞箱、透明塑料罩以及用以防盗、用作自动售货机保护层及用于推销目的的包装物；第三阶段要求所有零售商、批发商和制造商接受返回的销售包装物，包括罐头、奶制品用塑料容器、纸箱、泡沫性塑料盒及像谷类食品箱的折叠纸箱。

③反托拉斯法

反托拉斯法即反垄断法，是国内外经济活动中用以控制垄断活动的法律。在反垄断、价格歧视及强制推销等领域，欧洲法院已实施了严厉的处罚。

小案例

宝洁公司在获准收购一家名叫 VP-Schickedanz AG 的德国卫生产品公司之前，不得不同意将该公司生产 Camelia 牌卫生巾的分部廉价出售。如果允许宝洁公司继续生产 Camelia 牌卫生巾，德国 60%的卫生巾产品市场将由它控制。可口可乐公司因不正当竞争行为被法国反托拉斯部门处以 180 万美元的罚金，两个月之后又因违反了有关禁止限制自由竞争的法律在委内瑞拉交付了 200 万美元的罚金。

（案例来源：克里斯托弗·萨格尔斯《反托拉斯法：案例与解析》，商务印书馆，2021 年，第 359-361 页，有删改）

在反托拉斯过程中，人们往往容易将托拉斯与建立合资企业混同起来，有些从战略上合乎逻辑的企业合并被认为可能影响竞争。如世界上两大航空制造业巨头波音公司与麦道公司的合并，开始时欧盟反对，在波音公司做出了几个重要让步后才表示同意，让步之一是波音公司必须终止向三家美国航空公司提供零部件。需要注意的是，各国关于托拉斯的法律不尽相同，很可能发生企业在一国的活动违反了他国反托拉斯法的情况。

(3)东道国法律对全球营销的影响

由于各国法律体系极其复杂，这里主要研究东道国法律对全球营销组合的影响。

①产品

因为产品的物理和化学特性关系到消费者的安全问题，所以各国都对产品的纯度、安全性能有详细的法律规定。例如，美国以安全为由限制欧洲制造商在美国销售汽车，以至于欧洲制造商不得不改造其产品以符合美国的法律要求。

各国法律对包装也有不同规定。例如，比利时规定只能用八边形的褐黄色玻璃瓶盛装药剂，以其他容器盛装的药剂不得进入该国市场。有关标签的法律要求更严格。一般来说，标签上须注明的项目包括：产品的名字、生产商或分销商的名字、产品的成分或使用说明、重量(净重或毛重)、产地。

品牌名称和商标的法律要求也不一致。世界上许多国家都是“巴黎同盟”或其他国际商标公约组织的成员国，这方面的要求比较统一。值得注意的是，成文法系国家与习惯法系国家关于品牌或商标所有权的法律处理方式截然不同，前者实行“注册在先”制度，后者则实行“使用在先”制度。因此，必须了解在什么地方和什么情况下会发生侵权问题。

②定价

如何控制定价是世界各国政府普遍遇到的问题。许多国家对“维持再售价格”都有法律规定。其范围和方式因国而异。一般通过政府价格控制部门来制定法律规定，有的国家对所有产品都实行价格控制，有的国家只对极个别产品实行价格控制。例如，美国政府除对少数公共产业产品实行价格控制外，其他产品均实行市场价格，法国政府对若干个产品实行直接价格控制，日本只对一种消费品(大米)实行直接价格控制。一般而言，粮食类等基本消费品会受到各国政府对其价格的控制。另外，药品也常受到价格控制。

③分销

各国法律关于分销的规定比较少，所以企业在选择东道国分销渠道时自由度比较大。当然，在有些东道国某些分销渠道并不一定适用。例如，法国法律特别禁止挨门挨户推销。事实上各国最强硬的法律限制也不会根本影响国际企业在东道国的分销，但是通过分销商或代理商销售的出口企业不能不受到东道国有关法律的限制。

④促销

在全球营销中，关于广告的争议最多，而且广告也最易受到控制。世界上大多数国家都制定了有关广告的法律规定，许多广告组织都有自己的约束准则。例如，新西兰关于广告的法律条令不少于33个。世界各国对于广告的限制有如下几种形式：

a. 限制广告词的使用。例如，德国不允许使用带有比较性的广告词。

b. 限制为某些产品做广告。例如，英国禁止在电视上做烟草或酒类广告；芬兰禁止在报纸或电视上做有关政治组织、宗教箴言、酒精、减肥药品或淫秽制品的广告。此外，有些国家通过税收方式来限制广告。例如，秘鲁对户外广告征税8%，西班牙则专门对照相机广告征收特别税。

c.限制促销技巧。例如,美国一般不限制竞争交易、佣金以及其他促销技巧,但其他国家对此有明确规定。关于竞争的限制,总的原则是竞争参与各方不得预先断言自己的产品销量如何。佣金的规模、价值和种类也被许多国家明确限定:佣金只能占产品销售额的有限部分,其使用只能与该项产品有关,如手表的广告佣金不能用来做肥皂的广告等。

第四节　知识产权法

知识产权法是调整知识产权的归属、行使、管理和保护等活动中产生的社会关系的法律规范的总称。

一、知识产权法的立法概况

1. 国际知识产权立法概况

知识产权的国际保护实际上是利用国内法对外国的知识产权提供保护。随着社会经济的发展,国内法已经无法解决国际商品流转所产生的知识产权保护问题。

知识产权国际保护要解决的问题有两个:一是本国应当尊重和保护知识产权外国持有人的利益;二是防止外国对知识产权本国持有人的利益的侵害。有关知识产权保护的国际公约有以下几种:

(1)《保护工业产权巴黎公约》

《保护工业产权巴黎公约》简称《巴黎公约》,于 1883 年 3 月 20 日在法国首都巴黎签订,1884 年 7 月 7 日生效,截至 2022 年 7 月 6 日有 179 个成员。我国于 1985 年 3 月 19 日正式成为《巴黎公约》成员。根据《巴黎公约》的有关规定,缔约方共同组成保护公约产权联盟,联盟组织由大会、执行委员会和国际局组成。《巴黎公约》的基本原则:①国民待遇原则。每一成员的公民,在工业产权方面,可以享受其他成员依据国内法已经或将要给予本国公民同等的权益,而不管他们在要求保护的国家是否有永久住所或营业场所。②优先权原则。成员的公民向一个成员提出申请后可以在一定时期内,向所有其他成员申请保护,并以第一次申请的日期作为以后提出申请的日期。《巴黎公约》规定发明和实用新型的优先权期限是 12 个月,外观设计和商标的优先权期限是 6 个月。

(2)《保护文学艺术作品伯尔尼公约》

《保护文学艺术作品伯尔尼公约》简称《伯尔尼公约》,于 1886 年 9 月 9 日在瑞士首都伯尔尼缔结,是著作权领域第一个世界性的多边国际公约。我国于 1992 年 10 月 15 日正式成为其成员。《伯尔尼公约》有五项基本原则:①作者权利原则。②国民待遇原则。③自动保护原则。④最低保护原则。⑤独立保护原则。

《伯尔尼公约》还规定了受保护的作品的类型、不受保护的对象、著作权的主体、著作权产生的条件和权利内容、著作权限制、著作权的保护期、著作权保护的溯及力等。

(3)《世界版权公约》

《世界版权公约》是继《伯尔尼公约》后又一个保护著作权的公约,于 1952 年在日内瓦签订,1971 年 7 月在巴黎修订。我国于 1992 年 10 月 30 日正式成为其成员。《世界版权公约》的主要内容:①保护的对象为成员承认的文学、科学、艺术作品的作者及其他版权所有人的权利。②保护财产权,对作者的人格权未作规定。③保护期限为作者有生之年及其死后 25 年。

(4)《商标国际注册马德里协定》

《商标国际注册马德里协定》于 1891 年 4 月 14 日签订,我国于 1989 年 10 月成为其成员。

协议规定只有《巴黎公约》的成员才能加入。凡成员的公民，在本国注册商标后，可以向设在日内瓦的世界知识产权组织国际局申请国际注册。国际注册经批准后，由国际局公布，并通知申请人要求得到保护的那些成员，这些成员可以在1年内声明对该商标不予保护，但需说明理由；申请人可以就此向该成员主管机关或法院申诉。如果该成员1年内未提出声明，则国际注册对于该成员具有国家注册的效力。国际注册效力的期限为20年，在国际注册之日起5年内，如该商标在其所属国家或地区已全部或者部分不再享受法律保护时，该商标国际注册所得到的法律保护，也全部或部分不再享有权利。

(5)《专利合作公约》

《专利合作公约》于1970年6月签署，我国于1994年1月1日成为其成员。它是《巴黎公约》成员间签订的专门条约之一，也是专利国际合作的一个重要的国际公约。《专利合作公约》的基本内容是规定在几个国家或地区同时获取对一项发明的法律保护的申请手续和审批程序。在自愿选择的基础上，申请人通过一次申请即可获得部分成员或全部成员的专利，这种专利称为国际专利。申请人在申请时应向受理局，即《专利合作公约》所指定的7个成员中的任何一个专利局或世界知识产权组织提交申请文件，申请文件可使用英文、法文、德文、日文、俄文和中文中的任何一种文字，申请文件中须指定申请人希望取得专利保护的成员。

2. 我国的知识产权立法概况

我国的知识产权立法开始较晚，但是发展很快。1982年8月23日，第五届全国人民代表大会常务委员会第二十四次会议审议通过了《中华人民共和国商标法》(2019年4月23日第四次修正)；1984年3月12日，第六届全国人民代表大会常务委员会第四次会议审议通过了《中华人民共和国专利法》(2020年10月17日第四次修正)；1990年9月7日，第七届全国人民代表大会常务委员会第十五次会议审议通过了《中华人民共和国著作权法》(2020年11月11日第三次修正)；1993年9月2日，第八届全国人民代表大会常务委员会第三次会议审议通过了《中华人民共和国反不正当竞争法》(2019年4月23日修正)。1986年4月12日，第六届全国人民代表大会第四次会议审议通过《中华人民共和国民法通则》。2020年5月28日，第十三届全国人民代表大会第三次会议审议通过《中华人民共和国民法典》(自2021年1月1日起施行，《民法通则》同时废止)。以上法律都对知识产权进行了规定。此外，我国还加入了一系列国际公约组织。

二、知识产权法的价值

(1)保障自由权利

法律是自由的保障。从哲学上而言，自由是指在没有外在强制的情况下，能够按照自己的意志进行活动的能力。法律价值上的“自由”，即法律以确认、保障人的这种行为能力为己任，从而使主体与客体之间能够达到一种和谐的状态。自由体现了人性最深刻的需要，人类活动的基本目的之一，便是满足自由需要、实现自由欲望、达成自由目的。法律必须确认、尊重、维护人的自由权利，以主体的自由行动作为联结主体之间关系的纽带。就本质而言，法以“自由”为最高的价值目标。法律是用来保障、维护自由的，而不是用来限制、践踏自由的。如果法律限制了自由，就是对人性的践踏。

知识产权法确认了著作权人、注册商标所有人、专利权人、商业秘密拥有人享有的多项权利，权利人可以按照自己的意愿自由行使法定权利。如作品创作完成后，作者可以按照自己的意愿决定是否署名和发表；商标设计完成后，商标所有人可以自由决定是否注册、何时注册、何地注册；发明创造完成后，发明人或设计人可以自由决定是否申请专利、申请何种专利、在哪些国家申请专利;商业秘密拥有人有权自由决定是否将其技术秘密或经营秘密公开。知识产权法对创新成果进行保护,一旦成果完成人依照法定程序登记、注册、获得审批,就会获得法定权利,这些权利保障了权利人对知识产权的自由行使和处分。

值得注意的是,相对于其他财产法而言,自由价值在知识产权法中的地位较低。为了解决社会利益和个人利益之间存在的冲突,在充分保护个人利益的前提下,知识产权法对权利人的自由进行了某些必要的限制。例如,在著作权法领域,各国都规定了著作权的保护期限、合理使用方式、法定许可和强制许可的实施范围等;在专利法领域,除了规定专利的保护期外,许多国家制定了强制许可制度,规定了专利权人积极实施专利的义务等;在商标法领域,很多国家以法律的形式规定了商标权人使用商标的义务,否则可能被视为对商标权的抛弃。总之,自由是知识产权法的价值目标之一,权利人行使权利的自由受到了一定程度的限制。

(2)构建和谐秩序

法学上所言的秩序,主要是社会秩序,指人的社会活动、行为具有一致性、连续性、确定性。人天然具有对秩序的需要,由不同的人所组成的社会要存在和发展,就必须确立基本的秩序形式。法律在促进人类社会秩序的形成方面发挥着重要的作用,任何一种法律都要追求并保持社会的有序状态。可以这样说,法律总是为一定秩序服务的。在现代化不断发展的今天,面对社会冲突扩大化、法律和经济全球化、科技与文化多元化、环境问题复杂化等现象,构建和谐社会成为时代的主题和最强音,与此相应,和谐也就成为法的价值追求。

知识产权法在很大程度上维护了和谐的社会秩序。知识产权法的调整对象是确认、保护和利用知识产权过程中产生的各种社会关系,不仅包括智力成果创造者、传播者、使用者和社会公众之间的利益关系,而且包括本国智力创造者与外国智力创造者之间的利益关系,不同国家在知识产权保护上的利益关系,以及人与文化自然的共生关系。对这些社会关系的协调决定了知识产权法必须以和谐为其价值目标,其立法的目的不仅在于保护智力创造者的权利,促进知识的传播和有效配置智力资源,而且要保证人与文化自然的和谐共生状态。知识产权法在确保知识产权人基本权利的基础之上,通过对时间、效力、使用等方面进行限制,使公众自由接收信息的机会不受影响。这种限制不仅确定了利益主体间得以互动和交换的规则,对智力活动构成了有效的激励,而且达成了利益主体之间的妥协,从而形成了不同利益主体可预期的行为规范,使利益矛盾和冲突对社会秩序的威胁程度大大降低,由此构建稳定与和谐的秩序。

(3)维护公平正义

公平价值是知识产权法的基本价值之一。公平正义是人类所追求的一种理想状态。公平存在于人与人之间的相互交往中,是在涉及利害关系的场合,要求平等地对待他人的观念形态。

由于科技的发展,在现代社会中国与国之间的竞争越来越表现为科技实力的竞争,进而表现为知识产权和人才的竞争,知识的重要性被人们普遍认可。新的科技成果的创造不是一件容易的事情,它的产生融入了艰辛的劳动,花费了大量的人力和物力,所以说创造性成果是人类劳动的结晶,知识产权具有内在的价值属性。

例如,商标的设计凝聚了设计人的心血,商标所有人需要投入设计费、注册费、维护费、广告费等,这些都通过商标的价格表现出来。发明创造的完成更是不易,发明创造人全身心投入研究,购买仪器、设备、原材料等的费用不菲,有的发明创造需要成百上千的科技工作者协同劳动,成果完成人理应享有对其脑力劳动产品的所有权。进行创造是要付出代价的,然而随着计算机技术和信息技术的发展,信息的传播速度加快,如果不对知识产权加以特殊保护,他人可以随意复制、模仿、使用创造人的劳动成果，在市场竞争中会取得明显竞争优势。

创造人为完成创造进行了先期成本投入，他人却不劳而获，这种状况的出现显然对创造人是不公平的，如果放任不管，最终会抹杀整个社会对发明创造的积极性，进而阻碍科技的发展和人类知识的传播。正是为了保护创造人的利益，维护公平竞争的社会环境，各国才纷纷确立了知识产权制度。

但另一方面，人类对知识的追求是永无止境的，如果过分保护知识产权，必然会限制人类追求知识的脚步，也不利于人类进步和知识的传播，且对知识的独占达到一定规模就形成了对知识的垄断，这种结果反过来又会造成新的不公平，所以知识产权法对权利往往加以限制，其一系列制度设计都充分体现了公平正义。

(4)激励创新创造

效益是指效果和利益。法对主体之所以有价值在于它能够给主体带来一定的效益，满足主体的需要。而创新是社会发展的不竭动力，人类社会的发展史就是一部创新史，对新事物、新知识的发掘是人类永恒的追求，鼓励创新符合人类的需要和利益，因此创新是法所追求的效益价值。在现有法律体系中，知识产权法最能有效保护创新成果、激励创新，能够保证整个社会对创新的需要和利益，可见知识产权法是具有效益价值的。知识产权法中融入了人们对价值的追求和思考，从法律价值的概念上来说，是对创新的保护，也是知识产权法对人们在知识经济背景下需求的满足，是知识产权法所要体现的价值追求。

创新是知识产权法的主导性价值。众所周知，知识产品作为主要的、直接的生产要素参与创造经济价值，已成为知识经济时代的显著特点。知识产权法对于知识产品这一生产要素参与分配，以及对技术进步和技术创新的反映和调整是最密切和及时的。知识产权法在界定知识产权私有权属性的同时，规定了知识产权的公开、在先权利保护等内容，这些设定合理地划分了生产者和使用者的权利和义务，促进和保障权利人的创新行为，对整个社会创新的连续性、合理性起着重要作用。同时，知识产权法的保护机制又融入“发明—开发—扩散”的整个过程中，它整合和协调了个人的创新和社会的创新，所追求的主导性价值就是创新。

三、知识产权法的理论基础——利益平衡论

认识各种社会利益是法的创制活动的起点，对各种利益做出取舍和协调，是法的创制活动的关键。协调知识产权人与知识产品中其他利益主体的利益关系的知识产权法也不例外。从利益的角度考察，可以将知识产权法看成在知识产权人的专有利益与社会公共利益之间的一种利益分配、法律选择和整合。知识产权法的利益平衡机制，是国家平衡知识产权人的专有利益与社会公众获得知识和信息的公众利益以及在此基础之上的更广泛的促进科技、文化和经济发展的社会公共利益的制度安排。

知识产权法是一种激励知识创造，促进科技、经济发展和文化进步的重要法律制度。社会的发展需要丰富多样的知识产品。赋予知识产品的创造者对知识产品的专有权是激励知识产品生产的重要法律机制。然而，知识产权法这种产权制度的运行是有代价的，这表现为专有权的授予限制了知识和信息的自由流动。为此，需要在知识专有权和知识共享权之间进行利益平衡，以最大限度地增进社会的整体福利。

在几百年的知识产权立法设计和司法实践中，人们逐渐发现，利益平衡原则作为一项根本的指导原则起着实质性的作用。国外有关著作权、专利、商标和商业秘密的案件，无不表明知识产权法中利益平衡原则通过实践得到了发展，又明确地用于指导司法实践和立法的修改与完善。有关学术观点表明，国内外学者对知识产权法中的利益平衡原则越来越达成共识。

在知识产权法的整个发展过程中，利益平衡始终是主旋律。知识产权法的历史发展趋势是不断扩张的，这种扩张的背后即利益平衡机制在起作用。在当代的知识产权立法和知识产权国际公约中，利益平衡依然是永恒的主题。如《与贸易有关的知识产权协定》明文规定，应当促进权利与义务之间的平衡；《世界知识产权组织版权条约》和《世界知识产权组织表演和唱片条约》序言部分明确指出，有必要保持作者的权利(表演者、唱片制作者的权利)与广大公众的利益(尤其是教育、研究和获得信息的利益)之间的平衡。这可以说是国际上对知识产权法利益平衡原则达成共识的标志。

作为平衡知识产权人的专有利益与社会公共利益而做出的制度设计，知识产权法旨在激励知识创造和对知识产品需求的社会利益之间实现理想的平衡。知识产权人的私权利益与公共利益之间的利益平衡，是知识产权法律制度的基石。知识产权是一种具有很强公共利益性质的私权，需要在立法过程中保持知识产权人的利益和社会整体利益的平衡和协调关系。知识产权法通过平衡知识产权人和社会公众的利益关系，最大限度地促进公平、正义社会目标的实现。同时，利益平衡也是知识产权法的价值目标。知识产权法本着这一原则，充分考虑知识产权人与社会公众的合理权益，协调两者间的关系，是实现既激励知识创造又促进公众获得知识产品的关键。知识产权法只有在对利益平衡目标的不断追求中，才能实现对社会资源最合理的配置。

由于激励知识创造与确保公众对知识产品的合法需求是知识产权立法过程中的主要矛盾，通过分析知识产权的私权属性、公共利益以及立法目标，研究知识产权法中知识产权人的利益与公共利益之间的平衡变得很重要。这种平衡反映了知识产权法是一种激励知识创造特别是智力创造的机制和协调、平衡利益关系的调节机制。从这种平衡中，可以对知识产权法的整个制度框架进行完整的认识，特别是对知识产权法的立法目的、价值构造与制度设计原则加深理解。

利益平衡在实质上反映了法律上的权利和义务的公正和适当的分配。通过知识产权法利益平衡原理以及社会生活中著作权人的利益、专利权人的利益、商标权人的利益、商业秘密权人的利益与相应的公共利益的平衡实践可以发现，知识产权法中的利益平衡，主要体现为知识产权立法设计上对知识产权人的权利和利益与社会公众的权利和利益，在兼顾公平与效率的情况下做出公正的、适度的、合理的划分。这种划分在确立知识产权专有领域和知识产权公有领域方面是适当、合理的。进一步而言，利益平衡要求授予的知识产权不仅应当“充分而有效”，而且应当“适度与合理”。知识产权保护的充分与有效，是发挥知识产权法激励作用的前提。知识产权法作为规范知识产品归属、市场流转、利用的法律制度，直接目的是充分保护知识产权人的合法权益。

本章小结

1. 全球营销的政治法律环境是企业在全球市场中必须重视的不可或缺的因素。政治法律环境是一个国家的意识形态、统治集团的价值取向的统称，包括政治制度、政治体制、法律法规等方面，它对企业在全球市场中的经营活动产生着深远影响。

2. 了解政治环境的构成和国际政治风险预测评价方法可以帮助企业更好地应对市场变化和政治风险。在全球营销中，企业需要遵守各国的法律法规，同时需要了解知识产权法等法律制度，确保企业在全球市场中的竞争地位和合法权益。

3. 在国际市场中，了解与国际法律环境相关的全球营销问题，可以帮助企业更好地规避法律风险、减少经济损失，增强企业在“乌卡时代”(Volatility，Uncertainty，Complexity，Ambiguity，缩写为 VUCA)的韧性。

中英文关键词

政府类型(Type of Government)
政治风险(Political Risk)
法律环境(Legal Environment)
利益平衡(Balancing of Interest)
知识产权法(Intellectual Property Law)

复习思考题

1. 举例说明东道国政府外贸政策对全球营销的影响。
2. 国际法律的类型有哪些？
3. 在国际市场中，是否存在一些国际通用的行为规则？
4. 政治风险有哪些？
5. 简述知识产权法的概念。

章末案例

“中兴通讯”之殇

2018 年 4 月 16 日晚间，美国商务部发布对中兴通讯出口权限禁令，禁止美国公司向中兴通讯出售零部件、商品、软件和技术，期限为 7 年。另外，英国国家网络安全中心也向本国电信行业发出警告，不要使用中兴通讯的设备和服务。

北京时间 4 月 18 日报道，在美国商务部宣布对中兴通讯的出口禁令后，中兴通讯有可能无法在其移动设备中使用谷歌公司的安卓操作系统，这可能会成为影响中兴美国销售额的另一因素。

这是继 2016 年后，美国商务部再度对中兴通讯出手实施制裁。

2016 年 3 月，美国商务部对中兴通讯施行出口限制，禁止美国元器件供应商向中兴通讯出口元器件、软件、设备等技术产品，原因是中兴通讯涉嫌违反美国对伊朗的出口管制政策。

2017 年 3 月，中兴通讯在美国得克萨斯州联邦法院认罪，承认违反制裁规定向伊朗出售美国商品和技术。根据中兴通讯此前与美国财政部、商务部和司法部达成的和解协议，该公司同意支付 8.9 亿美元罚金。

在认罪支付 8.9 亿美元的巨额罚金仅一年之后，中兴通讯为何再次遭遇美国商务部的制裁？

美国商务部宣布二度制裁中兴通讯，大背景是中国和美国之间的贸易战愈演愈烈。北京时间 3 月 23 日凌晨，美国总统特朗普签署备忘录，基于美国贸易代表办公室公布的对华“301

调查”报告，指令有关部门对从中国进口的约600亿美元商品大规模加征关税，并限制中国企业对美投资并购。

作为还击，中国商务部3月23日7时发布针对美国进口钢铁和铝产品“232措施”的中止减让产品清单并征求公众意见，拟对自美进口的约30亿美元产品加征关税，以平衡因美国对进口钢铁和铝产品加征关税给中方利益造成的损失。

2017年特朗普政府积极推进税改，2018年开始把贸易保护作为重要议题，此次挑起中美贸易战，直接目的在于以中美贸易严重失衡迫使中国进一步对美开放市场，深层次目的在于试图重演20世纪80年代美日贸易战以遏制中国复兴。

2018年是美国国会中期选举年，11月美国将迎来国会中期选举，5月就将进入中期选举的密集投票期，特朗普意图打“贸易保护牌”向选民拉票，以继续维持共和党在参众两院的优势地位并争取未来连任。

中兴通讯被二度制裁消息传出，业界虽然非常震惊，却也不太意外。因为在过去一个月以来，美国对中国的动作多且大。不仅仅是中兴，其竞争对手华为也长期被美国各部门调查。

早在2011年2月，华为收购3Leaf的举措被美国外商投资委员会否决。当时正值美国新一轮大选冲刺阶段，大打“中国牌”正是政客为了竞选冲刺的惯用伎俩。

2012年10月8日，美国国会众议院情报委员会公布的一份报告认为，美国应该以怀疑的目光审查中国电信公司在美国电信市场的持续渗透，不管是政府还是私营企业，都不应该和华为、中兴合作。

华为意欲在2018年重返美国，遭遇了重大挫折。2018年年初，AT&T、Verizon等运营商在美国政客的压力下放弃销售华为旗舰手机。美国最大的电子产品零售商百思买随后也停止了和华为的合作。

此前，虽然中兴通讯与美国财政部、商务部和司法部达成和解协议并缴纳罚款，但是美国商务部针对中兴通讯的调查一直没有停止过，这是基于美国政府当局一贯的“对抗思维和保护主义”政策所进行的。

针对中兴进行制裁，美方声称是因为中兴在承诺处罚该公司员工问题上提供了虚假陈述。美国商务部官员表示，根据当时的和解协议，中兴通讯承诺解雇4名高级雇员，并通过减少奖金等方式处罚35名员工。但中兴通讯在今年3月承认，该公司只解雇了4名高级雇员，未处罚35名员工。

但在当前的背景下，如果仅仅因为中兴通讯未处罚35名员工就对其进行长达7年的制裁，显然站不住脚。虽然中兴通讯有把柄被抓住，属于再犯，但外界很难不将这一严厉处罚和中美贸易战联系起来。实际上，中兴通讯未处罚35名员工只是美国政府当局的一个借口。对待中兴通讯，美国采取和对待华为基本一致的态度——监管和遏制。

2018年年初，AT&T、Verizon等运营商叫停与华为的合作。业界普遍认为，美国之所以阻止华为进入美国市场，一是因为华为本身有通信基站和芯片等业务，会给美国国家安全带来威胁；二是美国并不希望华为在下一代通信技术方面占据领先地位。

和老对手华为一样，中兴通讯在国际化上做得很出色，其营收中有很大一部分来自包括美国和英国在内的海外市场。让华为羡慕的是，中兴通讯不仅早早就进入了美国市场，而且站稳了脚跟。

据调研机构Canalys的数据，在2017年第三季度美国手机市场中，苹果和三星的份额占比接近60%，中国厂商有两个在前五，其中中兴通讯占比15%，排名第四，接近排名第三的

LG,而华为只有0.5%左右的份额。

另外,官方的数据显示,目前中兴通讯占全球电信设备市场约10%的市场份额,占中国电信设备市场约30%的市场份额。2017年中兴通讯在英国拿下了数据卡市场60%的份额、手机市场8%的份额。

同时,中兴通讯2017年财报显示,全年实现营业收入1 088.2亿元人民币,国内国际市场分别实现营收619.6亿元人民币与468.6亿元人民币,国际市场的营收占比高达43.1%。

此外,中兴通讯在5G技术上取得了亮眼的表现。2017年,中兴通讯携第一代5G全系列预商用基站产品参与了与中国移动、Wind Tre等多家运营商联合进行的5G试验,全面通过中国国家5G二阶段测试,测试指标远超国际电信联盟标准(International Telecommunication Union,简称ITU),携手中国移动、高通公司完成全球首个基于3GPP R15标准的互操作性发展测试(Inter-operability Developmental Testing,简称IoDT)测试获得业界好评。

在2018年2月的巴塞罗那电信展上,中兴通讯发布了新一代5G高低频有源天线单元(Active Antenna Unit,简称AAU),多项关键技术充分满足了5G商用部署的多样化场景及需求,已在中国及多个国家和地区运营商的5G测试中应用。

为了应对以华为和中兴为代表的中国通信企业在新一代的5G通信技术方面取得的进步,美国政府大力扶持国内企业,否决博通收购高通,原因在于担心博通的收购会导致高通在5G等技术领域的落后。

此外,美国政府还持续阻碍中国企业并购美国的芯片制造商。2017年9月14日,美国总统特朗普宣布以国家安全问题为由阻止一个财团收购美国芯片制造商莱迪思半导体,该财团的成员中有一家中国风险投资公司。

鉴于美国对于中国通信企业的抵制态度、对中国国内5G等新技术崛起的担忧,在目前美国国内盛行的保护主义政策的风潮下,华为一再被阻止进入美国市场,在美国已家大业大的中兴通讯成为美国政府当局的重点整治对象,也就不令人意外了。

从中兴通讯的角度来说,这一制裁决定无疑是致命的。中金公司提供的一份报告称,美国商务部对中兴通讯施加出口权限禁止令,会影响其通信设备和手机等的正常生产与销售,同时对当前全球的运营商网络建设带来一定影响,并有可能影响未来5G网络的推进。中兴通讯目前只有1—2月的零部件存货,不像华为,中兴并不具备芯片的研发能力,若不能尽快达成和解,这些影响就会显现出来。

短期来说,中兴通讯的终端业务受到的影响最大。被美国全面封杀的中兴通讯,将陷入无零件可买、无技术可支援的尴尬境地之中。中兴通讯不论在通信设备还是手机产品方面,都将面临断炊的危机。虽可能在通信设备的零组件上取得一部分中国本地供货商的支持,但缓不济急。

在手机产品上,由于往后可能无法拿到来自谷歌公司的安卓系统授权,即便以完全可以顺利拿到货的联发科方案替代高通方案,但少了操作系统,或者说拿不到来自谷歌公司的移动服务认证,基本上也无法获得市场认可,这牵涉到的不仅是无法进入美国市场,而且会让中兴连其他市场都进不去。

目前,中兴的电信设备在全球排名第四,市场份额将近10%,落后于华为、诺基亚、易利信,而华为也处于中美贸易战的阴影之下,这10%的国际市场份额恐怕将被诺基亚、易利信分食。

此外,中兴手机出货量中超过八成是外销,在没有移动服务认证的情况下,这些外销市场基本归零。

这一制裁还意味着，中兴正在失去未来。在以人工智能技术为代表的新技术兴起之后，中兴通讯凭借在通信技术上的优势，在2015年就已经逐步布局自动驾驶。

但是，自动驾驶的底层芯片是由高通提供的，中兴只提供计算力非常强的硬件控制器。中兴计划将一部分能力开放出来，帮助创业者更好更快地实现智能驾驶。

如今看来，高通这条路对于中兴来说，也行不通了。另外，在自动驾驶芯片领域的巨头，比如英特尔、NVIDIA，都是美国公司。

然而对于美国厂商来说，中兴遭遇制裁，他们的日子也不好过。

市场调研公司IHS Markit提供的数据显示，中兴通讯去年的智能手机出货量约为4 640万部。“在中兴通讯每年在全球市场销售的约4 500万部智能手机当中，有近一半采用的是高通的移动处理器，”市场调研公司Counterpoint Research的分析师尼尔·沙哈说，“假设每块芯片的平均售价为25美元，这意味着近5亿美元的营收。”

受中兴通讯被制裁的影响，高通股价当即下跌了1.7%。此外，与中兴通讯有密切业务往来的美国光纤通信元件公司Acacia Communications的股价更是暴跌了38%。

从长远来看，高通等公司面临的问题还包括：可能受到报复、竞争对手的乘虚而入以及中国政府对于芯片产业的扶持。随着中美贸易战的不断升级，在中兴通讯被制裁之后，华为等公司也有遭遇制裁的风险，高通已成为明确的报复目标。

另外，由于制裁的影响，中国市场美国供应商的信誉会受到质疑。中兴通讯的遭遇证明了美国的供应不可靠，世界供应链在国际政治面前是脆弱的。从另一个角度来说，联发科、三星等同样能够提供芯片解决方案的厂商，迎来了新的机遇。

中国每年进口2 000多亿美元的芯片，一旦失去了中国市场，美国的高科技公司将面临巨大的损失，其和竞争对手此消彼长带来的不利影响尚未统计在内。

这一决定还将产生的一个影响是，会彻底坚定中国政府扶持本国半导体芯片产业的决心。目前中国已经能够生产中低端的芯片，生产更精密的芯片需要更大投入，也需要市场的响应，而中兴通讯制裁案正是一个响应的契机。4月17日当天，长川科技、北方华创、江化微等国产芯片概念股逆势上涨就反映了这一市场预期。

在半导体产业人士看来，半导体产业链上只要中国能够将其中的任何一环攥在手里，都是可以掌握话语权的，就与日本有设备和元器件、韩国有内存一样。

当前，在中国提出的《中国制造2025》规划中，以集成电路及专用装备为核心的新一代信息技术产业赫然在目，明确要“突破关系国家信息与网络安全及电子整机产业发展的核心通用芯片，提升国产芯片的应用适配能力”。

千百年前，中国人的祖先就明白了“塞翁失马，焉知非福”的道理。

（案例来源：《美商务部发布对中兴通讯出口权限禁令 芯片国产化再敲警钟》，中国投资咨询网，2018年4月18日，有删改）

讨论题：

企业如何应对中美贸易战带来的危机？

第五章　全球营销的经济环境

学习目标

1. 理解全球营销经济环境的内涵。
2. 掌握全球经济环境的构成。
3. 了解全球市场经济的发展水平。
4. 了解全球重要经济发展组织。

开篇案例

征战全球16年:中国手机出海简史

2015年4月,为推广面向印度市场的新机型,小米专门在新德里召开新品发布会,雷军亲自赶来站台。

这是小米第一次在海外举办发布会,考虑到现场有外国“米粉”,雷军在发言时特地秀了几句英语,结果那湖北仙桃口音十足的“Are you OK?”一出,台下就乐了。

后来,当这场发布会的视频在国内上线时,这段还被网友专门剪辑出来,成了鬼畜恶搞视频的经典素材,在网络上广为流传。“Are you OK?”也就成了雷军的名梗。被大家调侃时,他在微博上表示,“现在国际米粉越来越多,我确实应该把英语学好”。

不过,那时的雷军或许没有预想到小米的全球化布局能够如此快速地推进。根据小米发布的最新财报,2020年第一季度,小米境外收入达248亿元,历史上首次,其境外收入贡献比例达到50%。财报发布的同时,雷军也正式宣布,小米成为真正的国际化公司。

事实上,大力推进全球化的国产手机品牌并不只有小米。目前,OPPO、vivo、一加等品牌的海外收入比例也已突破50%。

从以电子产业起家的制造业巨头到全新的互联网手机品牌,在时代的浪潮中,这些从中国市场主动走出的手机厂商以时代先锋的身份,在全球市场上进行新一轮的跑马圈地。

在此过程中,部分品牌抓住了从功能手机到智能手机过渡、互联网崛起的机会,或创新产品,或复制“中国模式”,试图在海外市场站稳脚跟。

从搭建线上线下渠道实现产品对外销售到投资设厂实现本地化生产,中国手机品牌逐步深入地推进全球化布局。在这更多维度的市场竞争中,想要脱颖而出、不被时代淘汰的玩家们还要以最快速度完成品牌竞争力的全面提升。

由此,占领新兴市场、颠覆传统市场格局、正面挑战全球手机霸主地位的国产手机品牌开创了一个全新的时代——属于中国手机品牌的大航海时代。

1. 启航

2004年,TCL收购阿尔卡特手机业务,成立了合资公司T&A。此后,TCL欲凭借阿尔卡特在销售渠道和技术上的积累,快速拓展自身的全球手机业务。当时,以阿尔卡特品牌手机为主力,TCL希望在2005年实现全年2 000万部的手机销售目标。TCL总裁万明坚甚至在接受媒体采访时放出豪言,整合结束后,TCL将有望进入全球手机市场份额前五。

但T&A接下来的运营并不顺利。两套管理体系下人员沟通不畅、业务整合困难,这个新成立的公司经历了剧烈的人事动荡,诸多业务目标难以推进落实。TCL财报显示,2004年T&A共计亏损达2.83亿元。

在这种情况下,TCL不得不于2005年对T&A进行重组,以全资收购的方式获得完全主导权。此后,在很长一段时间内,TCL的手机业务基本实行双品牌战略,即在海外主打阿尔卡特手机品牌,以运营商定制路线进入欧洲、北美、中东、印度市场,国内则主打TCL独立手机品牌。

借力出海,TCL就这样早早开始了自己的手机出海之路。不过,彼时的大环境下,初期探索者的扬帆之路在一定程度上颇为曲折。

千禧年前后,中国手机产业刚刚起步:1998年,中兴投入手机产品研发和生产;2002年6月,联想正式推出手机品牌;2003年7月,华为成立了手机业务部,涉足终端产业;2004年,专注智能终端产品研发的OPPO成立……

这一时期,国内手机市场上山寨机泛滥,加上三星、苹果等国际手机巨头的高调进入,无论是新生的中国手机品牌,还是康佳、波导、夏新等曾经在国内功能手机市场占据一定份额的厂家均受到了冲击。

国产手机品牌不仅要想办法在“野蛮时代”活下去,而且要找到快速驱动业务增长的新引擎,以在国内手机市场争夺战中获得更多的弹药补充和腾挪空间。于是,拓展海外市场成了不少中国手机企业的优先选择。

例如,从1999年就开始在印度布局的中兴凭借多年运营经验,以及与当地运营商的紧密联系,在印度手机市场的角逐中一度占得先机。2007年,中兴已超越三星、摩托罗拉,成为印度CDMA手机市场第一品牌。这年3月,中兴手机全球单月出货量达到300万部。

彼时,康佳、波导等品牌也积极拓展海外市场,几乎都选择了类似的道路——先从东南亚、印度等地理位置近,与中国经济往来频繁的地区或国家起步,然后逐渐发展俄罗斯、日韩、美国等市场。

传音的出海路线则有些差异化。2006年7月,曾担任波导手机海外市场负责人的竺兆江创立传音。在国内手机市场竞争激烈,东南亚、印度的手机市场又因为中国玩家涌入而日渐拥挤的大环境下,传音选择了将目光投向更遥远的土地——非洲。

庞大的人口基数、逐步完善的基础设施、不断提高的互联网渗透率,都意味着非洲的手机市场前景巨大,对当时既没有技术优势,又无渠道积累的传音来说,这里成了理想的拓荒地。

2007年,带着已推出的手机品牌TECNO、Itel,传音正式进军非洲。就在这一年,中国的第一批智能手机出现。颠覆式的操作模式、极便利的使用体验,再加上运营商的大力推广,智能手机逐渐在国内普及开来。

从功能手机时代到智能手机时代的演化,让国内手机市场出现大洗牌,传统的手机霸主走向没落,新一代手机品牌快速崛起,并陆续加入到出海浪潮中。

2009年,OPPO正式宣布进入泰国市场,并开始在这里复制国内打法。除邀请当红明星代言、花大力气铺设线下渠道之外，OPPO 在当地招聘了解本土市场的高管确保这套打法能够顺利推进。

2. 鏖战

2015 年前后，伴随着 4G 时代的来临和经济快速发展，国内手机市场迎来又一次大繁荣，国产品牌不断成熟，使市场份额进一步提高。这一年，根据工业和信息化部公布的数据，国产智能手机品牌国内市场占有率超过 70%。这一时期，国产手机品牌一、二梯队分化日益明显，在资金充足以及国内市场竞争中被验证的模式支持下，头部玩家们在海外市场加快了进军步伐，在各大主要市场开展近身肉搏。

以印度市场为例，OPPO、vivo 在这里选择了像素级复刻国内打法，这是被媒体概括为“广告无死角轰炸和密集店面地面无缝拦截”的强资源模式。为此，OPPO、vivo 从国内派出大量中方员工，并不惜成本在当地市场砸下资源完成人员配置、线下渠道开发等全方位建设。

曾有媒体披露，仅在印度市场，2017 年 OPPO、vivo 投入的资金就高达 220 亿卢比(约合人民币 23.6 亿元)，OPPO、vivo 在这里一度分别拥有近 7 万家销售网点。绿色和蓝色手机门店占据每条大小商业街，这个曾经在国内城市中出现的景象在印度完美再现。

据腾讯《深网》报道，这一时期，为了争夺印度优质的广告资源，vivo 甚至改变了当地市场的财务管理措施，允许销售人员在谈判时直接拿着空白支票，以确保最快速签约。此外，广受印度人欢迎的板球赛事也成了资源争夺的焦点：vivo 以 3.3 亿美元获得五年印度板球超级联赛冠名权，OPPO 则拿到印度板球国家队五年的冠名权。

小米在印度不仅延续了互联网模式，建设线上渠道，而且铺开“小米之家”门店，与多个主要线下零售商达成合作，以确保对线下渠道的有力控制。与此同时，小米还在当地大力推广本地化，这就包括了本土工厂的建设。2015 年 8 月，小米与富士康达成合作，在印度建立了第一条手机生产线。本土生产有效降低产品制造成本，让其“性价比”优势得到了最大限度的发挥，也实现了品牌在印度当地销量的大规模提升。2016 年，小米在印度全年收入超过 10 亿美元。

就在这样的你追我赶中，小米、OPPO、vivo 等国产品牌在印度的市场占有率迅速提升。互联网数据中心报告显示，截至 2017 年，国产手机品牌在印度的市场份额已提升至 53%，并包揽前五名中除第一名外的四个席位。

在东南亚、欧洲、北美等市场，类似的情况也在同时发生，这不过是国产手机品牌加速出海的一个缩影。Counterpoint 报告指出，2017 年全球每售出三部手机，就有一部是中国品牌。伴随国产手机品牌在全球市场一路高歌猛进，玩家们也凭借各自在产品、渠道、价格方面的特性，逐步建立起了自己的优势阵地。

在强调“性价比”和线上线下相结合布局的战略下，小米在印度市场成功登顶。2017 年第四季度，小米凭借 25%的市场占有率超过三星，坐上印度智能手机市场头把交椅。根据互联网数据中心公布的印度 2020 年第一季度手机市场份额，小米再次以 30%的成绩拿下市场第一。

这已经是小米连续 11 个季度稳居印度手机市场第一。对小米而言，在这个全球第三大手机市场保持绝对领先地位，意味着在国内市场之外找到了另一个确保全球出货量增长的推动力。要知道，早在 2016 年，仅印度市场就贡献了小米当年全球出货量的四分之一(1 000 万部)。

华为在欧洲的优势明显。曾有媒体将欧洲形容为华为的粮仓，事实上这个比喻毫不夸张。凭借早期为运营商生产定制机的经历，华为在正式进入欧洲手机市场之前就已经与起主导作用的前者保持密切联系，拥有了渠道优势，加上主打高端的品牌调性与欧洲市场相契合，以及对这个市场的绝对重视——华为旗舰机型几乎均是先于欧洲首发，使得欧洲成为华为最大的海外市场。据 Canalys 报告，2019 年第三季度，华为在欧洲出货量已达到 1 160 万部，排名第二。

传音则在强势崛起中，成功加冕“非洲机皇”。正式进入非洲后，通过“接地气”地推出具有“四卡四待”“特殊拍照美颜特效”“超长续航”等特点的手机，传音满足了非洲市场用户的诸多需求，因此大受当地人欢迎。2017 年，传音超过三星成为非洲最大的智能手机公司。根据传音发布的报告，2019 年传音全年手机出货量达到 1.37 亿部，在非洲市场的占有率达到 52.5%，处于绝对领先地位，这一出货量也让传音在全球手机市场的排名上升至第四位。

为了稳住国内市场，国产品牌的海外拓展节奏可能出现调整，疫情的暴发也为玩家的全球之旅带来了更多的不确定性。vivo 内部人士曾向媒体透露，品牌此前计划于今年向欧洲市场发力，但受疫情影响，很多项目已被砍掉，时间表或将延后。

更为现实的是，国产手机品牌的对手从来都不只是彼此，传统霸主三星、苹果正虎视眈眈，随时准备收复被抢夺的市场。台湾媒体曾报道，三星已要求供应商提前交付手机零件，以抢先在今年第三季度出货。

群虎环伺，对每个国产手机品牌来说，前路艰险，不进即退。伴随各国 5G 建设如火如荼地开展，5G 换机潮又将带来新的发展机会，谁胜谁负言之尚早。全球市场新一轮的厮杀已经开始，国产手机品牌正在加速奔跑。

（案例来源：微信公众号“出海瞭望”，ID：Globalinsights，作者：哈那，2020 年 7 月 20 日，有删改）

第一节　全球营销经济环境的内涵

中国手机企业出海的行为是在全球创造财富。经济思想的核心就是价值的创造。如果价值由价格决定——由假设的供需关系决定，那么一项活动只要（合法）被需要，就会被视为创造了价值。分析经济环境，即分析哪些重要的因素影响了经济实体创造价值。所以，经济环境是企业营销活动的外部社会经济条件，包括消费者的收入水平、消费者支出模式和消费结构、消费者储蓄和信贷、经济发展水平、经济体制、地区和行业发展状况、城市化程度等。市场规模的大小不仅取决于人口数量，而且取决于有效的购买力，而购买力的大小受到经济环境中各种因素的综合影响。简而言之，经济环境是指影响企业生存和发展的社会经济状况和国家经济政策，是影响消费者购买能力和支出模式的因素，包括收入的变化、支出模式的变化等。

国际货币基金组织发布了《2023 年世界经济形势与展望》重要报告，对未来经济形势进行了预测和分析，并提出了相应的政策建议。报告预测全球经济将继续增长，但增速有所放缓。预计 2023 年全球经济增长率为 3.4%，比 2022 年略有下降。报告认为，全球经济增长的动力主要来自发达国家和新兴市场国家的贸易和投资，但是贸易保护主义、地缘政治紧张局势等因素可能对全球经济形势造成一定程度上的不确定性。报告还强调，气候环境对全球经济活动影响越来越大。

除国内生产总值增长外，世界上一些地区衡量福祉的其他指标所反映的情况更加严峻。像新型冠状病毒黑天鹅事件、气候危机、持续的严重不平等现象、日益严重的粮食不安全状况和营养不足等问题，继续影响着许多国家人们的生活质量。国家经济政策制定者不应只关注促进国内生产总值增长，还应致力于增强社会各方面的福祉。因此，优先投资可持续发展项目，促进教育，发展可再生能源和建造具有抵御灾害能力的基础设施，同时改变能源结构，在限制碳排放的同时实现经济增长才是长期持续性发展的关键。

小案例

阿迪达斯(Adidas)是一家德国运动用品制造商，是全球第二大运动服供应商，控制着欧洲运动服市场的最大份额。公司成立于1924年，在全球运动服市场上一直保持着令人瞩目的增长。2016年公司的总收入为192.91亿欧元，营业收入为15亿欧元。其总资产为133.4亿欧元，拥有超过50 000名员工。受到全球商业环境的影响，阿迪达斯根据全球化趋势实施了有效的战略，加强与国际供应商特别是来自亚洲发展中国家的供应商合作，从而巩固了其在全球服装领域的地位。

税收、收入水平、购买力、汇率等因素直接影响盈利能力，因此在制定国际战略时应予以充分考虑。在全球商业环境中运营的企业以多种货币进行交易，会产生因货币汇率波动带来的风险。阿迪达斯财务报表以欧元计价，这意味着以其他货币计价的国外交易必须转换为欧元。欧元升值意味着来自非欧元区的国际销售价值减少。同样，从其他国家获得的原材料则更便宜。东道国民众的收入水平和购买力决定了市场的生存能力。与其他小品牌相比，阿迪达斯的价格相对较高，因此在高端市场(如欧洲、美洲和其他具有高购买力的市场)中更为畅销。东道国的税收水平(进口税)会影响跨国公司的运营。取消欧盟国家之间的关税使阿迪达斯很容易在欧盟成员国内销售其产品，从而获得更高的利润。

[案例来源：迈克尔·希特《战略管理：概念与案例》(第12版)，中国人民大学出版社，2017年，第478页，有删改]

第二节　全球经济环境的构成

根据《2023年世界经济形势与展望》报告，全球经济已经步入了一个新常态局面，即“长期停滞”。长期停滞是指在未来的很长时间内，由于全球性需求不足而导致的人均收入增长缓慢的现象。报告建议各国加强贸易合作，促进创新，加强监管，避免贸易保护主义，推动全球贸易自由化和便利化。同时，应加强创新和技术研发，提高全球经济的竞争力。另外，数字化经济的快速发展将给全球经济带来机遇和挑战，各国需要加强监管和合作，推动数字化经济健康发展。基于当前全球经济环境的特点，财政政策将会起到很好的宏观调控作用。除此之外，货币政策、外汇政策和通证经济(数字经济)将成为全球经济环境的重要构成部分。

一、财政政策

(1)公共财政的职能

理查德·阿贝尔·马斯格雷夫认为，公共财政的三个基本职能是稳定经济、分配收入和配置资源。在21世纪的现实社会中，关于市场有效性的假设很难成立，市场失灵现象广泛存在，因此政府必须适时干预经济。政府和市场其实是共同进化并服务于消费者的。一般而言，政府的干预活动应达到以下要求：

①实现宏观经济的稳定与增长；

②提供社会安全网络服务；

③提供基本的公共服务；

④保障公平的财富分配；

⑤规范市场管理与竞争；

⑥进行系统性风险的防范和应急处置；

⑦有效应对全球气候变暖。

政府通过税收来支持干预活动，由于预算不断增加，政府的征税能力正面临挑战。所以，公共财政会受到诸多动态因素的影响，比如全球化、技术变革、人口结构转变、区域一体化等。

(2)公共财政与宏观经济增长的关系

公共财政在维护宏观经济稳定、促进经济平稳增长的同时，将未来发生经济危机的可能性降到最低。

①公共财政的管理风险

目前，在各个发达经济体中，政府债务已经达到了有史以来的最高水平。政府债务只是公共财政的一部分。除此之外，发展中经济体面临着汇率不利变更和不良融资条件的风险。大宗商品价格的大幅波动会伤害其出口国的利益。此外，对于全球所有国家来说，人口结构的改变对财政政策的制定者提出了更高的要求。业绩不良的银行及社会企业的远期债务又是并存的风险。一旦宏观经济基础恶化，这些风险就可能带来显性危害，它们可以很快越过国界，造成区域性甚至全球性的危机。

②降低宏观经济波动幅度

宏观经济的波动对于一个国家甚至全球经济具有重要影响。降低宏观经济的波动幅度可以避免资源浪费，让有形资本和社会资本得到有效积累，从而实现促进中期经济增长目标。

③制定相应经济措施

根据经济发展状况制定相应经济措施，包括收入分配和税收政策及在经济萧条时期的减税和信贷政策。

世界上很多国家和地区都面临着经济增长迟缓以及财政状况脆弱的问题，尤其在2020年新冠肺炎疫情的影响下，经济面临的风险日益凸显。因此，未来公共财政的主要挑战是如何达到支持可持续和包容性经济增长的目的。

二、货币政策

全球经济增长迟缓，面对金融危机最直接的措施就是施行合适的货币政策。在环境压力下，各国中央银行均采取了各种创新的手段。

(1)保持金融稳定发展

货币政策和金融稳定始终捆绑在一起。价格和稳定的产出并不能保证金融的稳定。很多发达国家的通胀预期控制得很好，通胀水平稳定，产出缺口很小，然而杠杆的堆积、信贷的日增、脆弱的融资结构以及宽松的借贷制度都会显著增加金融稳定方面的风险。

毋庸置疑，采取微观和宏观的监管措施，以及监管力度的加强对金融风险的防范是有效的。通过银行对某些抵押贷款的风险权重予以调整，澳大利亚成功限制了无担保房贷的增速。巴西通过提高对高贷款价值比汽车金融产品的资本金要求，降低了此类贷款的增速。至于瑞士和英国的宏观监管政策是否有效地控制了房地产方面的风险，目前还在观察过程中。

为了确保宏观监管政策对控制金融风险有效，各国中央银行有必要对使用货币政策工具保障金融稳定的步骤进行详细的成本效益分析。这种成本效益分析主要涉及三个方面：一是货币政策对金融稳定的贡献，二是为了追求金融稳定而背离通胀和达到目标所产生的成本，三是通胀和产生背离之后对金融体系稳定性的反馈机制。

(2)应对日益增长的零利率下限风险

因为新冠肺炎疫情,美国已率先降息到零利率。资产购入政策不能准确地适应经济的变化,同时资产购入产生严重的外溢效应,波及全球其他国家。在长期维持低利率的情况下,资产购入政策会带来金融不稳定的风险。

货币政策一般通过提高通胀目标来对冲零利率下限的风险,而提高通胀目标会损坏中央银行信誉,同时提高社会福利方面的成本。

(3)发展新兴市场和小型开发型经济体

全球的市场是互相联系的,一旦主要经济体调整了货币政策,就会迅速影响到新兴市场和小型开发型经济体的资本。资本的快速流入使资本接收国的杠杆、债务、资产价格和短期融资等指标攀升,并出现资产负债表不匹配的问题,而一旦资本流入突然停止,这些国家的金融系统将面临巨大的损失,同时产生很大的市场波动。

2009—2013 年,新兴市场总共有大约 4.5 万亿美金的资本流入,占全球总资本流量的一半以上。随后,宽松的货币政策导致 10 年期政府债券收益率下降了近 250 个基点。2014 年发生了“缩减恐慌”,政府债券收益率在短短数月内反弹至四年前的水平。

当这些国家经历了大规模资本流入,又面临资本突然流出的风险时,货币政策应该如何应对呢?首先,政府的监管措施要在一定程度上保证金融系统的弹性。其次,中央银行采取外汇干预和资本管制措施也是控制短期市场波动的必要手段。

(4)维护经济长期平稳发展

为应对金融危机和市场波动,中央银行会引入一系列新的货币政策工具,为许多金融机构提供长期流动性支持,为某些波动率很大的市场提供价格支持。比如美国的定期资产支持证券贷款工具(Term Asset-Backed Securities Loan Facility,简称 TALF)等。

在经济平稳时期有些工具也会被采用。比如,资产购入政策可以成为标准化的政策工具,提高政策信号传达的有效性,并通过调整长期债券收益率达到控制收益率曲线的目的。

一般而言,各国中央银行会保持当前资产负债表的规模。未来超额准备金的规模扩大,中央银行就可以通过设定超额准备金利率和短期反向回购协议利率的方式来控制市场。扩大资产负债表的规模可以为银行提供更具流动性的缓冲以应对波动。

三、外汇政策

20 世纪中期,米尔顿·弗里德曼和哈里·约翰逊提出采用浮动汇率制度,因为政府如果保持非均衡状态下的固定汇率,会对全球的国际贸易和国际资本流动产生限制。在过去的几十年中,很多新兴市场经济体陆续采用浮动汇率制,在 2008—2009 年的经济危机中保持了稳定。然而,当汇率发生急剧波动时,采用浮动汇率制会面临很大的压力。

从某种程度上分析,采用浮动汇率制确实可以促进国际金融自由化,推动世界贸易持续发展,通过构建良好的全球供应链系统而提高生产效率。但是,采用浮动汇率制在促进国际一体化,特别是金融领域一体化的同时会导致国际金融外溢效应的产生。

在正常情况下,对于小型开放经济体,不管是新兴市场经济体还是发达经济体,都可以在浮动汇率和无资本管制的条件下保持政策上的独立性,这有助于这些国家同时实现经济增长和金融稳定。但是,目前主要发达经济体正处于采用非常规货币政策的阶段,这些政策会带来严重的外部效应,使新兴市场经济体无法同时保持浮动汇率和自由资本流动,新兴市场经济体的合理货币政策受到发达经济体货币政策的严重影响。

对于大部分发达经济体而言,依靠财政政策来刺激经济增长的方法已快失效,因为债务与国内生产总值的比例一直持续快速增长,能起到稳定作用的政策工具就只剩下货币政策。所以，各发达国家中央银行纷纷采取前所未有的扩张性货币政策，造成通胀风险不断上升。

宽松的货币政策刺激经济增长的主要机制是鼓励经济活动的参与者更多地承担风险并进行更多的投资，而低利率及随之产生的财富效应可以刺激消费者支出。上述趋势一旦形成外部效应，资源会流向发达经济体的股票和债券市场，对高收益率企业债券和新兴市场经济体国债及企业债务的投资将实现爆炸性增长。

四、通证经济

通证即英文单词 Token。在全球营销的经济环境中，通证是与区块链相关的范畴，是基于区块链的技术，可流通的加密虚拟权益证明。拥有通证，就相当于拥有了区块链上某种权益，这种权益可以是某种商品的使用权、某项虚拟或现实资产的所有权等。权益的具体类型与通证生态的类型紧密相关。通证经济的核心思想是使用通证作为价值传递和交换的媒介，以达到促进发展、提高用户参与度的目的。从这个角度看，通证变革了经济活动中的生产关系。

生产关系是消费者在物质和精神资料生产过程中形成的社会关系，包括生产资料所有制形式、人们在生产中的地位和相互关系、产品分配的形式等。未来的通证经济能够促使人类进入一个大规模协作的全新时代。通证经济的生态能够用未来的经济收益作为对今天的激励，让利益相关方参与，而且想象空间巨大，使得具有共识的利益相关方互相扶持、紧密合作。同时，消费者能够拥有未来的收益，供应商也能够分享未来的收益。所以，通证经济会以极快的速度和极低的交易成本，打破全球市场中传统垄断的壁垒，跨越网络时代的数字鸿沟。

小案例

作为一个新崛起的大国，中国既要为自己营造一个更宽松的发展环境，又要承担起应尽的大国责任。中国从促进全球经济健康、稳定发展出发，在制度性变革的背景下，提出了自己的全球经济治理的原则。中国既积极参与全球治理的整体规划，又从国家利益出发提出具体主张，比如全球金融监管改革、国际货币基金组织改革和治理、国际贸易治理等。中国对于全球经济发展问题的处理，是从长远布局进行谋划，并选择重点方向进行稳步推进，在理念重塑、机制改革、议题选择方面形成了全球性的影响力。

（案例来源：苏宁等《全球经济治理制度性权力变化新趋势》，上海社会科学院出版社，2018 年，第 32 页，有删改）

第三节　全球市场经济发展水平

进入 21 世纪后，世界经济一直处于动荡状态，金融危机和主权债务危机频发。全球化促进了财富的增加，但随着生产力的提高，全球范围内的南北差距、繁荣地区与落后地区的差距以及 1％的富人与 99％的平民之间的差距都呈现出扩大的趋势。

世界经济一体化最早从跨境经济活动开始，随着世界范围内生产力的提高，市场经济的发展已经跨越了国境。这既意味着贸易范围的扩大，又意味着投资的增加，而跨国投资的增加会继续扩大贸易的范围。因此，经济全球化为商品或服务数额的急剧增加和资本流动提供了条件。

经济全球化使国际人口迁移加快。国际移民组织（International Organization for Migration，简称 IOM）的报告显示，2020 年国际移民数量约为 2.8 亿人，相较于 2019 年增长了 3.5％，其中，52％是男性，48％是女性。移民来源国排名前三的分别是印度、墨西哥和俄罗斯。

全球经济一体化让区域经济得到有序发展。区域经济是由各种地域构成要素和经济发展要素有机结合、多种经济活动相互作用所形成的、具有特定结构与功能的经济系统。一些受全球化影响的国家联合起来，通过增强区域内合作，解决国家主导型经济和全球化经济都无法解决的问题。经济全球化弱化了国家的界限，随着关税等限制的缓和，区域合作变得更加容易，从而增强了跨国公司的影响力，促进了对邻国的文化消费。

(1)全球的人口结构和经济收入

1650—1750 年，世界人口增长了 45%。这是生产同步增长的结果，也是由世界货币的供给和分配的增长促成的。相对其他地区而言，欧洲的人口增速相对快一些。1750 年后，欧洲人口在世界人口中的比例基本保持 19%～23%的增速。与此同时，亚洲人口开始快速增长。1800 年，亚洲人口已占全球人口的 65%。其原因在于，亚洲人口基数和稠密度均较大。在亚洲经济发展较快的国家，人口增长得更快，如中国、日本和印度。图 5-1 是来自“Our World in Data”网络对于 1760 年至 2100 年全球人口增长趋势及年人口增速的预测。

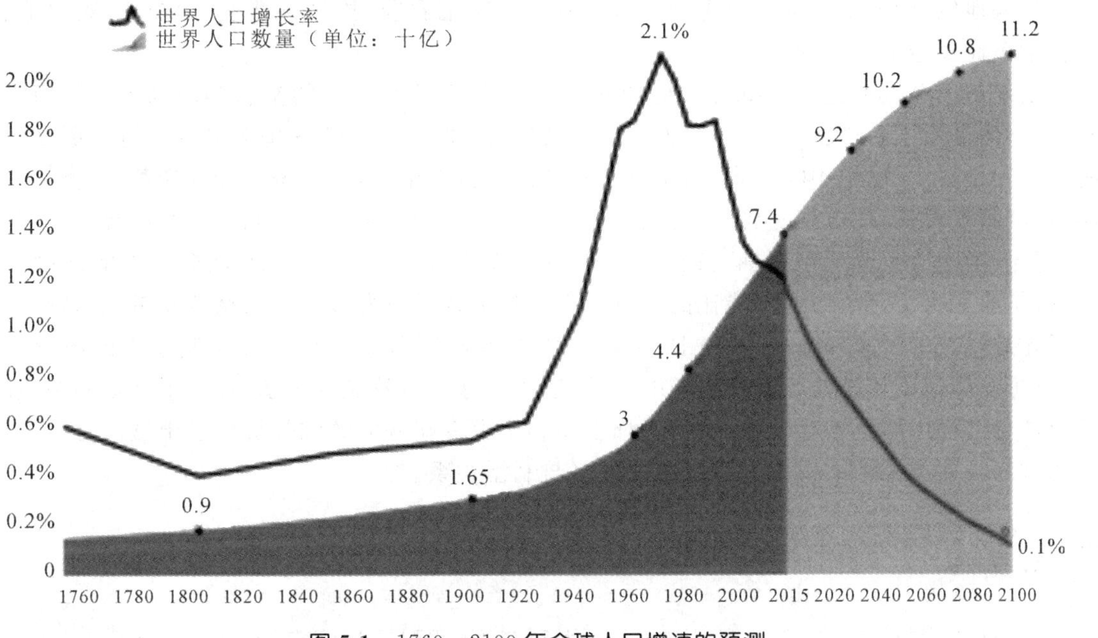

图 5-1　1760—2100 年全球人口增速的预测

（资料来源：《世界人口展望 2022》）

截至 2018 年，亚洲总人口数远远超过其他地区人口数。可以推测，亚洲之所以有如此之高的人口增长速度，与该地区的生产增长速度有密切的联系。亚洲人均收入保持稳定增长是人口发展的基础。早在 1750 年亚洲人口占世界总人口的 66%，而亚洲产值占世界的 80%。换句话说，占世界人口三分之二的亚洲人生产出占世界五分之四的产值，剩下的五分之一由欧洲人、非洲人、美洲人和大洋洲人生产。据拜罗克估算，1800 年中国的人均收入为 228 美元，1850 年中国的人均收入下降到 170 美元。据 2022 年的数据，中国的国内生产总值达到约 18 万亿美元，人均 12 741 美元。

15 世纪以来，亚洲的生产能力不容小视，尤其在工业生产制造和世界贸易方面具有明显优势。欧洲人能向东方销售的产品非常有限，主要通过参与亚洲的境内贸易来谋取利润。所以，欧洲的利润主要来自众多市场，尤其在整个世界经济范围内从事运输业，进行重金属、货币和商品的多边贸易。

(2)全球的科学和技术

科技的发展从来不是独立完成的，而是与环境有着千丝万缕的联系。技术的选择、应用和进步其实是对机会成本的合理回应，而机会成本则是由世界经济和供需决定的。纵观世界科技发展史，技术的进步主要取决于经济的发展。

公元7世纪中国发明了火药，至13世纪，欧洲才把火药技术应用于军事，并改造成先进的火炮技术，主要用于海战。在16世纪前后，欧洲发现只有通过对外战争的胜利才能维持经济贸易关系，从而带动造船业的发展。亚洲以高超的制造技术著称，直到18世纪初，欧洲人大量购买印度和菲律宾的造船技术和产品。此后，随着传播科技知识的服务型产业的开放，印刷技术应运而生。中国古代劳动人民发明和使用活字印刷术。从经济角度看，得益于印刷术和书籍的普及，人们的识字率得到较大提高，从而产生了伪造纸币，所以在明朝时，政府停止了纸币的流通。

纺织业是工业革命的主要产业。中国、波斯(1935年改称伊朗)和孟加拉国的丝织业处于全球优势地位，印度则以棉织业著称。纺织业的生产把农业、机械制造业、运输业、染料业、矿产化学工业及金融业带动起来。

技术是推动人类进步的革命力量，也是未来人类可持续发展的基石和原动力。从历史来看，科技的进步不断创新生产、生活方式和发展理念，推动人类经济和文明迈向新的更高的台阶。特别是自18世纪中叶以来，由于科学发现引发技术革命，进而推动社会变革，人类社会相继进入“蒸汽时代”、“电气时代”和“信息时代”。随着生物技术、互联网、人工智能等的发展，人类已步入第四次工业革命时期，其技术发展和扩散的速度，以及对人类社会影响的深度和广度，都是前三次工业革命远不能比的。世界各国各地区科技发展的不均衡容易带来国际冲突。掌握先进科技的国家和地区，往往拥有发展的主动权和先决权，而科技受制于人的国家和地区，自身发展就比较被动。科技水平的悬殊，造成全球经济发展的失衡，加大了贫富差距，加剧了全球化进程中的不平等现象，也为恐怖主义和宗教极端势力的滋长提供了土壤。可以说，科技的进步与人类经济的发展具有复杂的促进与制衡关系。

小案例

全球化发展对泰国有深远的影响，主要表现在国际贸易、外国直接投资和跨境劳动力流动上。研究结果表明，开放国际贸易可以提高生产力并推动经济增长。大型国外直接出口导向型企业工业化吸引的投资流入可能产生给定行业内的横向技术溢出，没有证据表明外籍工人阻碍了公司生产力的发展，情况恰恰相反，表现良好的公司可以吸引外籍工人并保持生产能力。全球生产共享不一定意味着参与国被困在质量阶梯的较低位置。

(案例来源：宋镇照《泰国政治经济与发展治理》，台湾五南图书出版股份有限公司，2017年，第198-203页，有删改)

第四节　全球经济发展组织

全球经济发展组织是开展国际经济活动的重要渠道和机构，对促进国际经济合作起着重要作用。

一、国际货币基金组织

国际货币基金组织(International Monetary Fund,简称 IMF)于 1945 年 12 月 27 日成立,与世界银行并列为世界两大金融机构,致力于促进国际贸易,确保金融稳定。职责是监察货币汇率和各国贸易情况,提供技术和资金协助,确保全球金融制度运作正常。总部位于美国华盛顿特区。

(1)组织的宗旨

截至 2023 年 2 月,国际货币基金组织共有 190 个成员。要申请成为成员,须得到大多数现有成员的同意。

国际货币基金组织通过以下三项主要职能来达到促进国际金融体系稳定的目的。

①监测经济金融形势,维护国际货币体系稳定,与成员定期开展政策对话;

②向面临实际或潜在国际收支问题的成员提供贷款和优惠资金援助;

③提供技术援助和培训:帮助成员完善经济制度,加强数据统计,在税收征管、支出管理、制定货币和汇率政策、金融体系监管、健全法律框架等方面提升能力。

(2)组织的结构

国际货币基金组织的最高权力机构是理事会,由代表各成员的正、副理事组成,正、副理事通常由各国的财政部长或中央银行行长担任。理事会于每年 9 月举行一次会议,各成员投票权的大小按其缴纳基金份额的多少来决定。

执行董事会由理事会委托,行使理事会的权力,处理日常事务。执行董事会由 24 名执行董事组成,每两年选举一次,设有 1 名总裁和 4 名副总裁。总裁任期 5 年,由执行董事会推选,可以连任。8 名执行董事由美国、英国、法国、德国、日本、中国、俄罗斯、沙特阿拉伯任命,其余由其他成员组成的选区选举产生。国际货币基金组织的临时委员会,被看作国际货币基金组织的决策和指导机构,主要工作是协调政策合作,特别是在制订中期战略方面发挥重要作用。国际货币基金组织每年与世界银行共同举行年会。

(3)中国与国际货币基金组织

中国是国际货币基金组织的创始国之一。2016 年国际货币基金组织治理改革方案正式生效,中国的份额由 3.65%升至 6.39%,超越德国、法国、英国,位列美国和日本之后。

中国在 1980 年获得国际货币基金组织的席位后单独组成一个选区并派一名执行董事。1991 年,国际货币基金组织在北京设立常驻代表处。2012 年 6 月,20 国集团(Group of 20,简称 G20)峰会期间,中国宣布向国际货币基金组织增资 430 亿美元。

二、世界银行集团

世界银行集团(World Bank Group,简称 WBG)又称世界银行,与国际货币基金组织同时成立,总部位于美国华盛顿特区。世界银行集团最初的使命是帮助在第二次世界大战中被破坏的国家进行重建,今天它的任务是"终结极度贫困,促进共享繁荣"。世界银行集团向发展中国家提供低息贷款、无息信贷和赠款,在促进其消除贫困、发展经济方面发挥独特的作用。

(1)世界银行集团的组成

世界银行集团由五个机构组成,分别是国际复兴开发银行(International Bank for Reconstruction ard Development,简称 IBRD)、国际开发协会(International Development Association,简称 IDA)、国际金融公司(International Finance Corporation,简称 IFC)、多边投资担保机构(Multilateral Investment Guarantee Agency,简称 MIGA)和国际投资争端解决中心(International Center for Settlement of Investment Disputes，简称 ICSID)。截至 2023 年 2 月，世界银行集团共有 189 个成员。

(2)世界银行集团的宗旨

世界银行集团的宗旨是向成员提供贷款和投资，推进国际贸易均衡发展。

(3)中国与世界银行集团

中国是世界银行集团的创始国之一。自 1980 年恢复合法席位后，中国与世界银行集团的合作逐步展开、扩大。世界银行集团通过提供期限较长的项目贷款，推动了中国交通运输、行业改造、能源、农业等国家重点建设及金融、文卫环保等事业的发展，还通过本身的培训机构为中国培训了大批了解世界银行业务、熟悉专业知识的管理人才。

三、世界贸易组织

世界贸易组织(World Trade Organization，简称 WTO)是负责监督成员经济体之间的各种贸易协议得到执行的一个国际组织，前身是 1948 年起实施的关税及贸易总协定。

世界贸易组织总部位于瑞士日内瓦。截至 2023 年 2 月，世界贸易组织共有 164 个成员、24 个观察员。世界贸易组织的职能是调解纷争，虽然加入世界贸易组织不算签订一种多边贸易协议，但其设置的入会门槛可以作为愿意降低关税和法政上配合及参与国际贸易的门票，它是贸易体制的组织基础和法律基础，是众多贸易协定的管理者、各成员贸易立法的监督者，是为贸易争端提供解决方案和进行谈判的场所。世界贸易组织是当代重要的国际经济组织之一，其成员之间的贸易额占世界贸易额的绝大多数，因此被称为“经济联合国”。2001 年 12 月 11 日，中国正式加入世界贸易组织。

四、二十国集团

二十国集团(Group of 20，简称 G20)是一个国际经济合作论坛，于 1999 年在德国柏林成立，建立了布雷顿森林体系框架内对话的一种机制，由七国集团(加拿大、美国、英国、法国、德国、意大利、日本)，金砖五国(巴西、俄罗斯、印度、中国、南非)，七个重要经济体(墨西哥、阿根廷、土耳其、沙特阿拉伯、韩国、印度尼西亚、澳大利亚)，以及欧洲联盟组成。按照惯例，国际货币基金组织与世界银行集团列席该组织的会议。

五、亚太经济合作组织

亚太经济合作组织(Asia-Pacific Economic Cooperation，简称 APEC)，是亚太区内各地区之间促进经济成长、合作、贸易、投资的论坛，诞生于冷战结束的年代。1989 年由澳大利亚主导创始，现有 21 个成员经济体。

亚太经济合作组织是经济合作的论坛，通过非约束性的承诺与成员的自愿开展运作，强调开放对话及平等，尊重各成员的意见，不同于其他经由条约确立的政府间组织。亚太经济合作组织推行“开放的多边贸易体制”，决心不朝着组成一个贸易集团的方向发展，而是“要建立一个新型的国际经济组织”。该组织强调灵活性，允许以不同速度来实现目标，采取集体制定目标，各成员依据自身的情况为达到集体目标各自做出努力的灵活的、循序渐进的、自由的、自愿的合作方式。组织决议为非强制性。亚太经济合作组织的开放性质决定了其独特的行动准则，即不是靠谈判结成的条约规定而是靠成员的协商和领导人的承诺来行事。1991 年 11 月中国以主权国家身份正式加入亚太经济合作组织。

六、欧洲联盟

欧洲联盟(European Union，简称 EU)是欧洲多国共同建立的政治及经济联盟，现拥有 27

个成员，正式官方语言有24种。规范欧盟的条约经过多次修订，目前依照《里斯本条约》进行运作。政治上所有成员均为议会民主国家(2008年《经济学人》民主状态调查)；经济上为世界上第三大经济实体，德国、法国为两大核心成员；军事上除瑞典、芬兰、爱尔兰、奥地利、马耳他与塞浦路斯6国以外(其中前五国在国际上为永久中立国)，其余21个成员均为北大西洋公约组织的成员。

欧洲联盟的主要机构有欧洲理事会(成员国家首脑组成)、欧洲联盟理事会(成员国家部长组成的欧盟的上议院)、欧洲联盟委员会(欧洲联盟的行政机构)、欧洲议会(欧洲联盟的众议院，唯一的直接民选机构)、欧洲法院、欧洲中央银行等。此外，欧洲原子能共同体也在欧洲联盟的管辖范围之内，但在法律上是独立于欧洲联盟的国际组织。

欧元被27个成员中的19个采纳为流通货币。《申根条约》取消部分成员之间的边境管制，目前已有22个欧洲联盟成员和4个非成员实施。欧洲联盟公民在各国直接享有工作权及部分政治参与权利。在对外方面，欧洲联盟公民可申请使用具有欧洲联盟标记的护照，同时享有所有成员的领事保护资格。

目前欧洲联盟的主要议题有欧洲联盟扩大、落实《里斯本条约》、全球变暖、非欧元区成员加入欧元区、欧洲主权债务危机、欧洲移民危机等。

七、北美自由贸易协议

北美自由贸易协议(North American Free Trade Agreement，简称NAFTA)是美国、加拿大及墨西哥在1992年8月12日签署的关于三国间全面贸易的协议。与欧洲联盟性质不一样，北美自由贸易协议不是凌驾于国家政府和国家法律上的一项协议。北美自由贸易协议于1994年1月1日正式生效，同时宣告北美自由贸易区正式成立。北美自由贸易区拥有3.6亿人口，国民生产总值约6.45万亿美元，年贸易总额1.37万亿美元，其经济实力和市场规模都超过欧洲联盟，成为当时世界上最大的区域经济一体化组织。2018年9月，美国、墨西哥和加拿大就更新北美自由贸易协定达成一致，同年12月，三国签署了美国-墨西哥-加拿大协议(United States-Mexico-Canada Agreement，简称USMCA)，取代北美自由贸易协议。

本章小结

1. 基于当前全球经济环境的特点，财政政策将会起到很好的宏观调控作用。除此以外，货币政策、外汇政策和通证经济(数字经济)将成为全球经济环境的重要构成部分。

2. 全球经济发展水平存在差异。经济体量庞大的国家消费能力强，拥有先进技术和管理经验；经济体量相对较小的区域，市场规模小，消费能力不足，但在劳动力成本和资源禀赋等方面具有一定优势。

3. 全球经济发展组织包括国际货币基金组织、世界银行集团、世界贸易组织、二十国集团、亚太经济合作组织、欧洲联盟、北美自由贸易协议等。这些组织在全球经济治理、贸易自由化、金融监管等方面发挥着重要作用，对企业全球化战略和国际营销活动具有深远影响。

中英文关键词

全球营销 (Global Marketing)

经济环境 (Economic Environment)

行业经济（Industry Economy）
通证经济（Token Economics）
资源禀赋（Resource Endowment）

复习思考题

1. 全球营销经济环境的构成要素包括哪些？这些要素对全球营销有什么影响？
2. 未来5～10年，通证经济（数字经济）会在哪些方面对全球经济产生影响？
3. 全球化战略在全球营销中的重要性体现在哪些方面？全球化战略的实施需要考虑哪些因素？

章末案例

TikTok在美国被禁，中国互联网企业出海搁浅？

中国互联网企业字节跳动集团旗下TikTok小视频应用（俗称抖音海外版App）最近在美国遇到生存危机。此次事件无疑是对字节跳动集团的一次巨大打击，也给国内其他互联网企业敲响了警钟。

按常理来讲，中国的互联网企业在新的市场上与国外的互联网企业同场竞技，可以看成中国互联网企业发展成熟的标志。但是，需要警惕的是，商业上的竞争过多地染上政治色彩，最终让本来应该公平的竞争掺杂了太多其他非商业的因素。简单来讲，就是将商业竞争政治化，最终让公平竞争不复存在。

以TikTok为例，它可以说是中国互联网企业出海的成功案例。无论是在美国，还是在新加坡、韩国和日本等国，TikTok都受到了年轻一代的极大欢迎。从下载量上看，TikTok早已成为全球增长较快、下载量较高的短视频App之一。2019年全球下载量已经突破15亿；2020年因为疫情的催化，TikTok上半年的下载量高达6.26亿，冲到了全球第一的位置。Sensor Tower数据显示，截至6月初，TikTok的全球累积下载量已突破20亿，其月活跃用户数高达8亿。

迅猛的增长速度在给TikTok的发展带来源源不断的动力之外，让那些本土公司开始变得惴惴不安，Facebook就是其中之一。有媒体曾经直言不讳地指出，TikTok每增加一个用户都在夺走Facebook的产品应用时长。另外，TikTok还对Facebook的广告收入产生了不少影响。

这让Facebook的创始人扎克伯格如坐针毡，开始不断点名TikTok，并且成立了一个对标TikTok的小组，专门研究TikTok的产品，推出了一个和TikTok相类似的产品——Lasso。然而，事态发展并不顺利，Facebook在短视频社交上与TikTok之间的竞争依然存在差距。于是，扎克伯格便在国会听证会上抨击TikTok。

那么，TikTok在美国被禁将会产生怎样的影响？这一事件对于后续中国互联网企业的发展有哪些借鉴意义呢？

首先，TikTok在美国被禁将引发一系列的连锁反应。从表面上看，此次美国政府动用行政手段禁止TikTok在美国的运行是一个孤立事件，实际上，此后我们会看到更多的中国互联网企业面临同样的困境。

其次,TikTok 在美国被禁并不意味着中国互联网企业出海的失败。尽管 TikTok 在美国的遭遇让很多人对中国互联网企业的出海产生悲观情绪,甚至还有人认为中国互联网企业的出海策略已经基本宣告失败,然而从整个中国互联网企业出海的大格局上来看则未必尽然。虽然,美国市场对于中国互联网企业非常重要,但中国互联网企业出海的目的地绝非仅仅只有美国。如何调整战略让中国的互联网企业在其他目的地更好地出海,才是真正避免问题进一步恶化的关键。

最后,中国互联网企业出海是否成功将受到更多非商业因素的影响。正如 Facebook 的扎克伯格对 TikTok 极尽攻击之能事一样,中国互联网企业在出海的时候会受到很多非商业、非互联网因素的影响。是否能寻找到一种更加合理、合法的出海策略,或许将会直接关系到中国互联网企业出海的成败。

以 TikTok 为代表的中国互联网企业的出海遇阻用生动的事实告诉我们,真正意义上的全球化并未实现,在复杂的国际背景下,全球营销的经济环境更加多变。要完成中国互联网企业出海的"基础设施"建设任重道远。在世界环境的发展中机遇与挑战并存是永恒的话题。

(案例来源:中国产业经济信息网,2020 年 8 月 10 日,有删改)

讨论题:

1. 在全球营销经济环境下,跨国公司需要遵守各国的法律法规,尤其在数据隐私和网络安全方面。请列举可能涉及的法律法规,讨论互联网公司应该如何确保自身的合法合规性。

2. TikTok 在海外市场的成功表明,企业应该关注年轻人的消费趋势。请分析当前全球营销环境下,年轻人对产品和服务的消费特点,讨论企业应该如何调整市场策略以迎合年轻人的需求。

第六章　全球营销的战略制定

学习目标

1. 理解全球营销的核心战略。
2. 掌握全球营销战略配置和协调的含义及影响因素。
3. 明确全球市场细分的概念、意义、模式及步骤。
4. 理解目标市场选择的策略及影响因素。
5. 掌握全球营销市场定位的内涵、必要性及步骤。

开篇案例

美源伯根公司的全球营销战略

美源伯根公司(Amerisource Bergen)是一家跨国制药公司,主要生产心血管和神经系统药物。公司已经在欧洲和北美市场占据领先地位,欲进一步扩大全球市场份额,最近打算进军亚洲市场,计划在中国推出最新的心血管药物。

将产品推向中国市场并不容易,需要了解中国市场的文化和消费者的行为习惯,以及在医药领域的法律法规,还必须考虑当地的竞争对手及其定价策略,如何将自己的产品与当地的医生、患者和药店建立联系。美源伯根公司希望通过制定全球营销战略来应对这些挑战,在中国市场取得成功。制定全球营销战略需要考虑的因素很多,包括产品定位、品牌传播、市场推广、渠道分销等。

产品定位:推出最新治疗心血管疾病的药物,而不是产品线。这是因为中国市场需要此类药物,且此类药物在中国的竞争对手有限。

品牌传播:采取多种传播方式,包括杂志广告和网站广告的投放,与当地医院和药店建立广泛联系,提高品牌的可见性和认知度。

市场推广:与当地政府和医疗机构合作,开展社区医疗免费咨询活动,如疾病预防和健康知识普及等,提高人们对心血管疾病的认识,增加对药物的需求。

渠道分销:与当地药店建立合作关系,开辟线上销售渠道,如电商平台和在线药店等。

只有通过制定稳健的全球营销战略,美源伯根公司才能确保其在中国市场的成功并实现全球扩张计划。

(案例来源:新浪财经,2020 年,有删改)

第一节　全球营销的核心战略

全球营销的核心战略在于标准化与本土化的选择问题。20 世纪五六十年代,一些大广告公司的从业人员开始关注跨国公司广告国际移植中出现的标准化与本土化问题，并由此展开了激烈的讨论。一些广告实践者认为跨国公司的广告应该注意文化适应性，另一些广告实践者则认为跨国公司的广告应该采用全球统一标准。这些讨论引起了营销学者的关注，20 世纪 60 年代末，学者们开始发表论文对这一问题提出自己的见解。自此，全球营销的标准化与本土化成为营销学界争论的焦点之一。

一、全球营销标准化

1. 标准化的内涵

“标准化”(Standardization)是公司在全球营销过程中经常使用的词语，其基本含义在于“一致性”。对“全球营销标准化”的理解，可以从营销程序与营销管理两个方面进行把握。

从营销程序角度而言，全球营销标准化是指跨国公司在不同的国家，运用相同的促销方式，通过相同的分销渠道，以相同的价格，向消费者提供相同的产品，即营销组合(产品 Product、价格 Price、渠道 Place、促销 Promotion，简称 4P)在全球范围内保持一致。现实中有很多营销程序标准化的例子。

从营销管理角度而言，全球营销标准化还应包括计划、组织、管理、控制等的一致性，即营销管理在全球范围内保持一致。可口可乐公司是全球较大的软饮料公司之一，其产品畅销 200 多个国家和地区。原材料质量达到国际标准，采用全球统一的核心配方和名称标志，生产出一个口味的产品，其标准化的营销程序与标准化的营销管理有着千丝万缕的联系。

2. 标准化提出的背景

(1)市场的统一性

随着经济全球化的深入发展，一个巨大的全球市场正在形成，各国之间的贸易壁垒逐渐减少，生产要素可以在全球市场自由流动，从而保证企业能够以任何方式进入任何想要进入的市场。

(2)消费需求的一致性

哈佛大学教授李维特 (Theodore Levitt)认为，在世界各地人们的基本需求是相同的。例如，遍布全球的快餐店、音乐作品和电视剧等。正是这种消费需求的一致性为全球营销标准化提供了条件。

(3)消费行为的趋同性

由于文化的差异，即使有相同的消费需求，也会产生不同的消费行为。但随着经济活动跨越国界，全球文化渐趋融合，传统习惯的影响逐渐减少。同时，跨国界的通信和传媒影响着人们的口味与偏好。总之，经济全球化在改变着人们的消费行为，越来越多的产品能够得到不同地域与国家人们的认同，以相同的方式销往世界各地，为国际营销的标准化赢得了可能。

以上分析表明，经济全球化是实行全球营销标准化的重要前提。但是，不少学者认为，尽管全球化是一股不可逆转的历史潮流，它却不可能使未来的世界成为一个完全统一的体系。因为在现实中，无论是对营销程序还是营销管理来说，完全的标准化是无法实现的。营销人员只能尽可能地做到营销程序和营销管理的标准化，同时也会综合考虑市场、技术、竞争、成本和政策法规等诸多因素，适当地降低标准化的程度，做出一些适应当地文化的调整。

尽管完全的标准化在现实中是无法实现的，但全球营销的标准化作为全球营销的核心战略，依然能够为进行全球营销的公司充分挖掘标准化的利益，加快全球化的不断推进。

二、全球营销本土化

1. 本土化的内涵

本土化(Localization)是指跨国企业在全球化的过程中,针对东道国的实际情况,做出相应的调整,即根据国外市场不同的语言、文化、政策、法规,调整自身的产品或服务的功能与特性。本土化的核心是"入乡随俗",只有这样才能让跨国企业在东道国有一定竞争力,在跨国经营中取得一定成绩。

随着经济全球化进程不断加快,国际市场竞争日渐激烈,开展国际营销的公司为了寻求更好的发展,越来越注重本土化经营战略的实施。企业通过设计生产本土化的产品,打造本土品牌,建立当地营销网络,以达到扩大市场份额甚至在当地占据优势地位的目的。

小案例

沃尔玛百货有限公司是一家美国的世界性连锁企业,以营业额计算为全球最大的公司,其控股人为沃尔顿家族。总部位于美国阿肯色州的本顿维尔(Bentonville)。沃尔玛主要涉足零售业,是世界上雇员最多的企业,连续 7 年在美国《财富》杂志"世界 500 强"企业中居首位。沃尔玛有 8 500 家门店,分布于全球 15 个国家,主要有沃尔玛购物广场、山姆会员店、沃尔玛商店、沃尔玛社区店等四种营业方式。

1996 年,沃尔玛已经做好准备进军亚洲市场,并把发展方向锁定为中国市场,因为中国消费者的购买力相对较低,与沃尔玛廉价折扣零售商的身份相契合。考虑到中国在文化、语言和地理距离等方面的障碍,沃尔玛首先从日本开始进入亚洲市场。在成功进入东南亚市场后,沃尔玛通过与总部设在泰国的 C. P. Pokphand 集团组建合资公司,成功进入香港市场。

其后,沃尔玛在深圳连续开店 5 家,却连续 5 年没有向其他中国城市扩张,而是进行了长达 5 年的本地化建设。由于中国的政策环境和市场环境都不适宜大规模并购或扩张,利用这 5 年的时间沃尔玛培养了一支本土化的团队,积累了本土化的运营经验。2002 年,当采购规模已达到 130 亿美元,沃尔玛才迈开了异地开店的步伐。在其充足的本地化人力资源和全球采购资源的支持下,沃尔玛在中国任何一个城市保持长期不赢利的水平而最终占领市场,最后用并购和改造的手段把对手消灭。

(案例来源:《沃尔玛的本土化与全球化》,中国软件开发者网,2016 年 6 月 16 日,有删改)

2. 本土化提出的背景

(1)非关税壁垒的普遍存在

各国为抵御进口产品对民族工业的冲击,往往设置很多非关税壁垒,无论在产品的成分、包装、商标方面,还是销售渠道、促销方式方面都有严格的控制。企业实施本土化战略,可以赢得东道国政府和公众的好感与支持,树立企业的良好形象,提高竞争力。

小案例

2003 年 2 月,意大利弗德庞特皮革公司以中国最大的皮革出口商远东皮业集团香港子公司交易产品化学指标超标为由,将后者告上法庭,要求赔偿以前交易的所有损失,并利用意大利法律的特有规定通过法院扣押了后者应收的货款。根据通行的国际惯例,在货物到港后,买方要提出索赔最多不超过 28 天，否则视为接受，而弗德庞特公司已经超出索赔期限；同时按照国际惯例，在提出索赔时至少 80%以上的货物必须保存完好，但弗德庞特公司早已将这批货物销售一空。在有关政府部门和中国皮革工业协会的协助下，通过积极应诉，远东皮业集团成功地赢得首场官司的胜利，解除了法院的扣押，收回了货款。

（案例来源：宋玉华《直面非关税壁垒 扩大中国出口》，人民出版社，2004 年，第 151 页，有删改）

(2)收入水平的差距

一般来说，收入相近的消费者有相似的消费行为。世界各国的收入水平相差甚远，由此表现出的消费需求结构有很大不同。发达国家的消费者注重产品的特性而非价格，他们希望得到更多的额外功能，更加注重产品带来的附加价值；发展中国家的消费者更强调产品的基本功能与价格。企业必须正视这种差异，才能赢得更多消费者的认可。

(3)文化的差异

不同国家的消费者处于不同的文化背景中，在长期潜移默化的影响下，形成了不同消费偏好。不同的价值观、不同的消费偏好影响着人们的消费方式与消费行为。信仰宗教者通常禁食或禁用某些商品；崇洋思想严重的消费者则热衷于模仿外国生活方式，以消费舶来品为荣。面对这种文化差异造成的消费行为的差异，企业只能入乡随俗，迎合不同文化消费者的需求，否则会导致整个营销计划的流产。

(4)基础设施的差异

基础设施包括一国的通信系统、能源系统和交通运输系统。各国通信媒介的覆盖面、传递速度、可靠度存在很大差异，能源的生产、开发及供应设施，交通运输系统的构成、运输效率、运输服务等方面也相差甚远。因此，企业应充分考虑各国的基础设施建设状况，制订不同的营销方案。

三、标准化和本土化营销方案选择的影响因素

标准化营销侧重于追求成本优势，本土化营销则主要是从地域差别出发，两者各有自己的优缺点和适用条件。国际营销人员需根据企业自身特点和市场压力，在标准化和本土化之间找到平衡，做出合适的选择。

1. 根据企业特点选择营销方案

依照产品在价值链各环节的流转顺序，企业的价值活动可分为上游环节和下游环节两大类。原材料供应、产品开发、生产运行可被称为上游环节，成品储运、市场营销、售后服务可被称为下游环节。上游环节价值活动的中心是产品生产，与产品的技术特性密切相关。如果企业的竞争优势处于上游环节，则采用标准化营销战略，这样可以实现规模生产，降低成本。下游环节价值活动的中心是顾客，强有力的销售渠道、脍炙人口的广告语言往往具有明显的地方特征，很难简单照搬和移植。因此，如果企业的竞争优势处于价值链的下游环节，其营销策略一般具有鲜明的地区性色彩，宜采用本土化方案。

2. 根据市场压力做出理性选择

在市场竞争日益激烈的情况下，企业既要考虑降低成本，又要顾及地域差别，通过对两者的利弊权衡选取合适的方案。

(1)全球营销方案

把全球作为一个统一的市场，为之提供标准化产品和服务。该方案实施的前提是不同国家需求差异很小，企业面临地域差别的压力相应也较小，由于市场竞争激烈，降低成本的压力

增大，企业需通过标准化营销获得低成本优势。

（2）多国营销方案

该方案适用于企业面临地域差别的压力较大，而成本方面的压力较小的情况。此时企业要通过本土化营销致力于最大限度地顾及地域差别，以适应不同地区的不同情况。顾及地域差别势必导致成本增加、价格提高，因此该方案实施的前提是消费者对价格的敏感度较低。

（3）全球地方化营销方案

对核心因素标准化，而对其他因素地方化。当企业面临地域差别的压力和降低成本的压力都比较大时，应考虑选择该方案。很多高新技术产业如计算机、通信等都是这一营销方案的受益者。

第二节　全球营销的配置和协调

一、全球营销配置和协调的基本含义

全球营销配置和协调（Global Marketig Configuration-Coordination）即全球营销应根据在不同东道国培养出的地方性优势，挖掘要素成本差异，在全球范围内对价值链进行合理配置；同时，应注重协调各市场之间的活动，通过建立沟通和协调的机制，最大限度地化解地区市场活动之间的矛盾。合理的营销配置和协调能够使公司形成专业化优势，赢得全球市场的比较优势，降低成本。

全球营销配置和协调包含两个层面。一是在全球范围内，选择最具优势的国家或地区，对融资、研发、采购、物流、服务等各项价值链活动进行"集中化"配置。这意味着，实施全球战略的公司会根据不同国家或地区的优势，在一个或几个国家或地区安排价值链活动中的某一项或某几项。相对于将整个价值链活动都在各国市场上完整进行而言，这无疑可以为企业带来更低的成本和更高的效率。二是在集中配置的同时，注意各市场上价值链活动的协调和配合。

二、全球营销配置和协调的影响因素

1. 市场因素对配置和协调的影响

以研发活动为例，很多跨国公司倾向于将研发活动集中在有利的地区，比如设置在最靠近重要客户的地区，或者设置在行业内最领先的国家和地区，从而更好地取得规模经济效应，以及利用领先地区的优势研发资源和技术信息。

同样的，各国生产成本的差异为企业集中化的生产活动提供了基础。由于世界各国劳动成本相差悬殊，跨国公司会积极寻找适合集中生产的国家或地区。在这样的背景下，像中国这样的发展中国家逐步成为跨国公司的生产中心。

2. 竞争因素对配置和协调的影响

竞争也是驱动因素之一。竞争对手一旦优先进行全球营销配置和协调，就会获得更多的优势，从而在行业中保持领先地位，威胁到企业的生存与发展。例如，当竞争对手将工厂转移到生产成本低廉的国家，而企业还在为高昂的生产成本而头疼时，就该考虑如何优化营销配置，将目光投向那些成本低廉、政策优惠的国家了。

如果企业先于竞争对手进行全球营销的配置与协调，需要密切注意竞争对手的动向，适时采取反制措施。例如，如果竞争对手的研发机构入侵企业的关键研发市场，收购是一项既可获得技术又可加强研发的一举两得的措施。

3. 成本因素对配置和协调的影响

成本也是重要的驱动因素之一。特别是对于研发活动和生产活动而言，配置和协调能够有效地实现成本的合理化。将生产活动集中在一定数量的国家，比起在每个进入的国家都设置生产基地，更能有效地节约成本。

第三节　全球营销的市场细分

一、全球市场细分的概念

市场细分(Market Segmentation)是由美国营销学者温德尔·史密斯(Wendell R. Smith)教授于20世纪50年代中期首次提出的，指以消费需求的某些特征或变量为依据，将市场划分为具有不同需求的顾客群体的过程。消费需求的不同是市场细分的基础。

全球市场细分(Global Market Segmentation)可以视为市场细分概念的外延，是市场细分概念在全球营销中的应用。全球市场细分是指跨国公司将人口统计指标、心理、行为或其他非国界因素作为首要的细分变量对全球市场进行细分。全球市场细分的出发点是力求寻找不同国家顾客之间的共同点，而非不同点。进行全球市场细分的公司以满足细分市场内的全球顾客需求为目标。例如，饮料对所有国家的消费者来说都是为了满足同一种核心需求——解渴，这种需求的满足与消费者的国籍和文化背景没有直接的关系。

二、全球市场细分的意义

1. 有利于跨国公司进行全球资源协调和配置

全球市场细分有助于跨国公司在全球范围内比较和识别那些具有全球性的战略机会，并对全球主要市场进行战略性的资源协调和配置，以确保跨国公司长期战略性盈利。例如，按照经济发展阶段，把世界市场分为后工业化国家市场、工业化国家市场和正在工业化过程中的发展中国家的新兴市场。后工业化国家市场主要包括美国、日本、瑞典等富裕的国家，这类国家的物质基础设施和社会福利已经达到了相当高的水准，国民普遍追求高品质的生活；工业化国家市场主要有韩国、新加坡等国家，这类国家拥有了一定的物质技术基础，投资稳定增长，国民生活质量稳步提升；正在工业化过程中的发展中国家的新兴市场，比如中国、巴西等，这类国家国民经济快速增长，工业化进程加快，国民购买力迅速上升。

通过进行全球市场细分，跨国公司可以有效地分析主要的市场机会和成长潜力等，然后决定将自身战略性的资源更多地投入哪些主要市场，以实现全球范围内的资源协调和配置。

2. 有利于跨国公司准确地识别和衡量全球客户需求

在全球市场细分和全球市场选择的基础上，跨国公司能够识别出全球顾客的某些具有一致性的特征，并就每个细分市场的购买潜量、消费者满意度和市场竞争状况得出比较中肯的结论。例如，可口可乐、贝纳通、斯沃琪和索尼等众多跨国公司所关注的年龄在12～19岁的全球青少年群体就是一个非常典型的全球性子市场，无论是在规模上(约13亿人)还是在购买力方面都十分诱人。年轻的消费者对新奇事物有浓厚的兴趣和独特的追求，这些跨国公司能够将统一的营销方案施行于全球青少年子市场，并获得巨大的成功。

3. 有利于跨国公司建立基于全球顾客定位的营销战略

无论是在传统产业还是在高科技产业，跨国公司基于“全球顾客定位”的营销战略都取得了显著的战略业绩和财务绩效。

三、全球市场细分模式及步骤

1. 全球市场细分模式

全球市场细分模式可分为三种。第一,全球性市场细分模式。此模式强调找出不同国家消费者在需求上的共性,如人口统计指标、购买习惯和偏好等,而不重视国界或文化差异性。第二,国别性市场细分模式。此模式强调不同国家之间文化或品位上的差异性,市场细分主要以地理位置和国籍为基准。第三,混合型市场细分模式。此模式大体上是前两种模式的结合,某些国别市场规模很大,可个别化,一些较小的国别市场则可组合成一个共同的细分市场。

2. 全球市场细分步骤

全球市场细分是企业进行目标市场选择的基础。没有适用于所有企业的标准模板。那些通过市场细分获得大量市场份额从而取得成功的企业所采用的模式,是追随者不能随意效仿的。即使是获得成功的企业,其过去成功的妙诀,也不一定适应该企业今后的发展。任何模式都有一定的局限性、时效性。

一般而言,全球市场细分分为四个步骤,如图 6-1 所示。一是调查阶段,掌握消费者的需求;二是分析阶段,请专业研究人员对消费者及潜在消费者进行科学的分析;三是细分阶段,根据分析划出细分市场的子市场;四是验证阶段,对细分市场的子市场进行校验、实地验证。上述步骤需要定期反复进行,经过重新确定细分标准、重新细分市场等艰难的、漫长的研究分析。这是寻找企业细分市场的一般规律,也是唯一科学的方法。

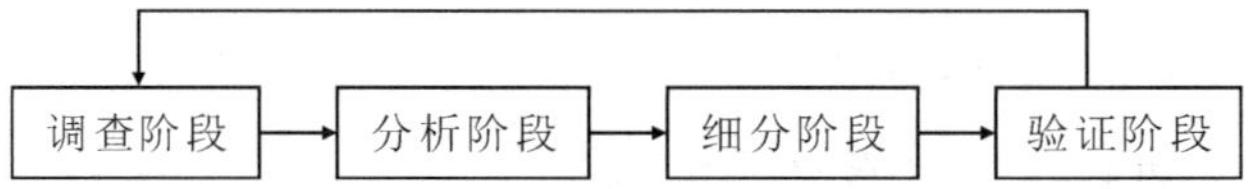

图 6-1　全球市场细分步骤

四、全球市场细分的方式

从理论上讲,所有市场都可以被细分,从而找到企业的目标顾客。尽管市场细分的变量繁多,许多不同的细分方法都曾十分流行,但全球市场细分主要有四种方式,即地理区域细分、人口统计细分、心理细分、行为细分,如图 6-2 所示。

地理区域细分要求把市场划分为不同的地理区域,如全国、省、市、县、乡镇等市场,许多中小企业在无力覆盖全国市场的情况下,可以将经营活动限制在某一区域性市场,根据不同区域消费者需求的特点,行之有效地为某一区域的顾客提供服务。

人口统计细分是将市场按人口统计指标如年龄、性别、家庭生命周期、收入、职业、受教育程度、是否信仰宗教等进行划分,缺点是人口统计指标有时对购买决策的影响并不大,因此人口统计细分并非最佳细分方法。

心理细分是根据消费者的社会阶层、生活方式和个性特点对市场进行细分。化妆品、啤酒和家具的生产厂商都在心理细分方面寻找商机。然而心理细分并非总是奏效,如雀巢公司向"熬夜的人"推销一种特制的除去咖啡因的咖啡品牌就遭遇了失败。

行为细分是根据消费者对产品的了解程度、态度、使用以及反应对市场进行细分。一些研究表明,行为细分是建立细分市场最行之有效的细分方法。地理区域细分、人口统计细分和心理细分这三种细分方法都建立在对构成细分市场人群的事后分析基础之上,不能用来对未来购买者行为进行有效的预测,而行为细分研究的未来购买行为才是营销人员所关注的焦点。

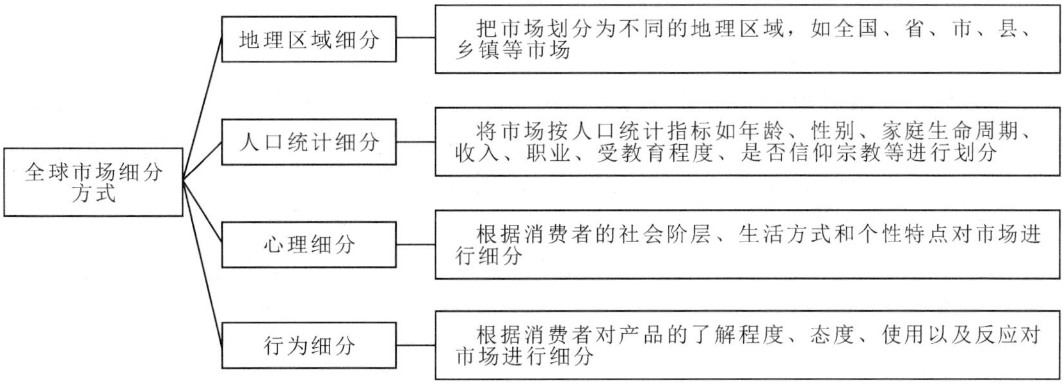

图 6-2　全球市场细分方式

第四节　全球营销的目标市场选择

经过市场细分之后，企业必须从众多不同的细分市场中选择自己的目标市场，以便集中全部市场营销能力，更有效地为目标市场服务，从而获得相应的经济回报。

目标市场选择是指企业在市场细分的基础上，根据市场潜量、竞争对手状况、企业自身特点，从众多不同的细分市场中选择某个或某几个细分市场作为目标市场的决策过程。一旦确定了目标市场，企业就要集中资源，围绕着目标市场发挥其相对优势，获取最佳的经济效益。因此，选择目标市场是企业制定市场营销战略的基础，是企业经营活动的基本出发点之一，对企业的生存和发展具有重要的现实意义。

一、目标市场选择的条件和策略

1. 目标市场选择的条件

一般而言，企业考虑进入的目标市场，应符合以下条件：

(1)有一定的规模及市场容量

如果市场规模不大或者趋于萎缩状态，企业进入后很难获得发展。当然，企业也不宜以市场潜力作为唯一取舍指标，应避免与竞争对手遵循同一思维逻辑，将规模最大、容量相对较大的市场作为目标市场。

(2)细分市场内在发展充满潜力

分析细分市场内在的发展潜力是十分重要的。如果某个细分市场已经有了众多的、强大的或者竞争意识强烈的竞争者，生产能力不断大幅提升，固定成本过高，退出市场的壁垒坚固，竞争者进入成本很高，这种细分市场就没有潜力可言。细分市场的潜力与企业进退的难易程度有密切的关系。根据行业利润空间分析，最有潜力的细分市场应是进入壁垒高、退出壁垒低的市场。

(3)符合企业自身的发展目标

企业应具有自身明确的长期发展目标，有时某些细分市场虽然有较大吸引力，但不能推动企业实现长期发展目标，甚至分散企业的精力，使之无法完成主要目标，这样的市场应考虑放弃。

2. 目标市场选择的策略

企业选择的目标市场不同，提供的商品和服务就不同，市场营销策略也不一样。一般来说,目标市场选择策略有三种:无差异性市场策略、差异性市场策略和密集性市场策略。

(1)无差异性市场策略

无差异性市场策略指企业用单一的营销策略开拓所有细分市场,用一种产品和一套营销方案来满足购买群体中绝大多数人的需求。这是一种求同存异的策略,采用此策略的企业只考虑消费者在需求上的共同点,而不关心他们在需求上的差异性。

(2)差异性市场策略

差异性市场策略指企业依据每个细分市场在需求上的差异性,分别有针对性地制订一套独立的营销方案。例如,各类服装生产企业针对不同性别、不同收入水平的消费者推出不同品牌、不同价格的产品,并采用不同的营销方案来宣传这些产品。

(3)密集性市场策略

密集性市场策略又称为集中性市场策略,指企业集中力量进入一个或少数几个细分市场,实行专业化生产和销售。其选择依据是,与其在总体上占劣势,不如在个别市场上居优势。如有的汽车厂只生产吉普车,有的服装厂只生产女装或童装等。

二、影响目标市场策略选择的因素

在营销实践中,企业选择目标市场策略主要需考虑以下因素:

1. 企业资源实力

企业资源实力主要指企业的人力、物力、财力和技术状况。如果企业资源条件好,经济实力和营销能力强,可以采用无差异性或差异性目标市场策略。如果企业资源有限,无力兼顾整个市场,则应该考虑选择密集性市场策略,以取得在个别市场上的优势地位。

2. 产品同质性

产品的特征不同,应分别采用不同的市场策略。对于大米、食盐、钢铁等产品,尽管因产地和生产企业的不同会有些品质差别,但消费者并不会严格区分和过多挑剔,这样的产品一般宜采用无差异性市场策略;对于服装、化妆品、汽车等产品,由于在型号、式样、规格等方面存在较大差别,产品选择性强,同质性较低,更适合采用差异性或密集性市场策略。

3. 市场同质性

当市场消费者需求比较接近,偏好及其特点大致相似,对市场营销策略的刺激反应大致相同,对营销方式的要求无多大差别时,企业可采用无差异性市场策略;当市场消费者需求的同质性较低,对同一商品在花色、品种、规格、价格、服务方式等方面有不同的要求时,则宜采用差异性市场策略或密集性市场策略。

4. 产品生命周期

产品处在生命周期的不同阶段,应采用不同的市场营销策略。产品处于投入期,同类产品不多,竞争不激烈,企业可采用无差异性市场策略。当产品进入成长期或成熟期,同类产品增多,竞争日益激烈,为取得竞争优势,企业可考虑采用差异性市场策略。当产品步入衰退期,为保持市场地位,延长产品生命周期,全力对付竞争者,可考虑采用密集性市场策略,或者采用差异性市场策略开辟新的细分市场。

5. 竞争者的市场策略

企业进行目标市场策略选择时,如果不考虑竞争者状况及其采取的策略,就难以生存与发展。一般来说,企业的目标市场策略应与竞争者的有所区别,反其道而行之。如果强大的竞争者实行的是无差异性市场策略,则企业应实行密集性市场策略或更深一层的差异性市场策略;如果企业面对的是较弱的竞争者,必要时可采取与之相同的目标市场策略,凭借实力将其击败。

第五节　全球营销的市场定位

一、全球营销市场定位的内涵

市场定位是20世纪70年代由美国营销学家艾·里斯和杰克特劳特提出的，指企业根据竞争者现有产品在市场上所处的位置，针对顾客对该类产品某些特征或属性的重视程度，为本企业产品塑造与众不同的鲜明形象，并将这种形象生动地传递给顾客，从而使该产品在市场上确定适当的位置。市场定位的实质是使本企业与其他企业严格区分开来，使顾客明显认识到这种差别，从而确立产品在顾客心目中的特殊地位。

市场定位可分为对现有产品的再定位和对潜在产品的预定位。对现有产品的再定位可能使产品的名称、价格和包装发生变化，目的是保证产品在潜在消费者的心目中留下值得购买的印象。对潜在产品的预定位，要求营销者必须从零开始，使产品特色确实符合所选择的目标市场。

二、全球营销市场定位的必要性

市场定位在营销中占有举足轻重的地位，它往往是产品营销的第一步。面对激烈的市场竞争，可以说，没有市场定位，就没有营销。市场定位在营销中的必要性主要体现在三个方面：

1. 市场需求的差异性要求企业必须有明确的定位

人们的消费越来越注重个性，从而使产品需求具有很大的差异性。企业由于受资源和资金的限制，不可能满足所有消费者的需求，必须确定为哪一部分人服务。如果企业的服务对象选择不当，那么企业的产品策略、定价策略、分销策略、促销策略等制定得再科学，也难以取得营销的成功。

2. 定位准确，企业才能在激烈的竞争中求生存

目前，大部分产品处于买方市场，供过于求，竞争激烈。要想使自己的产品脱颖而出，吸引顾客，企业就必须通过定位形成独一无二的竞争优势，只有这样才能击败竞争对手，不被市场所淘汰。

3. 准确的定位可使企业扬长避短

任何企业都有自己的优势和劣势，准确的市场定位有助于企业扬长避短、发挥优势，从而在竞争中取胜。如果没有明确的定位，在市场上盲目出击，极有可能导致营销失败。

三、全球营销市场定位的步骤

市场定位的关键是企业要设法在自己的产品上找出比竞争产品更具有竞争优势的特性。竞争优势一般有两种基本类型：一是价格竞争优势，即在同样的条件下比竞争者定出更低的价格。这就要求企业采取多种措施来降低单位成本。二是偏好竞争优势，即能提供具有特色的产品来满足消费者的特定偏好。这就要求企业采取多种措施在产品特色上下功夫。因此，企业市场定位的全过程可以划分为以下三大步骤：

1. 分析目标市场的现状，确认本企业潜在的竞争优势

这一步骤的中心任务是要回答以下三个问题：一是竞争对手的产品定位如何？二是目标市场上消费者需求满足程度如何以及企业还需要什么？三是针对竞争对手的产品定位和潜在消费者的需求企业应该及能够做什么？要回答这三个问题，企业市场营销人员必须深入扎实地开展调查研究工作，系统分析并报告研究成果。通过回答这三个问题，企业就可以确定自己

的潜在竞争优势。

2. 准确选择竞争优势，对目标市场初步定位

竞争优势表明企业能够胜过竞争对手的能力。这种能力既可以是现有的，又可以是潜在的。选择竞争优势实际上就是一个企业与竞争者各方面实力相比较的过程，进行比较的指标应构成一个完整的体系，只有这样才能准确地选择相对竞争优势。通常的方法是分析、比较企业与竞争者在经营管理、技术开发、采购、生产、市场营销、财务和产品等七个方面的差异，确定哪些是强项，哪些是弱项，选出最适合本企业的优势项目，以初步确定企业在目标市场上所处的位置。

3. 显示独特的竞争优势，对目标市场重新定位

这一步骤的主要任务是企业要通过一系列的宣传促销活动，将其独特的竞争优势准确传递给潜在消费者，并在消费者心目中留下深刻印象。为此，企业首先应使目标客户了解、熟悉、认同、偏爱本企业的市场定位，在消费者心目中树立与该定位相一致的形象。其次，企业通过各种努力强化目标客户形象，保持对目标客户的了解，稳定目标客户的态度，加深与目标客户的感情，以巩固与市场定位相一致的形象。最后，企业应注意目标客户对其市场定位理解出现的偏差或由于企业市场定位宣传上的失误而造成的混乱现象，及时纠正整改。

重新定位是指企业为已在某市场销售的产品重新树立某种形象，以改变消费者原有的认识，争取有利的市场地位的活动。企业的产品在市场上的定位即使很恰当，在下列情况下也应考虑重新定位：竞争者推出的新产品定位于本企业产品附近，侵占了本企业产品的部分市场，使本企业产品的市场占有率下降；消费者的需求或偏好发生了变化，使本企业产品的销售量骤减。重新定位对于企业适应市场环境、调整市场营销战略是必不可少的。重新定位可能导致产品的名称、价格、包装和品牌发生变化，也可能导致产品用途和功能上的调整，企业必须考虑重新定位的成本和收益问题。

四、全球营销市场定位的内容

市场定位的内容包括企业定位、产品定位、竞争定位和消费者定位。

1. 企业定位

企业定位是指企业通过其产品及品牌，基于消费者需求，将企业独特的文化和良好形象塑造于消费者心目中，并占据一定位置。企业定位的目的是从企业特色入手，树立良好的企业形象，巩固企业的优势地位，为企业在市场竞争中赢得优势。影响企业定位的因素有企业环境、企业领导、企业文化等。企业定位有以下几种方式：

(1)创新定位

创新定位是把企业的经营定位于向市场提供创新的产品或服务，是实力相对较强的企业使用的主动型定位方式。创新定位分为科技创新和应用创新。科技创新是指高科技企业向市场提供科技含量高的产品或服务。科技创新必须建立在市场需求的基础上，否则就成了无本之木。应用创新是指把最新的科技成果应用于企业的经营。这种应用既包括企业把技术应用于企业的经营手段，提高企业的经营效益(电子商务即属此类)，又包括企业应用技术向市场提供新的产品和服务(电子商务服务即属此类)，是非科技产业最积极的定位方式。

(2)机会定位

机会定位是指企业在市场调研的基础上，发现产品或服务的空白，主动填补市场空白的定位方式。这种定位方式风险较小，回报利润较大，信息和决策的时间性是机会定位成功的关键。

(3)接力定位

接力定位是指把企业的发展定位于承接先进企业转移的产品或服务领域。产业的接力传

播是科技创新应用普及的自然过程,创新定位的企业追求的是不断创新,保持竞争优势地位和获得高额利润,会不断把相对成熟产品或服务的技术转让给创新能力较弱的企业。随着一项产品或服务技术的多次转移,利润逐渐下降,所以应尽可能地定位于位置较前的接力,但这受到企业现有实力、对外交往程度和信息获取能力的制约。

(4)模仿定位

模仿定位是指仿效其他企业,提供相同或类似的产品或服务。这种定位方式的优点是不用进行深入细致的市场调研,简单易行。缺点是竞争者众多、利润微薄,如果盲目效仿,可能导致供求关系的逆转失衡,投资者血本无归。

(5)调整定位

调整定位是指企业并不对产品或服务类型进行重新选择,而是根据不断变化的经营环境和竞争者实力的相对变化,对经营策略做出相应的调整。

2. 产品定位

产品定位是企业对选择怎样的产品及产品组合以满足特定市场需求的决策,目的是将本企业的产品与其他产品区别开来。产品定位实质上是从产品差异的角度出发讨论定位问题。

一般情况下,产品可以从以下几个方面进行定位:

(1)产品价格定位

价格常常是最为敏感的因素,大多数消费者以价格为购买产品的依据。可把产品价格确定在某一范畴,如高价、中价、低价或固定价格等,通过价格给消费者留下深刻的印象,带动产品在消费者心目中占据较显著的位置。

(2)产品功能定位

产品功能定位是通过对产品功能的突出和强调,使消费者认识到购买本企业产品能得到比购买其他同类产品更多更好的消费体验,以此留下深刻印象,强化购买意向。企业可根据自身情况采用多功能定位、重点功能定位或单一功能定位,与竞争对手产生明显区别,以获得竞争优势。

(3)产品文化内涵定位

产品文化是产品所蕴含的无形价值,是产品内涵和意义的综合体现。一个具有文化价值的产品可以拥有更高的溢价和更大的传播优势,从而获得更强的竞争力。许多时候决定人们购买行为的不是产品本身,而是它所具有的文化内涵。如果企业在开发产品的同时,有意识地增加一些文化特色,并以此加强诉求,就能促使人们冲着某种特定的意义而竞相购买,产品占领市场的可能性会大增。

(4)产品使用定位

产品使用定位是通过强化产品使用方面的一些特征,如谁使用、什么时候使用、什么场合使用等,来加深消费者对产品的印象。如婴儿助长奶粉、老人高钙铁质奶粉等。旭日升饮品将旭日升冰茶、旭日升暖茶分别进行产品定位也是典型的例子。

(5)产品外形定位

对于技术成熟、性能稳定的产品,企业可以通过设计独特的外形,达到吸引消费者的目的,这时外形就成了定位的基本依据和手段。

(6)产品销售渠道定位

产品销售渠道定位是通过创建独特的销售方式,使产品在从生产者向消费者转移的过程中具有某种特色,方便购买的同时给消费者留下深刻的印象。例如,戴尔电脑网络直销、亚马逊网上书店等都因其另辟蹊径的渠道模式，在同业中有了与众不同的突出特点。

(7)产品品牌定位

消费者心目中的品牌形象是产品信息的综合反映，这些信息不但包括构成品牌的表层因素，如品名、商标、图案、色彩、符号等，而且包括深层因素，如产品信誉、性能、质量、价格、特色等。因此品牌定位是一种综合性定位，意在利用品牌去塑造独特的市场形象。

3. 竞争定位

竞争定位是指在目标市场中为产品找到一个与其他竞争产品相比明确、独特而又恰当的位置。竞争定位要求根据所选定目标市场上的竞争者产品所处的位置和企业自身条件塑造一定的市场形象，以求在目标客户心中形成一种特殊的偏爱。因此，竞争定位的实质是要想办法找出本企业产品与竞争者产品之间的差异，找到自己的生存与发展空间。在这个空间中，企业非常清楚自己将提供什么样的产品和服务，要满足客户哪些需求。竞争定位相对于其他定位方式来说，更为直接地瞄准竞争者，所要得到的结果是寻求在消费者心目中相对于竞争者的位置差异化或地位提升，以达到企业的市场定位总体目标。

竞争定位有三种主要方式：

(1)迎头定位

迎头定位是一种以强对强的定位方法，指企业选择靠近市场现有强者企业产品或与其重合的位置，与强者企业采用大体相同的营销策略，与其争夺同一目标市场。

(2)避强定位

避强定位是一种避开强有力竞争对手的定位方法。企业不与竞争对手直接对抗，而是致力于开发目前市场上尚不存在的特色产品，积极开拓新的市场领域。

(3)赶超定位

赶超定位是一种通过打破市场原有的竞争地位排序，使“后进”品牌迅速成为行业领导品牌的定位新方式。

4. 消费者定位

消费者定位是指对产品潜在的消费群体进行定位，可以从年龄、性别、消费层次、职业等方面划分。消费者定位的关键在于依据消费者的心理与购买动机，发现其不同的需求并不断给予满足。影响消费者心理需求与购买动机的因素有以下几种：

(1)消费者的价值心理

艾尔·强森认为，消费者之所以喜欢某种产品，是由于他相信这种产品会给自己带来比同类产品更大的价值，即具有更大的潜在价值。潜在价值取决于产品的潜在质量。潜在质量不是指质量监管部门检测出的质量，而是指消费者心中感知的质量，是消费者客观上对产品的评价。可口可乐的发展之所以领先百事可乐一个多世纪，就是由于它标榜“正宗”“原创”“无独有偶”而使消费者相信它具有无可替代的价值。潜在价值具有共同性、独立性、可信性和重要性，如名人效应一样，能够深深根植于消费者的心目中。

(2)消费者的标准心理

标准是指人们共同恪守的全部道德行为规则的总和。在生活中，标准包括义务、礼貌、友谊、体谅等多种要素，起着重要的作用。在许多情况下，标准能够成为诱发消费行为的动机。据营销专家的长期调查与研讨，消费者喜欢某种品牌常常是为了防止或消弭一种与其标准和价值相矛盾的内心抵触。消费者在做出是否购买某一产品的决定时，标准是一个重要的影响要素。20世纪80年代初，全球掀起一股环保热，贴有“青蛙”标志的产品在德国的销售额突飞猛进，正是由于它与全球性环保认识相吻合，从而让消费者具有了与之所信奉的标准相顺应、相谐和的良好感觉。

（3）消费者的习惯心理

习惯是长期养成而一时难以改变的行为。不同的人、不同的民族有各自不同的习惯，甚至比价值心理对人的决定作用还要大。消费者通常有特定的消费习惯，这是消费者在日常生活中长期积累形成的。例如，当消费者最初使用某产品后觉得很好，构成了对该产品质量、成效的认识，逐步产生了对这个品牌的偏好，树立了对该品牌的信任，一般情况下不会改用其他产品，而成为该品牌的忠实顾客。由于习惯潜移默化的影响，人们会形成固定的生活方式。这种生活方式随着时间慢慢沉淀，成为一种文化风俗，达到一定厚度便是一种文化底蕴。营销人员可以充分利用消费者的习惯心理来达到销售目的。

（4）消费者的身份心理

每个人都有一定的身份。人们在不知不觉中显露着自己的身份，特别是那些有了一定声誉、权力和地位的人，更是无时无刻不注重自己的身份、显现自己的身份，尽可能地使言谈举止、社交活动与自己的身份相符。最能显现人的身份的是衣食住行，于是营销人员可以抓住人们的这一心理，让品牌成为消费者表达自我身份的有效武器。对企业来说，开发比竞争对手更胜一筹的、可以显露消费者身份的产品，也就成了一个重要课题。

（5）消费者的情感心理

情感是人对外界刺激的心理反应，如喜欢、倾慕、悲伤、恐惧、愤恨、厌恶等。消费者喜欢或者厌恶某种产品，都是消费者情感的自然流露。营销人员常常不遗余力地通过广告、公关等各种方式，发掘品牌生长的潜力，触动消费者的情感，以提升品牌价值。随着市场经济的不断发展和完善，消费者逐渐趋于成熟和理性，市场呈现出“买方市场”的特征，这就使得营销工作遇到更加严峻的挑战。营销人员要取得成功，关键在于“需求”和“心理”两个方面，既满足消费者的真正需求，又把握消费者的消费心理。

本章小结

1.“标准化”和“本土化”的争论一直是跨国公司营销领域的焦点问题。就营销要素的标准化潜力及实施而言，全球产品、品牌、定价和促销在不同程度上都具有实施标准化的潜力和现实可操作性，其中全球产品和品牌的标准化程度更高。无论是何种营销要素，在实施全球标准化时，都必须注意适度地满足地方性的需要，从而能够灵活地实现对标准化利益的获取。

2.全球营销配置和协调的内涵在于价值链活动的“集中”和“协调”，强调根据不同国家或地区的优势，在一个或者几个国家集中安排某项价值链活动，同时协调各市场上的价值链活动。

3.跨国公司开展全球业务，必须对全球市场环境进行深入分析，通过全球市场细分发现全球市场消费者在需求特征和购买行为方面的异同，从中选择合适的消费者群体作为全球目标市场。全球市场细分模式可分为全球性市场细分模式、国别性市场细分模式、混合型市场细分模式三种。一般而言，跨国公司可以运用地理区域、人口统计、心理、行为等变量进行跨国市场细分。

4.在全球市场细分的基础上，跨国公司应综合市场规模和潜力、竞争状况以及进入市场的可行性等因素，对各细分市场进行评估和选择，确定恰当的目标市场。

5.跨国公司从全球企业定位、全球产品定位、全球竞争定位和全球消费者定位四个层面来采取全球定位战略，从而获得全球竞争优势。

中英文关键词

标准化(Standardization)
本土化(Localization)
全球营销配置和协调(Global Marketing Configuration-Coordination)
全球市场细分(Global Market Segmentation)
全球目标市场选择(Global Target Market Selection)
全球市场定位(Global Market Positioning)

复习思考题

1. 全球营销标准化战略可以为跨国公司带来哪些利益？试举例说明。
2. "全球本土化"如何操作？试结合具体案例阐述。
3. 试述全球市场细分的概念和方式，并举例说明。
4. 试比较全球性市场细分模式与国别性市场细分模式。
5. 如何评估和选择全球目标市场？试比较无差异性市场策略、差异性市场策略和密集性市场策略。
6. 试述全球市场定位的概念。

章末案例

格力电器国际目标市场选择

一、格力电器的发展历程

1991—1993年，海利空调厂和冠雄塑胶厂合并组成的格力电器开发了一系列适销对路的产品，初步树立格力品牌形象；1994—1996年，公司开始以抓质量为中心，提出了"出精品、创名牌、上规模、创世界一流水平"的质量方针；1997—2001年，公司狠抓市场开拓，董明珠总裁独创了"区域性销售公司"模式，成为公司制胜的"法宝"；1998年，公司三期工程建设完毕；2001年，重庆公司投入建设，巴西生产基地投入生产，格力的生产能力不断提升，形成规模效益；2005年，公司家用空调销量突破1 000万台，达到世界第一的目标。

2006年，公司提出"打造精品企业、制造精品产品、创立精品品牌"战略，获国家质检总局授予的"中国世界名牌"荣誉称号。2010年，公司向全球发布三项核心技术，即赫兹低频控制技术、超高效定速压缩机技术、高效离心式冷水机组技术，填补了国际制冷行业空白，为推动"中国制造"向"中国创造"转变做出重大贡献。

目前，公司已成为全球最大的专业空调生产企业，产品远销欧洲、亚洲、非洲、南美洲及北美洲的150多个国家和地区，格力成为当之无愧的世界名牌。

二、把握市场机会

从国内市场来看，1991年格力电器主要是抓住了空调供不应求的市场机遇，迅速占领了国内市场，并利用企业的技术巩固市场占有率，提高格力品牌影响力。从国际市场来看，格力电器主要是利用质量好、制造成本低的竞争优势走向国际市场，得到国际知名品牌的代工订单，同时出口到家电产品强国——日本，开始打入国际主流市场。通过研究开发和产品创新创造机会，通过建立生产基地、优化管理不断拓展国际市场，在巴西各大超市设立专柜进行销售，在巴西、巴基斯坦、越南等国建立海外生产基地，提高格力电器生产量。

总体来说，格力电器对于国际市场机会的把握主要是利用其产品特色吸引消费者，打开国际市场；通过研究开发和产品创新创造机会，提高格力电器的产品质量，进一步拓展国际市场，提升品牌影响力。

三、选择国际目标市场

对于国际目标市场的选择，主要有以下标准：企业现有产品或未来开发产品能适应的市场；有条件进入的容量大的市场；能充分发挥企业优势的市场；对其他市场有重大影响的市场；企业已享有较高声誉的市场；等等。格力电器在选择国际目标市场时充分考虑了这些标准。格力电器首先选择了对其他市场有重大影响的市场，在 1993 年利用质量好、制造成本低的竞争优势，获得了松下、大金等众多国际知名品牌的代工订单，出口家电产品强国——日本，开始打入国际主流市场，并因其在日本市场具有质量和成本上的竞争优势，迅速拓展了国际市场。1994 年年底，格力电器拿到国内第一张欧盟 CE 认证证书，从此打开了通往欧洲市场的大门，这一方面是考虑到格力电器有条件也有能力进入欧洲这个容量相对较大的国际市场，另一方面是由于格力电器的技术保证了其现有产品和未来开发产品能够适应欧洲这个产品质量要求较高的市场，且能够达到较高的市场占有份额。日本和欧洲国际市场的打入，对其他市场具有较强的影响力，推动了格力电器的国际化进程。

四、选择国际目标市场战略

我国企业选择国际目标市场的战略主要有两种——先易后难和先难后易，这是从国家经济地位的角度来说的。“先易后难”是指企业先进入同本国经济水平相差不大或者较为落后的国家市场，以较强的竞争优势战胜当地竞争者，占据一定的市场，然后凭借在此过程中积累的国际化经验进入发达国家市场，实现国际市场的拓展，如 TCL 先选择越南作为国际目标市场。“先难后易”则与之相反，是指企业率先进入具有挑战性的发达国家市场，取得一定成功后转战发展中国家市场，如海尔集团首先选择美国和欧洲作为目标市场。就格力电器来说，它选择的是“先难后易”的国际目标市场战略。首先，格力电器利用质量和成本的优势进军有松下、大金等国际知名品牌的家电产品强国——日本，打入国际主流市场。其次，依托欧盟 CE 认证证书迅速深入欧洲市场。最后，通过在巴西各大超市进行专柜销售打入巴西市场，通过在巴西、巴基斯坦、越南等国家建立海外生产基地，提高格力电器生产量，迅速打入发展中国家的市场，提高其市场占有率。格力电器选择发达国家作为率先深入的市场，有产品作为较奢侈品的本身因素，但从根本来看，还是采用了“先难后易”的国际目标市场选择战略。

（案例来源：谢春芳、蒙琳《格力国际化经营的经验与启示》，载于《商场现代化》2008 年第 36 期，有删改）

讨论题：

1. 格力公司在国际化进程中采用了哪些战略？这些战略对于公司经营取得成功影响如何？

2. 在全球化过程中格力公司面临哪些挑战，与其他公司面临的挑战有何不同？

3. 从格力公司成功实现国际化经营的案例中可以总结哪些经验？

第七章　全球营销的市场进入与竞争战略

学习目标

1. 明确全球市场进入决策与进入模式。
2. 把握企业进入全球市场各个模式的优缺点。
3. 理解全球营销的竞争战略。

开篇案例

吉利收购沃尔沃

2010年8月2日，吉利控股集团有限公司在伦敦宣布，已经完成对美国福特汽车公司旗下沃尔沃轿车公司的100%股权收购。同时，吉利还宣布任命前大众汽车美国市场首席执行官斯蒂芬·雅克布出任沃尔沃新任首席执行官。至此，备受瞩目的“吉沃恋”终于正式“完婚”，吉利以13亿美元现金加2亿美元的票据获得了沃尔沃公司的全部股权，这宗并购案成为中国汽车业迄今为止最大的海外并购案。

吉利集团董事长李书福在《人民日报》经济版发表文章，就吉利收购沃尔沃的背景以及必要性等进行了阐述。李书福说：“吉利为什么要收购沃尔沃？全球化背景下的中国企业必须明白自身在世界上的实际形象、地位和竞争力。目前中国汽车制造业面临的一些难题，我认为在20年内都难以解决，比如汽车品牌问题。中国汽车的品牌跟20年前服装、鞋帽的品牌差不多，现在质量做好了，但这个品牌人家还是不认同，就像一夜之间可以变为富翁但成不了贵族，公众对品牌的认可也是这个道理。”

李书福认为解决品牌问题有两条途径：一是用二三十年的时间一点一点地积累，二是购买在国际上已经被认可的品牌。

吉利收购沃尔沃，得到了什么呢？李书福认为：“其一是100%的股权。其二是商标权、知识产权、所有权，10 963项专利，十几个可持续发展的产品系列以及产品平台，两个完整的有50万辆产能的生产企业，还有发动机公司、三个汽车零部件公司。其三是3 800多个研发工程师，整个人才体系以及创新能力体系，以及分布在100多个国家的2 325个网点，其中包括社会服务机构和4S店。”

（资料来源：《吉利收购沃尔沃案例分析》，载于搜狐网，2018年7月18日，有删改）

第一节　全球市场进入决策与进入模式

一、进入决策

计划进入全球市场的企业必须做出三个决定：进入哪些国家的市场、什么时候进入市场以及以什么样的规模进入市场。

1. 进入哪些国家的市场

世界上有200多个国家和地区，它们对计划开展全球营销的企业来说并不具有相同的利润潜力。所以要进入全球市场的企业需要对国外市场的长期利润进行评估，根据评估结果决定进入哪些国家和地区，区位选择是国际市场进入战略研究的热点问题之一，东道国市场环境会直接影响到企业国际化战略的制定与实施。

从企业内部因素来看，企业的规模和所在的产业，企业所属的性质，企业国际化的知识储备、经验及其文化相似性，企业对新市场的盈利能力和抗风险能力，企业管理团队受教育程度和结构，企业供应链协同水平，企业承担的社会责任，企业对新市场的研究能力和时间要求等都影响着企业的国际市场区位选择决策。

综合考虑这些因素，企业可以在吸引力及长期利润方面给目标国划分等级，然后选择进入等级较高的市场。例如，英国工程机械制造商JCB公司，进入印度和中国的新兴市场是明智之举，因为这些市场缺乏强有力的本土竞争者且市场的增长趋势强劲，同时JCB公司的全球竞争对手跃跃欲试，也想要进入这些市场。

2. 进入的时机

确定了进入哪些国际市场之后，最重要的就是考虑进入时机(Entry Opportunity)。当一个国际企业在其他国际企业之前进入外国市场，通常能够获得有利条件，即一般所称的先行者优势：一是能够通过建立强大的品牌体系打败竞争对手并控制需求；二是能够在所在国建立销售渠道，有更多的成本优势；三是能够创造出将消费者与其产品或服务密切相连的转换成本。在其他国际企业之前进入外国市场也有相对劣势，通常被称作先行者劣势：一是先行进入市场可能要承担开拓成本(Pioneering Cost)，即先进入者必须承担，而后来者可以避免的成本，如经营体系不相适应、推销成本和确立产品定位产生的成本等。二是如果法规的改变使早期进入者投资的价值降低，那么相对于后来者，先进入者可能处于严重的劣势。在许多发展中国家存在很大的风险，即管理经营活动的法规还在制定中。在这样的情况下，如果后期法规的改变使先前在该国的最佳经营模式的假定变得无效，那么早进入者会发现自己处于不利的境地。

3. 进入的规模

计划进入全球市场的企业还需要考虑进入的规模。规模有大小之分，大规模进入一个市场需要投入大量资源，意味着快速进入。大规模进入决策往往改变竞争状况并激发系列变化，其中有些变化是有利的，而另一些是不利的。因此，企业要全盘考虑大规模进入市场的含义并采取相应的行动，尤其重要的是要尽量弄清实际情况和潜在竞争对手的反应。此外，大规模进入者比小规模进入者更有可能抓住与需求优先、规模经济和转换成本相联系的先行者优势。

与大规模进入市场相比较，小规模进入有其好处。小规模进入可以使企业了解外国市场，同时又能将该市场的风险限制在一定范围之内。在决定是否大规模进入以及如何进入之前，小规模进入是一种收集更多市场信息的方式。通过给企业时间来收集信息，小规模进入降低了与大规模进入相关的风险。但由于小规模进入很难扩大市场份额，在可能限制了潜在损失的同时，也可能错失抓住先行者优势的良机。

二、进入模式

国际市场进入模式一般有出口、许可、生产性投资和战略联盟等几种。

1. 出口模式

出口属于企业进行全球营销的初级阶段，特别是在国际化早期，出口十分普遍，以这种模式进入全球市场具有试探性，较为灵活，风险较低。同时，作为一种初级方式，出口无法对外国市场的经营权有更深层次的参与和控制。出口主要有间接出口和直接出口两种方式。

(1)间接出口

间接出口(Indirect Exporting)是指公司利用母国的中间商或委托母国的代理机构，将产品间接地销往国外市场，公司本身并不直接负责出口营销活动。这种出口方式通常被跨国公司用来"投石问路"。对中小型跨国公司来说，一旦公司积累了更加充足的资源并且发现市场对产品的需求升温时，就应该考虑更有效的进入模式，如直接出口等；对大型跨国公司来说，可以采用多种进入模式。

间接出口的优点：①跨国公司可以充分利用国内其他组织机构在国外的分销渠道和经验，迅速将产品销往国外市场；②在一定程度上减轻出口贸易资金方面的负担，不必承担外汇风险以及各种信贷风险；③不必增设专门机构和人员来负责诸如单证、运输、保险之类的出口业务，成本较低，风险较小；④具有很大的灵活性，合作协议有一定期限，期满后公司可根据实际情况选择其他方式进入海外市场。

间接出口也有很多局限性：①公司无法控制自己的产品或服务在全球市场的销售情况，产品有可能通过不正当的途径销售，可能造成负面影响，如给客户提供的服务较差、促销力度不够、定价不合理等，这些都会影响公司及其产品在全球市场上的形象和声誉。②由于采用的是间接的方式，公司不可能获得在海外市场经营的经验，无法迅速有效地掌握全球市场信息，会丧失很多商业机会，不利于公司增强跨国经营的竞争实力。

间接出口的具体管理形式有出口管理公司、全球贸易公司、合作出口。

①出口管理公司

这是一种专门为生产商提供出口贸易服务的公司，主要以代理形式进行，即出口管理公司以生产商的名义从事产品外销，然后向生产商收取一定比例的佣金。出口管理公司在从事全球贸易方面具有很多优势，如拥有大量精通国际商务、外语和法律的复合型人才，在国外市场拥有良好的客户关系网络，有一定的资金实力等。

②全球贸易公司

与出口管理公司相比，这类贸易公司并不是专门针对某些生产商服务的，而是专门从事全球贸易活动的公司。

③合作出口

合作出口(Cooperative Exporting)又称为驮带式出口(Piggyback Exporting)或互补出口(Complementary Exporting)，是指公司通过使用其他公司(当地公司或国外公司)的海外分销网络把自己的产品销售到海外市场。在合作出口中，两个公司的关系可以是买卖关系，也可以是代理、委托关系。例如，美国的口香糖生产企业箭牌公司通过与本地的一家糖果生产公司帕利(Parry)建立驮带出口关系，得以直接进入帕利公司在印度的庞大分销网络，接触到当地25万个零售商。

(2)直接出口

直接出口(Direct Exporting)是指跨国公司把产品直接卖给国外的进口商或最终用户，而不是通过国内或国外的中间机构进行销售。直接出口与间接出口的区别在于，出口方要全面完成出口任务，包括进行市场调研、建立海外联系、获得出口许可、处理单据、安排运输、制定营销战略等。直接出口还包含邮购和电子商务等直接销售方式。电子商务是随着技术发展而诞生的一种新的国外市场扩张方式，尤其受到小型跨国公司及刚从事国外业务公司的青睐。例如，戴尔计算机的网上营销渠道，客户通过信用卡支付，公司通过联邦快递等快递公司送货，处理结关和在东道国配送等事务。

与间接出口相比，直接出口具有以下优点：①公司独立完成市场调研、市场选择、运输、保险、单证、定价、促销等出口管理工作，因此对海外营销的控制力加强；②公司能够独立创建在国外市场上的经营网络，直接接触客户，直接掌握客户需求和竞争信息，作为制定营销战略的参考。

直接出口的局限在于：①资金成本增加；②需要大量精通国际商务、英语、对外贸易和法律的人才，人力资源成本增加，可获性的难度提高；③在目标市场选择、渠道建设等方面很难进行控制，需要采用更高级的进入模式。

2. 许可模式

许可(Licensing)模式是跨国企业进入全球市场较为灵活的方式，指企业通过与目标国家的法人签订合同来转让技术、服务等无形产品而进入国际市场。

许可模式的优点：①节省国外市场开发的费用。企业在市场上已有一定的影响力，节省宣传成本；使用已有销售渠道，节省渠道开发设计成本，价格降低，竞争力提高。②降低或避免国际营销的各种风险，特别是投资风险和政治风险。例如，许可方的资金没有进入国际市场，减少了被许可方所在国的外汇管制风险；纯粹的技术使用权许可，不存在独资或合资的企业被东道国没收征用的政治风险；由被许可方利用技术进行产销活动，将市场竞争与汇率变动等风险转移到被许可方身上。

许可模式的缺点：①许可方的纯利润收益受到制约。双方签订许可合同后，被许可方支付一定的费用给许可方，相较于许可方直接销售，收入或有所下降。②可能培养了自己的竞争对手。技术转让协议的输入方有可能成为输出企业未来的劲敌。特别是在转让协议期满以后，潜在威胁就会转化为现实威胁。③被许可方要求具备一定的条件。被许可方须具有一定的资产、技术或者人脉关系等，对许可方有利，才会有机会成为被许可方。④寻找、监督和激励被许可方较困难。被许可方要求高、分布广，许可方难以进行管理。

(1)许可证贸易

许可证贸易采用合同形式，一个公司(许可方)向另一个公司(被许可方)提供可使用的资产，并收取使用费、许可费或采取其他形式的补偿。被许可方采用经许可方授予的某项新技术、专利权或商标从事有关产品的生产，在指定地区内进行该产品的营销，并按该产品销售额的一定比例向许可方支付许可费。

许可证贸易有以下几种具体类型：

①普通许可。许可方和被许可方在合同规定的区域、时间内有权使用许可证的标的产销相关产品，也可以把许可证的标的再转让给第三者。

②排他许可。许可方和被许可方在合同规定的区域、时间内有权使用许可证的标的产销相关产品，但不能把许可证的标的再转让给第三者。

③独占许可。被许可方在合同规定的区域、时间内独占使用许可证的标的产销相关产品，许可方在同时同地无权使用许可证的标的产销产品，双方都不能把许可证的标的再转让给第三者。

④从属许可。许可方和被许可方在合同规定的区域、时间内有权使用许可证的标的产销相关产品，被许可方有权把许可证的标的转让给相关的第三者，即己方的从属企业。

⑤交叉许可。许可证的双方互为许可方与被许可方，在平等互利的基础上，均可取得对方

的技术使用权。

(2)特许经营

特许经营是指通过签订特许合同,企业(特许方)将其工业产权(专利、专有技术、商号、商标)的使用权及其经营管理的方法,同时转让给另一企业(被特许方),被特许方按特许方的经营政策、风格从事经营活动,并向特许方支付相应的费用。

特许经营的优点:采用标准化的经营方式,可最大限度地扩大特许方商号、商标的影响力;可以将激烈的竞争关系转化为利益分享的伙伴关系;成熟的经营政策、风格已被消费者接受,风险相对较小。

特许经营的缺点:特许的内容一定要有较大的吸引力,标准化的经营方式易引起消费者疲劳,不利于扩大销量;对特许方的控制难度大。

3. 生产性投资模式

生产性投资(Productive Investment)是指企业通过投资在目标国家生产产品,在国际市场销售产品,从而达到进入国际目标市场的目的。

生产性投资的优点:易于取得低成本的原材料或较为短缺、特殊的资源;生产性企业直接在外国建厂进行生产销售,可以突破关税壁垒;为当地增加更多的就业机会,易得到东道国的支持与鼓励,带动本国相关产品的出口;利于企业对产品及销售进行控制。

生产性投资的缺点:面临较高的政治、金融、价格等方面的风险,企业难以及时掌握其他国家政治、经济等环境的变动,且与国内不同的宏观环境使得企业难以更好地控制其在国外的经营;决策所需的信息量大,市场调研费用高;启动成本高,回收投资的时间较长,开发国际市场周期长。

(1)合资

合资(Joint Venture)指两个或两个以上企业联合组建一个独立的法人实体。

合资的优点:以已成熟的企业运营模式为基础,合资减少了投资的风险;可借助东道国合资人的力量开拓市场。

合资的缺点:合资各方建立平等互利的关系,合资公司的经营管理权分散在各方,不利于对合资企业进行有效控制。

(2)独资

独资(Sole Proprietorship)是指企业在东道国通过收购兼并或新建的方式拥有一个自主经营、自担风险、自负盈亏的企业。

①收购

收购即通过购买东道国的现有企业的股权,从而接管企业。

通过收购投资者能以最快的速度进入目标市场,特别是对制造业而言,这一优势更为明显。企业可以节省建厂时间,迅速获得现成的管理人员、技术人员和生产设备,迅速建立国外产销据点,抓住市场机会;减少投资成本,廉价购买资产;得到公开市场上不易获取的经营资源。收购的优点主要表现在三个方面:其一,收购发达国家的企业,可获得该企业的先进技术和专利权,提高公司的技术水平。收购发展中国家的企业,可获得适应当地市场状况的中间性技术和适用性技术。如中国首都钢铁集团有限公司于20世纪80年代收购了美国麦塔斯工程咨询公司,购入时,该公司拥有的未过期专利达40多项。其二,无须重新制定一套适合当地情况的经营管理制度,直接利用现有的管理组织、管理制度和管理人员,可以避免对当地情况缺乏了解而引起的各种问题。其三,可以利用被收购企业在当地市场的分销渠道以及被收购企业同当地客户多年往来所建立的信用关系，迅速占领市场，还可以把公司其他子公司的产品引入该市场。

收购的缺点是价值评估困难。这是企业在收购过程中面临的最复杂的难题。主要原因有三个：其一，不同的国家有不同的会计准则。有些目标企业为了逃税漏税而伪造财务报表，有时财务报表存在这样或那样的问题，这些因素都增加了收购时价值评估的难度。其二，国外市场的信息难于搜集，可靠性也差，因此对收购后该企业在当地销售潜力和远期利润的估计较为困难。其三，对企业无形资产如商誉等的价值评估也比较困难。

②新建

建立新的工厂或对其他实际资产进行投资，特点是周期长、收效慢，且新建或投资之前，需要进行市场调查等一系列前期准备工作，进入市场慢；新的经营模式构建后，效果如何，如何改进维护都不能预知，经营风险大；业务开展困难。

4. 战略联盟模式

战略联盟(Strategic Alliance)指企业为了获得全球市场上的竞争优势而与其他企业、组织建立长期合作关系。

战略联盟的优点：①提升企业核心竞争力。企业之间的战略联盟一方面可以帮助企业实现技术的传递，加快研究与开发的进程，获取新的知识，另一方面能够帮助企业更好地深入地方文化，了解当地消费者的偏好，有利于缓解文化冲突并提供所需的产品。②共同承担风险和成本。研发是一个漫长而耗资巨大的过程，因此企业承担着不小的风险，而战略联盟可以帮助企业加快信息传递的速度，获取新技术，及时规避风险。③提高管理效率。企业如果想顺利进入国外市场，除了需要考虑进入壁垒等难题，更为重要的是需要解决由于企业规模扩大、管理层次增加而产生的低效率问题，而战略联盟能够有效地抑制组织膨胀，提升企业组织管理的效率。④协作具有互补性。任何一个企业都有比较优势和比较劣势，企业只有在发展中保持竞争优势并且克服比较劣势才能在市场的优胜劣汰中生存下来。战略联盟是建立学习型组织的一个良好机会，双方可以在合作中弥补自身发展的不足，不断完善生产、营销、管理体系。战略联盟的缺点是为竞争对手提供了降低成本的路径。

战略联盟主要有分销联盟、生产联盟、研发联盟、合资联盟四种形式。

第二节　全球营销的竞争战略

哈佛商学院教授迈克尔·波特在其专著《竞争战略》一书中，提出了三种基本企业竞争战略：低成本战略、差异化战略和专一化战略。这三种竞争战略至今仍是普遍适用的。为了充分体现全球化竞争中的新特点，我们试图从另一角度对全球公司通常采用的竞争战略进行归纳，总结几种具有典型意义的全球竞争战略，并将其分为内部战略与外部战略两类。之所以称为全球竞争新战略，是因为这些战略要么是经济全球化之后出现的新现象，要么具有了新的内涵。当然，全球公司并非只能采用一种战略，而是可以同时选用若干种。

一、内部全球竞争新战略

内部全球竞争新战略立足于维持、放大、移植公司内部的核心能力，以赢得全球竞争优势。内部全球竞争新战略的选择在很大程度上取决于公司所在行业的战略焦点。

第一，高新技术领先战略。在某些行业中，全球公司可以通过获得某种技术创新方面的优势占据市场领先地位。许多国家的政府认为掌握先进技术能够影响国家未来命运，所以这样的全球公司在与外国政府的讨价还价中处于有利地位。在尚未成熟的高新技术产业中，高新技术领先战略得以普遍应用。这些产业中的公司为赢得行业领先地位，必须不断地进行创新、开发，以满足甚至引导顾客的需求。实施这种战略必须具备两个基本条件：一是公司必须能够支付庞大的研究开发费用；二是研制出来的产品必须能满足某种普遍需求，即拥有足够大的市场，只有销售额足够高，才能在补偿巨额研究开发成本之后尚有丰厚的利润。在技术已经趋于成熟的产业中，也可以实施高新技术领先战略。如在汽车行业中，如果哪家公司率先利用高新技术研制成功速度足够快的电动汽车，则势必会主导一场世界汽车革命。

一般来说，奉行高新技术领先战略的全球公司的主要竞争对手也是全球公司，而非当地公司，因为进入这些行业要受到高额投资与技术壁垒的限制。当然也有例外，某些国家政府可通过限制市场开放或重点扶持政策来扶植本国高新技术产业的发展。

当奉行高新技术领先战略的全球公司在海外设立生产子公司时，为防止技术泄露，通常要求对子公司拥有完全的控制权，即要求掌握100%的股份。如国际商业机器公司（International Business Machines，以下简称IBM）在进入墨西哥时，就坚持要求占有100%的股份，而当时墨西哥法律规定不允许外国独资子公司存在。最后，经过艰苦的谈判，IBM终于如愿以偿，但代价是90%的产品必须出口。

第二，全球质量领先战略。在一些技术已经成熟的行业中，各公司产品在设计上不会有太大的差异。这时公司可以在某种核心产品上，通过使用一些专有技术来获取高于竞争对手的质量水平，并将其移植到世界各地的子公司或分支机构中。这样，公司的产品得到全球顾客的认可，公司就拥有良好声誉及驰名品牌。这对于全球公司来说，是可观的无形资产，也是能长久保持的竞争优势。奉行这一战略的关键是必须在全球采购、生产、销售各环节中严格确保达到统一的质量标准，实现全球范围的标准化。

但是，同高新技术产业中的全球公司相比，技术成熟产业中的全球公司在与外国政府的谈判中讨价还价的能力较弱，因为这些行业中的核心技术已普遍为其他公司所掌握，进入这些行业的投资及研究开发成本相对较低，所以全球公司面临的竞争对手多是当地公司，只要满足本国市场的需求就可能使当地公司有利可图。如丰田公司生产的汽车在全球享有良好声誉，但并不意味着它进入中国市场时能享有与摩托罗拉一样的待遇。丰田只能在中国组建合资企业，因为中国企业已拥有生产汽车的基本技术。而摩托罗拉则身处高新技术产业，当时没有一家中国企业掌握生产移动电话的技术，因而它能够在中国成立独资子公司。

第三，全球成本领先战略。全球公司还可以通过在采购、生产、销售、研究开发、人力资源等环节进行合理的全球分工与整合来获取成本优势。之所以能够如此，是由于世界各国、各地区之间在自然资源的稀缺程度、劳动力资源的成本和质量、基础设施条件等方面存在着较大差异。对采用全球成本领先战略的全球公司来说，协调工作十分重要，各个产地和市场之间的相互联系（如采购、供货）极大地影响着全球公司的总成本。在某些行业中，全球公司可能比当地公司拥有更加明显的成本优势，并最终导致当地公司难以生存。飞机制造业就是如此。

第四，其他管理技能领先战略。全球公司还可以通过发展在营销、财务、计划或组织方面与众不同的管理技能来获得市场竞争优势。如宝洁公司在广告设计制作方面发展获得了成功。当然，这些管理技能在全球各子公司内部的移植同样十分重要。

二、外部全球竞争新战略

除了几种典型的依赖于某种与众不同的内部核心能力的全球竞争战略之外，全球公司还越来越多地采用一些外部手段来获取竞争对手的资源或者去除自身效率不高的部分，以达到增强自身竞争力、提高公司业绩的目的。

第一，同行业并购与专业化战略。企业的收购兼并是加速资本集中、迅速扩大规模的一种重要途径。企业经营业务的专业化是伴随着企业兼并、重组发生的，专业化是指通过对企业原有业务单位的拆离、重组，去除不相关的、效率不高的部分，使企业经营集中于主业。20 世纪 80 年代美国发生的第三次兼并浪潮连同最近几年发生的第四次兼并浪潮，都有一个显著的特点，就是企业重组之后呈现出专业化趋势。之所以如此，是因为在 20 世纪 60 年代发生的兼并浪潮中，企业曾热衷于包揽一些不相关的业务，即从事多角化经营，希望以此降低风险。但这样做并不成功，许多从事多角化经营企业的市场价值远远小于每一部分拆开出售的价值之和，经营效率也低于专业化公司。虽然近十年有跨行业兼并的例子，但大多失败了，如日本索尼公司收购美国哥伦比亚影业公司，松下公司收购美国环球影片公司等。

对于全球营销公司来说，同行业并购与专业化战略具有特殊的意义。在某些全球行业中，两三家全球公司在全球市场中占据了主导地位，它们在市场份额上略有差距，彼此谁也没有绝对优势击败对手。此时可以通过收购兼并一个相对弱小的全球或当地竞争者来迅速增强自身实力，提高在全球市场的相对竞争地位。1995 年 7 月 31 日，美国迪士尼公司斥资 190 亿美元兼并了美国广播公司，使其在美国大公司中的排名从第 102 名一下跃升为第 55 名。1996 年 12 月 1 日，波音公司与麦道公司合并，使美国飞机制造业的全球竞争力大增，在与主要竞争者空中客车的实力对比中优势明显。

第二，跨国联盟战略。战略联盟是指企业之间超出一般业务往来，而又达不到合并程度的，在一定时期、一定范围内的合作方式。战略联盟的具体形式有很多，如联合研究开发、互相技术特许、共用销售渠道、组建合资企业等。实施跨国联盟战略是企业全球化的一场巨大而又深刻的变革，是一种更高级更复杂的、既竞争又合作的新的国际分工方式，是一条既有内涵式发展又注重外延式发展的道路。建立跨国战略联盟并不意味着国际竞争的削弱，恰恰相反，意味着更深层次、更大范围、更高强度的竞争。

战略联盟是近十几年才迅猛发展起来的，越来越多的全球企业以不同的方式与其直接或间接竞争者结成战略联盟，目的是从中受益并对抗其他竞争者。如日本东芝公司一贯重视与其他公司的合作，与 AT&T 公司合作提升了自身的电信设备生产能力，与摩托罗拉公司合作共同制造 4 兆位存储芯片，与西门子公司合作开发生产 RISC 微处理器，与通用电气公司合资开发先进的核动力反应堆等。

本章小结

本章主要对跨国公司的全球市场进入模式进行讨论。

1. 企业进入国际市场需要做出决策，包括进入哪些国家的市场、何时进入国际市场以及以多大规模进入国际市场。

2. 全球市场进入模式主要包括出口、许可、生产性投资和战略联盟。出口包括间接出口和直接出口。许可包括许可证贸易和特许经营。虽然这些模式在具体操作上存在很大差异，但相对而言，出口和许可不涉及股权问题，所以更容易，风险较低，但是它们的控制力较弱。

3. 建立合资企业涉及股权问题。为了获得更大的控制权，海外企业通常会采用独资企业的形式，收购兼并当地企业或在当地新建企业，但是采用这种形式往往费时费力，风险过高。战略联盟是两个或多个企业为达到互利的战略目标而结成的联盟，包括研发联盟、分销联盟、生产联盟等。联盟方利益共享,可以快速进入新市场。

中英文关键词

出口(Exporting)
间接出口(Indirect Exporting)
直接出口(Direct Exporting)
许可(Licensing)
特许经营(Franchising)
生产性投资(Productive Investment)
独资(Sole Proprietorship)
合资(Joint Venture)
战略联盟(Strategic Alliance)

复习思考题

1. 跨国公司在计划进入海外市场时应如何决策?
2. 试述特许经营的概念及优缺点,并举例说明。
3. 何为战略联盟?试述战略联盟的类型及其优劣势。
4. 当跨国公司选择采用独资方式进入海外市场时,应如何在并购和新建企业间进行决策?
5. 试述跨国公司进入全球市场的各种模式的特点,并分析比较其优劣势。

章末案例

“长虹风波”凸显国际贸易风险

2002年3月5日,深圳某报曾刊发了一篇文章《传长虹在美国遭巨额诈骗,受骗金额可能高达数亿》,长虹股价因此大跌。当时在京参加“两会”的长虹原董事长倪润峰不得不抽身出来亲自辟谣,长虹公司亦发布致各大媒体声明和上市公司公告,称遭骗一事纯属子虚乌有,长虹生产经营和应收账款情况良好,力图挽回因传闻而大跌的股价。姑且不论传闻真伪,当时“长虹风波”已经让人看到了日益凸显的国际化经营风险。

事隔三年后的2005年3月19日,长虹选择一个周末发布了一项早在人们意料之中的公告,称2004年度预计亏损37亿元,这是公司上市10年来首次报告亏损。3月21日(周一),股市开盘后,长虹股票曾一度跌停。该公告还对巨额亏损原因进行了解释:一是美国APEX公司3.1亿美元的逾期货款;二是10亿元的库存贬值;三是1.828亿委托国债投资损失。“长虹对应收账款的计提和存货等问题发布公告,是本着对股东负责的态度,而且现在也到了给历史遗留问题画句号的时候。”长虹新闻发言人刘海中这样说。在新的领导团队带领下,长虹希望浴火重生。

20世纪90年代以前,产品的竞争力表现在质量和价格上,随着全球生产能力过剩、买方市场的形成，结算方式也成了颇具竞争力的贸易条件。比如长虹，其在国际结算方式上就采取了设定账期、分期付款的通行做法。与此同时，国外某些企业企图利用中国企业在国内市场过度竞争(国内市场疲软)、急于出口但国际经验不足的弱点，置国内企业于不利地位。据一位家电企业的负责人说，多数美国经销商向国内企业开出的贸易条件是必须货到付款，而且要等到三个月之后，如果不能售出则无条件退货，若发生纠纷以美国的法律为裁决依据。

处于这样的背景下，一个传闻能使出口企业股价大跌也就不足为奇了。这透露出投资者对企业潜在的担心：短时期内出口快速增长，是否会因货款逾期而影响企业资金的周转？短期拖欠是否会造成长期拖欠？一些企业的"追欠实践"表明：逾期账款在半年之内收回的成功率是57.8%，一年之后会锐减为26.6%，两年之后则只有13.6%。

根据我国加入世界贸易组织的承诺，2005年所有的国内企业都拥有进出口权，除了少数国家专控商品外，企业无经营范围限制，无内外贸易之分。在这个过程中，可能出现的风险就是大规模的海外账款拖欠。有数据显示，目前国内企业逾期未收的海外欠款达100亿美元，占中国外汇储备的近10%。

距离远、货物交接手续复杂增大了对外出口的风险，但赊销的方式无可厚非。赊销未必就是"作，找死；不作，等死"的事情。问题的根本在于赊销的对象是谁，企业是否具备了掌控风险的能力(企业是否能够选择理想的中间商)。一些新兴的出口企业，没有长期的合作伙伴，国际经验不足，更容易面临贸易风险。国内的一些老牌贸易公司，有近20年的外贸经验，有比较固定的合作伙伴，因此，来自客户的风险相对较小。所以，在开拓海外市场的过程中，中国企业必须寻找规避风险的措施。

根据国际惯例，企业规避风险的主要措施之一就是投保出口信用保险。出口信用保险是世界各国政府以国家财政为后盾，为企业在出口贸易、对外投资和对外工程承包等国际化经营活动中提供风险保障的一项特殊政策性支持措施。2001年12月18日，我国首家专业出口信用保险机构——中国出口信用保险公司正式成立。此举被业内人士称为我国政府在加入世界贸易组织的全新经济环境下，参照国际惯例，深化金融、保险与外贸管理体制改革，加大对出口贸易政策支持的重大举措。目前，全球贸易额的12%～15%是在出口信用保险的支持下实现的，而我国2000年出口信用保险承保的出口额仅占当年出口额的1%左右，投保企业不足出口企业的8%。

此外，在发达国家，企业往往通过专业的信用管理公司来负责客户的信用调查以及应收账款的追收。在国内，整个社会的信用体系尚未建立，缺乏能够提供这样服务的信用管理公司，而且国家明令禁止专业讨债公司的存在，禁止开展这样的业务。

(案例来源：徐昙《"长虹风波"凸显国际贸易风险》，载于《中国经营报》，2005年，有删改)

讨论题：

1. 中国企业出口贸易中的财务风险是如何形成的？
2. 中国企业如何规避出口贸易中的财务风险？

第八章　全球营销的产品管理

学习目标

1. 理解企业开发全球产品的意义。
2. 熟悉全球产品的分类。
3. 把握全球产品标准化与当地化的关系。
4. 掌握全球产品的生命周期管理策略。
5. 了解全球服务。
6. 掌握全球产品的品牌管理模式。

开篇案例

宜家的全球产品策略

宜家(IKEA)是创立于1943年的瑞典家居用品企业,创始人是瑞典人坎普拉德,创立之初主要经营文具、杂货等,后转向以经营家具为主业,在不断扩张过程中,产品范围涵盖各种家居产品类型。宜家在60年的时间里发展稳健而迅速,在全球共有180家连锁店,分布于43个国家,雇用员工7万多名。2003财年宜家获取了110亿欧元的销售收入和超过11亿欧元的净利润,成为全球最大的家居用品零售商。

宜家的经营理念是"提供种类繁多、美观实用、老百姓买得起的家居用品"。在创建初期,宜家就决定与家居用品消费者中的"大多数人"站在一起。这意味着宜家要满足很多具有不同品位、梦想、追求以及财力,同时希望改善家居状况并创造更美好日常生活的人的需要。针对这种市场定位,宜家的产品定位于"低价格、精美、耐用"的家居用品。在发达国家,宜家把自己定位成面向大众的家居用品提供商,因为物美价廉、款式新、服务好等特点,受到广大中低收入家庭的欢迎。但到了中国之后,其市场定位做了一定的调整,因为中国市场虽然庞大,但普遍消费水平低,原有的低价家具生产厂家竞争激烈,市场接近饱和,国外高价家具则很少有人问津。于是宜家把目光投向了大城市中相对比较富裕的阶层。宜家在中国的市场定位是"想买高档货,而又付不起高价的白领"。这种定位是十分巧妙准确的,获得了比较好的效果。宜家的产品定位及品牌推广在中国大获成功,以至于很多中国白领把"用宜家的家具"作为一种风尚。

宜家出售的产品全部由公司自主独立设计,产品风格与众不同,强调"简约、自然、清新、设计精良"。大自然和家都在人们的生活中占据了重要的位置。实际上,瑞典的家居风格完美再现了大自然:充满了阳光和清新气息,同时又朴实无华。宜家家居用品的风格是瑞典家居设计文化精华的凝聚,而瑞典家居设计文化源远流长。19世纪末,艺术家卡尔(Carl)和卡琳·拉森(Karin Larsson)夫妇将古典风格与瑞典的民间格调相结合,创造了瑞典家居设计的典范。

20 世纪 50 年代，现代主义和实用主义风格在瑞典得到了发展。时至今日，宜家的产品富有现代气息但不追赶时髦，很实用而不乏新颖，注重以人为本，在多方面体现了瑞典家居的古老传统。

走进宜家卖场，其家居产品从罗宾床、比斯克桌子到邦格杯子，无不是简约、自然、匠心独具，既设计精良又美观实用。和其他厂商的家居用品比较，宜家的这种风格确实能够打动大多数消费者的心，激起人的购买欲望。

宜家一贯强调产品设计精美、实用。当然，单纯的设计精美并不难，要在低价格的基础上做到精美、实用、高质量，难度则很大。宜家拥有一大批优秀的设计师保证家居用品的设计。他们不但经验丰富，而且能够与经验丰富的生产商紧密合作，找出能够充分利用原材料的方法。他们通晓如何既生产低成本的家具，又保持原来的设计创意。

宜家设计独具匠心，如一种“四季被”，属三被合一，一层是温凉舒适的夏季被，一层是中暖度的春秋被，如果把两层放在一起，就是温暖的冬季被。看到宜家这种设计之前，谁会想到可以这么设计搭配被子？

另一个例子是 MTP 书柜。这种书柜是 1963 年由宜家的顾问兼设计师 Marian Grabinski 设计的，风格既现代又经典，美观实用，为宜家带来了滚滚利润，堪称宜家设计的典范，多年来引得众多厂家纷纷模仿。

宜家家居用品的耐用也是一大特点，如沙发受压次数可以达到几十万次，橱柜的门可开关几十年等。当然，要做到产品的精美、耐用，从产品设计到选材到工艺流程等多方面都要不懈努力，但宜家确实做到了。

宜家产品系列涵盖范围广泛，共有 10 000 多种产品供顾客选择。基本上，任何顾客都能在宜家买到所需的家居产品。宜家产品系列的“广泛”有以下几方面的含义：首先，顾客无须往返于不同的专卖店去购买家居用品。其次，风格多样，不同品位的人在这里都能找到自己所爱。但宜家的产品也不是无所不包，宜家没有极端或过于夸张的产品，它为顾客提供的是创造舒适的家居环境所需要的产品。另外，通过适当协调，可实现功能和风格的完美融合。无论顾客喜欢哪种风格，都会有一款扶手椅与书柜相配，有一款书柜与新的折叠桌相配，有一款新的折叠桌与扶手椅相配。因此，宜家产品系列的“广泛”有着多层含义。

（案例来源：王蕊，搜狐财经 http://www.sohu.com/a/139587303_650634，2012 年，有删改）

第一节　全球产品的内涵与类型

20 世纪 80 年代初，美国的制造商们在大型民用飞机的全球市场上占据主导地位。30 年以后，欧洲航空防务航天公司旗下的空中客车公司（Airbus），占据了全世界超过 50%的市场份额。空中客车公司最成功的产品系列是 A320 系列（包括 A318、A319、A320 和 A321）。截至 2018 年，共有现役飞机 8 600 多架。根据空中客车公司发布的最新全球市场预测，2016—2035 年，全球航空客运量年均增长率为 4.5%，需要新增超过 33 000 架 100 座级以上飞机，总价值约 5.2 万亿美元。

来自德国巴伐利亚州慕尼黑市的宝马汽车（BMW）直到 1992 年才开始在美国生产、销售，1998 年的销量约为 30 万辆，而截至 2016 年，它已在四大洲 12 个国家建立了 22 个工厂，全球销量达到惊人的 236 万多辆。丰田（Toyota）从 1957 年开始向美国出口汽车，到 2014 年年底已发展成为在28个国家拥有54个制造基地，在5个市场区域(北美、欧洲、澳大利亚等)拥有设计和研发中心，在全球170多个国家和地区销售的巨型企业，年销量由20世纪70年代的约300万辆增长为2022年的约1 050万辆。

如今，人们已经无法忽视全球产品(Global Product)对日常生活的影响。试想一下，人们早餐可能吃的是来自日本北海道的卡乐比(Calbee)水果麦片，喝的是来自法国的依云(Evian)矿泉水；出门开的是来自德国的大众(Volkswagen)牌甲壳虫小汽车；使用的通信设备有来自美国的iPhone X，也有来自中国的OPPO R17；可以一边听着班得瑞的轻音乐，一边抱着刚从迪士尼乐园带回来的米老鼠布偶进入梦乡。随着全球贸易的不断发展，全球产品对顾客、对家庭、对企业、对国家乃至对全人类都越来越重要。

一、产品的整体概念

传统的产品是指人们从事生产经营活动的直接而有效的物质成果，这是从生产者的角度来讲的。在商品经济条件下，产品成了商品。把产品定义为物质产品，只是狭义上的理解。

现代市场营销学认为，产品是一个整体概念，是指商品交换活动中，企业为消费者提供的能满足消费者需求的所有有形或无形因素的总和，包括实物、服务、场所、设计、软件、意识等。市场营销学的整体产品概念具有显著的特点，即产品不仅是指物质实体，而且包括能满足人们某种需要的服务。

市场营销界习惯于将产品整体划分为核心产品、形式产品和附加产品，也称为整体产品的三个层次。近年来，菲利普·科特勒等学者进一步认为，产品整体可以划分为五个层次，即核心产品、形式产品、期望产品、附加产品、潜在产品，如图8-1所示。

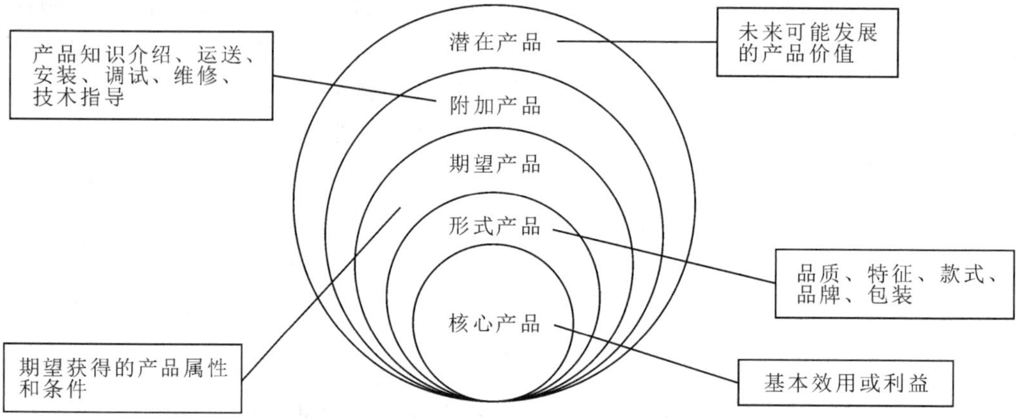

图8-1　产品整体的层次

1. 核心产品

核心产品是指向购买者提供的能够满足其需要的基本效用或利益，即产品的使用价值，也是消费者真正要购买的利益和服务。消费者购买某种产品并不是为了获得该产品的实体，而是为了获得能满足自身某种需要的效用或利益。例如，消费者购买洗衣机并不是要买到装有电动机、定时开关、洗衣桶的一个箱子，而是为了用这种装置代替人洗衣物，满足减轻家务负担的需要；同样，人们购买照相机也不是为了获得一个有一些装置的匣子，而是为了满足留念、回忆、报道等的需要。这就是说，消费者购买产品的目的主要是为了获得产品的使用价值。核心产品处于产品整体中最基本的层次，能满足顾客的基本效用。

2. 形式产品

形式产品是核心产品借以实现的形式，是企业向消费者提供的产品或服务的具体形式。企业的设计和生产人员必须将核心产品转变为有形产品才能卖给顾客，在这一层次上的产品就是形式产品，即满足顾客要求的各种具体产品形式。形式产品由以下五个部分构成：

(1)产品品质。这是指产品的理化性能、技术指标、使用寿命等。它是表明产品质量水平的重要标志。

(2)产品特征。这是指本产品与同类产品相比所具有的独特之处。它在很大程度上决定了产品的市场份额和竞争力。

(3)产品款式。这是指产品的原理结构、造型及外观设计上的新颖性、艺术性和奇异性。它是营销消费选择的重要指标之一。

(4)产品品牌。这是指产品的名称，用以区别不同企业的产品。它是企业实力的综合反映，是企业的一项无形资产。

(5)产品包装。这是指运用一定技术方法采用容器、材料和辅助物对产品进行装饰。好的包装既能保护产品、美化产品、提高产品价值，又能方便顾客、促进销售。

3. 期望产品

期望产品是指消费者购买产品时期望获得的与产品密切相关的一整套属性和条件。如旅客对旅馆服务产品的期望，包括干净整洁的毛巾、卧具，配备电话、衣橱、电视等；消费者对洗衣机产品的期望包括送货上门、安装与维修保证、省时省力清洗衣物、噪声小、方便进排水、外形美观、使用安全可靠等。

4. 附加产品

附加产品是指产品售前、售中、售后为顾客提供的附加服务和利益，主要包括产品知识介绍、运送、安装、调试、维修、技术指导等。附加产品概念来源于对消费者需求的综合性和多层次性的深入研究。附加产品是引起消费者购买欲望的有力促销措施。

5. 潜在产品

潜在产品是指产品最终可能的所有增加和改变的利益。它是在核心产品、形式产品、期望产品、附加产品之外，能满足消费者潜在需求的，尚未被消费者意识到，或者已经被意识到但尚未被消费者重视或消费者不敢奢望的一些产品价值。潜在产品预示现有产品可能的发展前景。潜在产品处于产品整体中的最高层次，很少有企业能够做到。如企业能够做到这个层次，将形成绝对竞争优势从而彻底地击败所有竞争对手。

二、全球产品的内涵

全球产品是指为全球市场消费者提供的满足其某种欲望或需求的产品，是一种可以在全球范围内购买或者使用并得到相应维护或支持的产品。全球产品本身充分地凸显了其全球的特性，它的研发、设计、原材料、生产或是销售、服务都有可能来自不同的国家或地区。全球产品的范围很广，在产品设计上，通常会根据目标客户需求的不同而表现出诸如不同颜色或不同尺寸的细微变化。它可能是消费品，也可能是工业品，但通常都有一个被全球消费者所熟知的品牌名称。

对大多数企业来说，全球产品近些年才出现。20 世纪 90 年代，尽管许多企业宣称全球化，但大多因为这样或那样的原因局限于较小的市场，只有少数跨国企业能够在全球范围内提供产品或服务。随着苏联解体、中国改革开放、印度经济腾飞、欧盟成立等重大事件的发生以及 21 世纪全球贸易的不断深入发展，消费产品的计量单位由原来的千万级飙升至现在的十亿级。目前，有超过十亿台电脑正在使用，有超过十亿部手机正在通话，有超过十亿条互联网信息正在传输，全球航空企业的客运量超过二十亿人次，每年有数十亿件衣服被出售，全球道路上有超过十亿辆汽车在行驶，超过十亿人佩戴手表。对消费者而言，过去无法接触到的某种产品，如今能随处可见；对企业来说，向全球六十多亿用户提供产品或服务，由此可带来巨大的销售机会和丰厚的利润。

企业开发出一款产品，将其销售给数十亿用户的同时，也存在着一定的风险。全球产品往往不易被开发、销售和维护；产品开发的时间可能比计划的要长得多；当产品进入市场时，竞争对手可能会推出一款更好的产品，从而影响了销售；产品在使用过程中会出现问题，当企业好不容易解决了这个问题，可能还会有更多的问题在后面等着。但无论如何，全球产品改善了人们对世界的认知，迫使企业了解产品全球化背后的机遇、问题和挑战，提升了企业将这些产品销售给世界各地的客户的能力。

三、全球产品的分类

企业想要将产品推向全世界，必须经历漫长的推广过程。首先必须征服本地的消费者，然后渗透至较大的区域乃至全国市场，紧接着走出国门扩散至周边国家的市场，最后覆盖全球市场。现代营销观念认为，产品特性对营销策略有很大影响。根据产品的不同特性对产品进行分类，有助于制定相应的市场营销策略。分类的方法各种各样，根据不同的分类方法可以划分出许多不同的产品类别。根据消费者最基本的消费目的和产品本身的使用目的不同来进行分类，可划分为工业品和消费品。

1. 工业品

工业品是指那些为进一步用于行业生产而购买的产品或服务。为满足经济建设发展的需要，世界各国的工业品贸易是国际贸易最重要的组成部分，从而造就出一大批为全球客户提供产品和服务的杰出企业以及全世界都竞相追逐的明星产品。工业品又分为重工业品和轻工业品。

(1)重工业品。重工业品是指以能源原料为基础，通过采掘、原料加工、制造加工等方式生产的以高档耐用消费品、装备工业和机械工业为核心的产品，包括钢铁、冶金、机械、能源(电力、石油、煤炭、天然气等)、汽车、化工、材料等。全球知名的重工业产品企业有美孚、壳牌、中石油等石油企业，杜邦、巴斯夫等化工企业，大众、丰田等汽车制造企业。部分世界著名的重工业品品牌如图 8-2 所示。

图 8-2　部分世界著名的重工业品品牌

小案例

丰田汽车公司于1937年成立,用了八十多年时间发展成如今的规模,其产品一度成为世界上较畅销的汽车之一。丰田汽车销售状况如图8-3所示。无论是在日本东京的大街上还是在中国西北的戈壁滩,无论是在美国繁华的闹市街头还是在非洲撒哈拉沙漠深处,都能看见丰田汽车的身影。正如广告语"车到山前必有路,有路就有丰田车"那样,丰田汽车一直活跃在世界汽车市场中。

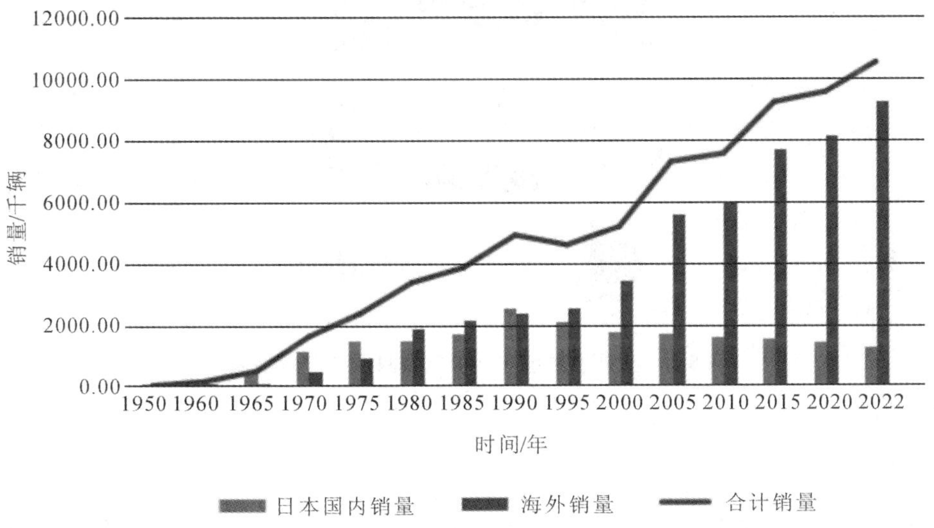

图8-3　丰田汽车销售状况

(资料来源:丰田中国官网 http://www.toyota.com.cn/about/appendices.php)

(2)轻工业品。轻工业品是与重工业品相对应的,以生产生活资料为主的加工工业产品,包括烟草、纺织、皮革、日化、医疗器械及文化用品等。自大航海时代至今,无论全球贸易如何发展,轻工业品都不停地满足着人们日益扩大的日常需求。较具代表性的全球性轻工业产品有美国的万宝路牌香烟(Marlboro),西班牙的飒拉服饰(Zara),瑞典的宜家(IKEA),宝洁旗下的飘柔(Rejoice)、潘婷(PANTENE)、海飞丝(Head and Shoulders)等日化用品,德国拜耳(Bayer)药业生产的各类药品以及中国的丝绸及瓷器等。

小案例

1975年创建于西班牙的飒拉(Zara)是Inditex集团旗下的一个子公司,它既是服装品牌,又是专营飒拉品牌服装的连锁零售品牌。该公司在位于世界各地的87个国家内开设超过两千家服装连锁店。飒拉产品深受全球时尚青年的喜爱。

(案例来源:Zara中国官网 https://www.zara.cn/cn/,有删改)

2.消费品

消费品是指那些由最终消费者购买并用于个人(或集体)消费的产品。运用传统的产品分类方法可划分出许多不同的产品类别,如按消费品的耐用性和有形性划分为耐用品、非耐用品和服务，按消费者的购买习惯划分为便利品、特殊品和非渴求产品等。由于全球产品面向全球范围内的客户，兼具一定的特殊性及满足全球消费者需求的广泛性，其分类更为复杂。可根据消费者日常使用频率及其对全球产品的熟悉程度来进行划分，分为电气及其周边产品、奢侈品、食物及饮品、娱乐产品等。

（1）电气及其周边产品。电气及其周边产品的覆盖面比较广泛，涵盖了家用电器、电子计算机、相机、手机及其衍生出的周边产品如电子元器件、相机镜头、应用软件（App）等。部分世界著名的电气及其周边产品品牌如图 8-4 所示。

图 8-4　部分世界著名的电气及其周边产品品牌

小案例

如今全世界的人都被智能手机和移动互联网“互联”了起来。世界智能手机应用 App 用户使用前十名如图 8-5 所示。根据 2023 年的统计，全世界有超过 10 亿用户在使用谷歌地图（Google Map），有 29.36 亿用户在使用脸书（Facebook）。随着世界科技的不断进步，电气及其周边产品将成为全球产品中最大的分类。

图 8-5　世界智能手机应用 App 用户使用前十名（2019 年）

（资料来源：《全球十大最多人使用的 App》，载于搜狐网 www.sohu.com）

（2）奢侈品。奢侈品被定义为超出人们生存与发展需要范围的，具有独特、稀缺、珍奇等特点的消费品，又称为非生活必需品。奢侈品大多都是全球产品。据统计，2015 年我国消费者全球奢侈品消费总额为 1 168 亿美元，2016 年为 1 204 亿美元，76％的奢侈品消费发生在国外。可见，奢侈品是全球产品中不容忽视的重要组成部分。

小案例

百达翡丽(Patek Philippe)是瑞士著名钟表品牌，居世界十大名表之首。在钟表鉴赏家眼中有着无与伦比的声誉和地位。该品牌创建于 1839 年，每块表的平均零售价达 20 000～30 000 美元。作为瑞士仅存的真正的独立制表商，百达翡丽控制产品生产全过程，训练一名制表师需十年时间。成为钟表爱好者贵族的标志是拥有一块百达翡丽表，高深的艺术境界与昂贵的制作材料创造了百达翡丽经久不衰的品牌价值。2005 年，百达翡丽正式落户中国，首驻上海外滩 18 号，在这座原为英国渣打银行驻中国总部的经典历史建筑内，中国第一家百达翡丽专卖店暨客户服务中心诞生，成为百达翡丽全球近百个授权专卖店中的一员。

（案例来源：《百达翡丽的故事》，载于万表网 http://news.wbiao.cn/topic/patek-philippe-215154/，有删改）

(3)食物。中国有句俗语“民以食为天”，食物满足了人类最基本的生理需要。由于存在食品原料培育技术壁垒不高、全球相似气候地区易于寻找、特色技术企业垄断等特点，食品的全球化成为可能。世界上最大的市场就是食品市场，全世界的人成为试图开拓全球业务、称霸全球市场的食品企业竞相追逐的对象。如今，较具代表性的该类全球产品有可口可乐(Coca-Cola)、百威啤酒(Budweiser)、雀巢咖啡(Nescafe)、麦当劳快餐(McDonald’s)以及红牛饮料(Red Bull)等。

小案例

20 世纪 80 年代，红牛品牌在奥地利由迪特里希·马特西茨创立，匈牙利是进口红牛饮料的第一个国家。在不到 15 年的时间里，价值 10 亿美元的红牛品牌通过紧密联系全球年轻人市场，控制了世界能量饮料市场 70％的份额。现在，全球已经有 100 多个国家销售红牛品牌的饮料。

[案例来源：菲利普·科特勒《营销管理》(第 12 版)，梅清豪译，上海人民出版社，2006 年，第 751 页，有删改]

(4)娱乐产品。娱乐是指使接受者产生愉悦、放松的感觉，并带有一定启发性的活动，包括音乐、戏剧、游戏、竞赛及衍生出来的综艺节目等。娱乐是人类所共有的精神需求，是除了食品之外的另一个巨大的全球性市场。世界上有能力提供娱乐性全球产品的企业不多，且大部分娱乐性全球产品来自于美国，比如百老汇(Broadway)的歌剧、好莱坞(Hollywood)的电影、迪士尼乐园(Disney Land)里的动画人物、暴雪公司(Blizzard)旗下的游戏魔兽世界(World of Warcraft)等。此外，现代奥林匹克运动会(Olympics)、世界杯足球赛(FIFA World Cup)等大型世界性体育竞赛，以及已出口至全球 64 个国家和地区的《荷兰好声音》开创的“The Voice of …”的节目模式，均可看作全球娱乐产品。

第二节 全球产品的标准化与当地化

一、全球化对产品的影响

1983年，哈佛大学教授西奥多·莱维特(Theodore Levitt)在一篇文章《市场全球化》中使用了“全球化”这个词。由于全球化，企业能在全球范围内销售其产品和提供服务，有机会找到许多新客户，有机会大幅提升销售额；由于全球化，即使再小的企业也可能在世界各地找到竞争对手，日益激烈的竞争促使企业必须创新，更快、成本更低地开发出更好的产品；由于全球化，企业需要在世界各地接近客户，了解不同客户需求，在符合不同国家规定的同时正确地定价，提供技术信息、零部件、产品和服务，并协调为全球市场推出新产品或改进型产品。

全球化带来了商业模式的不断更新。一些企业不再生产产品，而是把所有的生产都外包出去，这样就可以把精力集中在产品运营、开发和销售上；一些企业不再购买设备和设施，而改为租用；一些企业提供产品的方式不是销售，而只是租赁，汽车、火车甚至飞机都可以租赁，有些软件只要在网上付费即可下载使用而不再需要去商店购买；一些企业不断更新服务以提升产品性能，以保证产品在十年后仍可正常使用；一些企业将部分销售队伍调整至网络营销，网站则依靠庞大的网络广告收入为客户提供免费的产品和服务。

全球化促进了交流与创新。由于全球化，改进的货运服务降低了零部件和产品的运输成本，提供了与远方客户和供应商更近距离接触的机会。为了满足各地不同消费者的需要，新产品、新技术的相继面世促进了世界范围内创新竞赛的开展，以至于它们经常被称为革命：数字革命、电子技术革命、计算机革命、通信革命、生物技术革命、互联网革命等。每一次革命都带来了变化和机遇。例如，20世纪90年代，短信平台提高了信息的传递效率，GSM手机开创了以发短信来开展活动的可能性；到了21世纪，随着智能手机的普及，时装产品的设计师们可以一边在世界各地旅行，一边创造性地将他们的构思转化成新的设计，并通过移动互联网在几分钟内传遍全世界。

二、标准化与当地化

自20世纪60年代以来，社会、经济和技术的发展，使得世界各国和地区之间的交往日益频繁，相互之间的依赖性日益增强，消费者需求也具有越来越多的共同性。全球产品标准化(Standardization)是指企业要向全世界不同的国家或地区的不同市场提供相同的产品，其实施前提是市场全球化。对于企业来说，运用标准化的产品参与全球竞争具有重要的意义。首先，产品标准化策略可使企业获得规模经济效益，降低产品在研究、开发、生产、销售等方面的费用；其次，在全球范围内销售标准化产品有利于树立产品的统一形象，强化企业的声誉，提高企业的知名度；最后，产品标准化还有利于企业对全球营销进行有效的控制。

小案例

在世界各地的任何一个麦当劳餐厅，柜台高度都是92cm，因为最适合人们从口袋里掏出钱来的高度是92cm；店铺内的布置也基本一致，壁橱全部离地，装有屋顶空调系统；厨房用具全部是标准化的，如用来装袋的V形薯条铲，可以大大加快薯条的装袋速度，用来煎肉的贝壳式双面煎炉可以将煎肉时间减少一半；所有薯条采用“芝加哥式”炸法，即先炸3分钟，临时再炸2分钟,从而令薯条更香更脆;与汉堡包配套销售的可口可乐,据测在4℃时味道最甜美,于是全世界麦当劳的可口可乐温度统一规定保持在4℃;根据人类张口的动作,汉堡包厚度在17cm时入口最为方便,于是所有的汉堡包统一做17cm厚。

(案例来源:逯宇铎、叶娇《国际市场营销学》,格致出版社、上海人民出版社,2012年,第219-220页,有删改)

与标准化相对应的,是全球产品的当地化。全球产品当地化(Localization)是指企业向世界范围内不同国家或地区的市场提供不同的产品,以适应不同国家或地区市场的特殊需求。产品当地化是为了满足不同国家或地区的消费者由于所处的环境不同而形成的对产品的多样化需求,采用这种策略更多的是从国际市场上消费者个性的角度来生产和销售产品,能更好地满足消费者需要。但是,实施这种策略对企业有较高的要求。首先,企业要鉴别各个市场上的消费者的特征,应该具有较高的市场调研能力;其次,要针对不同的消费者的需求特征设计不同的产品,对研发能力要求也较高;最后,生产和销售的产品种类增加,使管理的难度有所增加。

三、标准化与当地化之争

关于企业全球营销的方式是标准化还是当地化的争论从未停止。当企业营销职能跨越国界时就必须考虑营销方式的改变,因而存在着全球营销标准化或当地化问题。所以,标准化与当地化问题也就成为全球营销研究中最基本的问题。

总的来说,学者们可分为三大基本派别:主张标准化、主张当地化、主张组合化。

(1)主张标准化。随着经济全球化程度越来越高,技术作为基本推动力,会使全球市场需求趋于一致,顾客的偏好与需要会呈现高度趋同性。因而,在全球市场中,企业应推行标准化的全球营销战略。

(2)主张当地化。全球化只是一个趋势,地区间的顾客需要、消费环境、购买力、文化传统、法律法规等仍然存在差异。随着经济全球化的不断深入,人们的需求只会更加分化,全球化的需求很难出现。因而,企业应注意实施当地化的营销方案。从另一个角度来说,标准化全球营销战略是一种新的营销近视,它与顾客至上的营销基本哲学是相背离的。

(3)主张组合化。在全球营销方式上,不能简单地根据顾客需求是否相似来判断企业是采用标准化还是当地化。标准化与当地化只代表着企业全球营销战略选择中的两种极端,企业的实际营销战略应是二者的综合。决定标准化与当地化的程度应依企业所面临的具体全球市场环境的情况而定。对于企业来说,挑战就在于在特定的环境中,选择合适的要素进行标准化或当地化,并决定其标准化或当地化的程度。

事实上,虽然许多企业都努力推出各自的全球产品,但绝大多数产品都在标准化的基础上体现了某种适应性。例如,针对中国用户对于汽车后排空间的特殊需求,在华的合资汽车厂商相继推出了带"L"的车型(即"加长版"),通过加大车身轴距,使汽车在后排空间上及外观上显得宽大舒适;肯德基(中国)突破了以往面包夹肉饼的传统模式,在推出豆浆、油条、烧饼、粥等一系列中餐后,新菜单中出现了凉茶和三款中式米饭套餐;支付宝(AliPay)在马来西亚、日本等国的使用与在中国本土使用存在一定的差异。因此,生产一种能被全世界消费者认可的完全标准化的产品几乎是不可能的。一般来说,企业可以将核心产品的主要部分标准化,将其外围产品或其他部分客户化或定制化,这样往往可以给全球产品带来更大的好处。

四、全球产品模块化策略

在产品概念中,能够进行标准化的要素包括产品品牌、商标、包装、功能、特性、款式、质量、产品使用方式等。这些要素都可以根据企业战略的考虑及标准化的可行性，来实现标准化的处理。一般而言，在产品品牌、商标、物理特性和包装这几个方面容易进行标准化的处理，但对诸如产品使用方式、款式等要素，则更有可能需要根据地方需求特点、当地消费者偏好、成本因素、当地法律法规以及兼容性等进行当地化的调整和处理。

最好的全球性产品通常是那些一开始就针对全球市场设计的产品，而不是那些在本地化产品的基础上经过调整后形成的产品。全球性的产品应该具备全球共性，以其为核心要素，同时根据各地需求具备相适应的外围要素，这深刻反映了全球当地化的思想。模块化（Modularization）的管理方式，是在产品标准化方面广为应用的方式。

模块化是满足消费者个性化需求的产物，而需求的多样化又促进了产品模块化的发展。在满足产品可分解性和遵循系统的设计规则的前提下，产品模块化生产具有“即插即用”的功能，可以生产出多样化的产品，真正实现“柔性制造”。不仅产品可以模块化，制造工序同样可以模块化，以适应产品制造工序复杂化和精细化的趋势。

模块化架构对产品的创新有两个好处：一是基于各模块内部创新，即功能模块自身的改进或是开发出一种新的功能模块来促使产品增值；二是基于架构创新，即在产品架构稳定的前提下，通过对功能模块的一系列操作，改变模块之间的连接关系，快速生产出多样化的产品，节约产品创新和市场导入的时间。

小案例

瑞典宜家家居一直在家具行业中倡导“模块化设计”理念，其模块化设计包括两个重要方面：一是部件设计，要实现标准化、系列化、通用化；二是接口设计，拆装家具的主要结合方式是连接件结合，为了使用连接件将部件结合起来，就必须在部件上设置接口。“模块化设计”使宜家家居的产品大多可拆装组合，既节省了运输和储存成本，又使顾客可以通过“DIY”方式来组装个性化家具，满足多样化和个性化需求。

（案例来源：任红波《模块化体系中的产业链整合研究》，复旦大学博士学位论文，2005 年，有删改）

第三节　全球产品的生命周期管理

一、产品生命周期理论

产品生命周期，也称产品市场寿命，是指某产品从进入市场到被淘汰退出市场的全部过程，也可以理解为市场上的产品从试制成功投入市场开始，直到被市场淘汰，最终退出市场为止所经历的全部销售时间。其时间的长短由产品的质量、特性、价值，消费者认识和接受的程度，科学技术发展水平以及产品更新换代的速度等各种因素决定。为了更好地理解产品生命周期的概念，还必须明确以下三点：

（1）产品的生命周期与商品的使用寿命是两个截然不同的概念。商品的使用寿命是指商品的耐用程度，是商品从开始使用到使用价值完全丧失的时间间隔。产品的生命周期是交换价值从产生到消失的过程，起点是产品正式投入市场或上市，终点是产品退出市场或被市场淘汰。

（2）应将产品生命周期与行业、种类、品种和具体牌号的产品生命周期的概念加以区别。企业产品生命周期是指个别企业某种产品的生命周期。行业产品生命周期是指某产品在某个行业（或整个市场）范围内的生命周期，它反映了同一产品在许多企业进入市场时的综合趋势，而不是指该产品在某一特定企业的发展过程。因此二者既密切相关，又在许多方面有所不同。产品的生命周期泛指产品，而实际上在产品的种类、品种和具体牌号之间，分析起来是不大相同的。首先是产品种类的生命周期各异，很多产品种类如食盐、汽车、电冰箱的产品成熟期可以无限地持续下去，其销售量增加与人口增长成正比例关系。其次是商品的品种。水果中的苹果可称为品种，而红富士苹果则是具体牌号的商品。三者相比较，苹果的周期最长，而红富士苹果的周期最短。在实际生产经营中，应用产品生命周期理论分析产品种类的情况是很少的，而更多的是分析产品品种或具体牌号的产品生命周期。

（3）不同的产品，其生命周期的持续时间长短不一。产品的生命周期本身就是一个相对的概念，不同的产品，其市场竞争状况、技术进步速度、用户需要与变化、产品制造与费用都不同，从而导致产品生命周期千差万别。就生命周期的每一阶段来说，各产品的延续时间同样存在着很大的差异。以第一阶段为例，有些产品进入市场后历时不久就进入下一阶段，有些产品却过渡缓慢，经过长期努力才进入下一个阶段。前者如电脑的可移动硬盘，进入市场后销售量不断上升，一年后进入下一阶段。后者如真空管，投入市场后经历了二十年之久才步入下一阶段，还有比较典型的就是太阳能热水器，经过二十多年的发展还处于第一阶段。

任何一种新产品，从投入市场开始到被市场淘汰为止，都要经过一个产生、发展和衰落的过程，可以划分为导入期、成长期、成熟期和衰退期四个阶段，产品生命周期曲线如图 8-6 所示。导入期（Research and Development）是指在市场上推出新产品，产品销售额呈缓慢增长状态的阶段；成长期（Growth）是指该产品在市场上迅速为顾客所接受，销售额迅速上升的阶段；成熟期（Maturity）是指大多数购买者已经接受该产品，市场销售额缓慢增长或下降的阶段；衰退期（Decline）是指销售额急剧下降，利润逐渐趋于零的阶段。

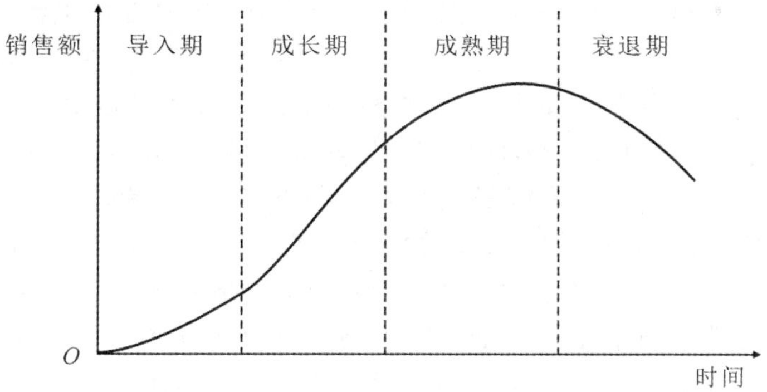

图 8-6　产品生命周期曲线图

二、全球产品的生命周期

全球产品的生命周期是一个产品从研究开发成功投入国际市场，迅速成长到市场饱和，直至被市场淘汰退出全球市场的一个完整变化过程，与一般的典型产品市场生命周期相似。但是，站在国际贸易的角度，产品在全球市场中的“进入”与“退出”与其在本地市场中的“进入”与“退出”存在形式上的不同。例如，美国最早是汽车的主要生产与出口国，如今却大量出现进口的现象；欧美最早向全世界输出大量纺织品，如今纺织品主要生产国为发展中国家，尤其是中国制造的纺织品充斥欧美市场，欧美成为纺织品的进口国。

M. V. 波斯纳（Michael V. Posner）在《国际贸易与技术变化》一文中，提出了国际贸易技术差距理论（Technological Gap Theory）。该理论认为，技术实际上是一种生产要素，虽然科技水平一直在提高，但是在各个国家的发展情况不一样，这种技术上的差距可以使技术领先的国家具有技术上的比较优势，从而出口技术密集型产品，随着技术被进口国模仿，这种比较优势消失，由此贸易也随之结束，即产品生命周期终结。根据该理论，全球产品的生命周期可分为四个阶段。

第一阶段，创新国由于具有广阔的市场、高水平的科技人员、大量的科技投入以及较强的科技转化为产品的能力，率先开始创新并转化为产品，该产品迅速形成生产和全球市场的垄断，随之向其他国家出口；第二阶段，外国开始模仿，垄断格局被逐渐打破，创新国产品竞争力下降；第三阶段，外国模仿者开始出口，创新国出口额大幅度下降；第四阶段，外国产品进入创新国市场，使其从出口国转变为进口国。此时，产品在创新国完成其生命周期，而在模仿国开始其另一个周期。

美国哈佛大学商学院教授雷蒙·弗农(Raymond Vernon)从产品技术变化角度分析其对贸易格局的影响，提出了"国际产品技术生命周期"的学说。该学说将全球产品的生命周期分为新产品发明、产品成长和成熟、产品标准化三个阶段，如图 8-7 所示。

新产品发明阶段(又称产品介绍期)：企业在发达国家开发新产品，掌握新产品的发明、制造、应用，满足本国消费需求。

产品成长和成熟阶段：由于发达国家的产品供过于求，将产品销售到其他较发达国家、发展中国家，这项技术逐渐被其中较发达国家学习掌握并进行研究和仿制。

产品标准化阶段：该产品不断完善后可以进行标准化的大量生产，在世界范围内成本基本无差异，发达国家从较发达国家和发展中国家进口，致力于新产品、新技术的开发。

根据全球产品的生命周期模型，当产品沿周期曲线运动时，企业的定价自由度会呈现出逐渐递减的趋势。在产品刚刚进入市场时，企业的定价战略是典型的高价位，以此来补偿产品在研发阶段的高额付出并尽早收获利润。当产品进入成熟阶段，产品的独特性相对减少，竞争增加，国内外市场得到了发展。为了在一个不断扩大的总市场上得到理想的竞争地位，无论对企业本身还是后进入的竞争者而言，价格都面临下降的压力，成本控制显得更加重要，国内的产出和出口变得相对稳定。当越来越多的生产开始向国外转移，特别是向制造成本更低的国家转移时，国内的产出和出口相对下降，这时价格显著下降，并开始成为一种重要的竞争工具。当全球产品进入标准化阶段时，产品及相关生产技术已完全标准化。此时，市场竞争更加激烈，成本控制变得更加重要。企业基本上成了既定市场价格的接受者，产品制造已基本实现由高成本国家向新兴工业化国家(如中国、印度、东南亚各国)的转移。

全球企业的战略通常需要更多的主动性，而非被动接受市场价格。主动性战略会引导全球企业回到产品生命周期的初始阶段，重新开发和改进产品，重新占有革新阶段的优势。这需要把某些新技术引入生产，提供比同类竞争品更具优势的差异化产品，并与新的营销策略相匹配，从而将产品推入一个新的运行周期。

三、产品的生命周期管理

相较于传统的产品生命周期管理，在产品的导入、成长、成熟到衰退的各个阶段实施相应营销策略的管理方式已无法满足全球产品的管理要求。随着全球化程度的不断提升，企业拥有一套有效的方式来控制产品显得越来越重要。

1. 产品控制指标

企业必须对全球产品的以下四个指标进行重点监测并制定相应的发展目标：

(1)财务表现

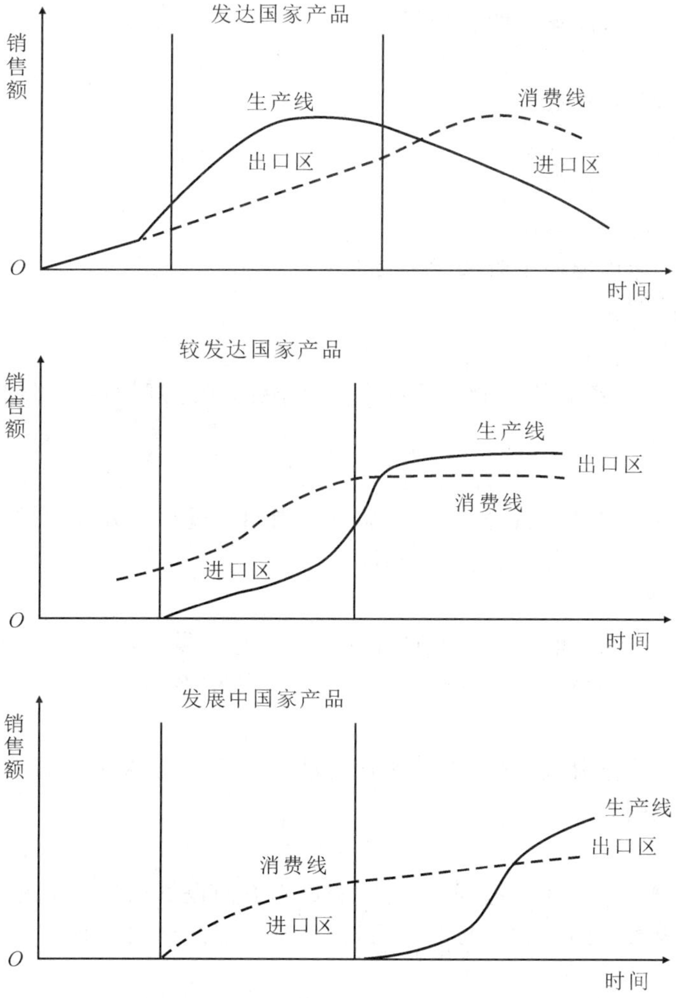

图 8-7　全球产品生命周期的三个阶段

①企业的某款产品组合是否增值，能否带来销售收入甚至利润的增加？

②能否通过更快的产品导入提高销售收入？

③能否通过扩展产品线提高销售收入？

④能否通过延长产品寿命提高销售收入？

⑤能否通过在现有产品基础上提升服务提高销售收入？

⑥因召回、故障和负债所造成的产品成本为多少？

⑦能否降低材料和能源成本？

⑧新产品研发项目是否超支？

⑨向市场投放新产品能否为企业降低成本？

(2)时间效率

①如果企业向市场投放一款新产品，相对老产品，市场响应时间是否有所缩短？

②产品贬值时间是否有所缩短？

③产品回款时间是否有所缩短？

④产品所耗费的管理时间是否有所缩短？

(3)质量

①在制造过程中是否减少了产品缺陷？

②客户投诉是否减少？

③产品责任成本是否降低？

(4)业务发展程度

①新产品的市场响应如何？

②新产品的市场份额是多少？

③产品能否在生命周期四个阶段顺利过渡？

④产品是否可追溯？

⑤资源是否优化？

由此可见，要将全球产品的生命周期看作一个整体，统筹规划，统一管理。

2. 具体的管理策略

(1)数据及文档管理

在确保可控范围内，收集及存储贯穿产品生命周期全过程的有效数据，包括图纸、文件等，具备管理、控制、分类、搜索、分析、报告等功能。

(2)产品配置管理

在确保可控范围内，管理产品结构、产品属性及产品质量，持续改进产品设计，进行剩余模块的再利用，能够系统地收集、分析和管理反映市场需求的产品信息，统一标准化产品的规格。

(3)过程管理

能够定义及规划业务流程，并使简单流程自动化。建立全球通用的、可重复的工作模板、路径、列表、逻辑和规则等。

(4)项目管理

能够计划、管理、控制项目的进程，在进度和成本方面提供项目状态的可见性，调整项目资源与中期可交付成果等之间的相互转换关系，制订企业资源计划方案。

(5)协同管理

建设全球产品网络、全球产品数据库及服务器等基础设施，使全球产品版图中较为分散或偏远的团队或个人能够及时共享最新的产品信息，实时有效地将全球产品同步，并捕获、分析、提供产品反馈信息，进行消费者需求管理。

第四节 全球服务

一、服务与全球服务

经济社会随生产力的发展而不断进步。人类经历了以农、林、牧、渔为代表的农业经济社会，以蒸汽机为标志的工业经济社会，进入了以计算机、智能化工具、网络等为代表的服务经济社会。世界各国的服务产出占国内生产总值的比重逐年升高，全球服务行业从业人员的比重不断增长，发达国家已有超过 2/3 的人员就业于服务相关的行业或部门。服务和制造业的关系不断增强，越来越多的全球制造企业意识到，在征服全球市场的进程中，服务不仅仅只是服务业的事，它对全球产品也越来越重要。

1. 服务的特征

服务是指不以实物形式而以提供劳动的形式满足他人某种特殊需要，为他人提供帮助，并使他人从中受益的一种有偿或无偿的活动。譬如教学是师生互动的过程，音乐会是音乐表演与欣赏的过程，在这个过程结束后，不产生教学或音乐的所有权的转移，也不产生教室或音乐大厅的所有权的转移，但受众在活动过程中获得了某种需求的满足。总体来说，服务具有如下四个特征：

（1）无形性

服务本身不具有形态，不以实物形式呈现，无法触摸，无法品尝，很难事先判断和预知结果的好坏，甚至事后也难以理解和把握其优劣。

（2）异质性

服务是由特定的人在一定的环境下表现出来的一系列行为过程，不同的人表现不一，同一个人在不同环境下的表现也不一，因此没有两种服务会完全一致，总是有所差别。

（3）不可分离性

服务具有生产和消费的同时性，顾客可能参与生产过程，由此导致服务质量受到多方面的影响，控制难度加大。一是服务者本身的行为影响服务质量，二是服务受众的配合与否影响服务质量，三是受众之间也会交互影响服务的质量。

（4）易逝性

服务生产的过程就是消费者消费的过程，它无法储存，一经生产，同时就会被消费掉。因此，服务过程是令产品增值的唯一途径，否则事后弥补性质的服务会令其本身的价值丧失意义。

2.全球服务的内涵

全球服务是指全球企业根据在本地市场服务的经验，以标准化或当地化的形式为海外市场的客户提供满足其特殊需求的一种有偿或无偿的活动。如今，除了生产企业为全球市场提供相应的服务外，随着经济发展的需要，衍生出了许多专门从事全球服务活动的国际企业。对于服务行业来说，面对全球的顾客，企业要能够在全世界范围内提供统一的服务，建立全球供应链体系和电子网络形式的全球供应渠道。随着全球化趋势的深入，全球银行业、全球保险业以及全球管理咨询等行业，都纷纷建立了相对统一的、便利的、集中的和可靠的全球服务优势。另一方面，随着全球科技的不断进步，电信、计算机、软件的工作性能和生产能力的进步，声音、图像和文本的数字化传输质量的提升，为全球企业提供全球服务带来了更多的可能性。在激烈的全球市场竞争环境中，优质的全球服务能宣传企业品牌、了解市场需求，为企业扎根全球市场、获得全球市场竞争优势起到良好的辅助作用。

二、全球服务贸易

全球服务贸易是全球企业或自然人在本国境内或进入他国境内向外国的企业或自然人提供服务并获得报酬的贸易行为，包括全球商业服务，全球通信服务，跨国建筑及有关工程服务，国际市场营销服务，海外教育服务，环境服务，金融服务，健康与社会服务，旅游服务，娱乐、文化与体育服务，全球运输服务等国际性服务。

近年来，全球服务贸易成为国际贸易的重要增长点，服务贸易占世界贸易总量的比重稳步上升，对国际贸易贡献度日益提高。虽然全球服务贸易受到全球金融危机的影响有所起伏，但总体呈现复苏态势，增长幅度要优于货物贸易。据世界贸易组织统计，2021 年商品价格上涨，全球贸易额达到 28.5 万亿美元，创历史新高，较 2020 年和 2019 年分别增长了 25％和 13％。随着制造业和服务业加速融合，技术知识密集型服务成为影响国际分工和贸易利益分配的关键因素，全球制造业企业纷纷向综合服务提供型企业转型。

随着数字经济蓬勃发展，互联网、大数据、云计算、人工智能等新技术广泛应用，以信息技术为主导的技术服务贸易、数字贸易正成为新的全球服务贸易主要形式。数字化使服务贸易的交易成本降低，交易领域大大拓展，为服务贸易增长带来了巨大空间。金融、保险等服务业纷纷加大信息技术投入和应用，旅游、运输、建筑等传统服务业与互联网、大数据、人工智能等加速融合。

但是，全球服务贸易的发展呈现不平衡的态势。发达国家凭借科技创新能力、经济实力在服务贸易高端价值链中占据优势地位，成为服务贸易主要输出国。

小案例

发达国家服务业在全部经济中占比多数超过70%以上，拥有较强的服务供给能力和国际竞争优势，长期以来主导了全球服务贸易发展的方向和规则制定，并且从中获得了巨大经济利益。以美国为例，2006—2016年，美国的服务贸易顺差由756亿美元增加到2 494亿美元，整整扩大了3.3倍，顺差规模居全球首位；其中包含教育在内的旅游服务顺差扩大了3.1倍，金融服务顺差扩大了1.2倍，知识产权使用费顺差扩大了近1倍。据此可以看出，美国是全球服务贸易领域的最大受益方，而且在金融服务、教育和旅游服务、知识产权服务领域拥有很强的优势。

从市场需求来看，发达经济体仍然是引领全球服务贸易发展方向的主要力量。全球经理人采购指数显示，2016年以来，发达国家的服务业经理人采购指数始终在50%以上的扩张区域内，明显高于发展中国家平均水平，最高时达到54.5%；发展中国家则在50%上下波动，其中3个月低于荣枯线，最高时也仅达到52.1%。近年来，发展中国家经济的服务化正在加快，具有服务贸易持续扩大的较大潜力。例如，根据世界贸易组织统计，2010—2016年，全球服务贸易年均增长速度达到3.7%，其中发展中国家达到4.7%，快于发达国家0.8个百分点。但即使如此，2016年发达国家服务贸易仍然占全球贸易的73.7%，相当于发展中国家的2倍。美国等发达国家长期从服务贸易顺差中获益，多数发展中国家服务贸易收支仍然很难改变长期逆差格局。

2016年，我国服务贸易总额达到6 575亿美元，规模居世界第二位。中国政府高度重视并积极推动服务业和服务贸易领域的开放、改革与创新，取得了令人瞩目的成就。在区域开放布局上，设立了上海等11个自贸试验区，在天津等15个地区开展服务贸易创新发展试点，在北京开展服务业扩大开放综合试点。在行业开放布局上，提出放宽银行、证券、期货、保险等领域外资准入限制，放开会计审计、建筑设计、评级服务等领域外资准入限制，推进电信、互联网、文化、教育、交通运输等领域有序开放。这一系列重大举措，推动了中国服务业和服务贸易快速发展。2016年，中国服务业实际使用外资885.6亿美元，中国对外直接投资1 832亿美元，同比增长43.6%，其中服务业投资占比超过70%。中国内需的不断扩大和升级为世界服务贸易提供了新的广阔市场。“一带一路”倡议提出以来，中国对沿线国家的服务业投资超过300亿美元，带动了各国经济发展，创造了大量就业机会。未来5年，中国预计还将从全世界进口超过2.2万亿美元的服务。相关负责人表示，希望携手各方加快推进“一带一路”建设，加快重点领域的务实合作，围绕技术、文化、金融、建筑、医药、服务外包等重点领域，共同打造新的贸易增长点。

但是，中国服务业缺乏足够的国际竞争优势，服务贸易失衡问题十分突出。世界贸易组织统计显示，2006—2016年，中国的服务贸易逆差持续扩大，由68亿美元飙升到2 442亿美元，整整增加了35倍。根据商务部统计，2017年我国服务贸易总额达到4.7万亿元，其中贸易逆差 1.6 万亿元,失衡率高达 34%。这说明,中国扩大服务进口对促进贸易伙伴国经济增长的积极作用,远大于出口对本国经济增长的直接影响。另外,持续扩大的服务贸易逆差可以对冲部分货物贸易顺差,有利于国际收支总体走向平衡,而且这一作用还在持续扩大。如 2006 年服务贸易顺差仅能够对冲 3.2%的贸易收支顺差,但 2016 年这一比例上升到 49.4%,中国收支失衡状况显著改善。问题是单边主义和贸易保护主义者采取了选择性忽视,仅盯住中国的货物贸易顺差,忽视了中国在多边尤其是中美双边服务贸易中存在的巨额逆差。中国的服务贸易不能仅仅发挥对冲器的作用,不论是出口还是进口都存在巨大的发展空间。中国要从服务贸易大国迈向贸易强国还有很长的路要走。

(资料来源:朱竞若、贺勇《砥砺奋进的五年·中国服务贸易总额达到 6 575 亿美元居世界第二位》,载于《人民日报》2017 年 5 月 29 日第 1 版;赵晋平《晋平新观察:全球服务贸易中的中美差异》,载于《中国经济时报》2018 年 7 月 23 日第 5 版,有删改)

三、全球服务创新

服务创新是指服务产品的研究与开发,是实现营销差异化策略的根本途径。全球服务创新的目的,是要留住老客户、吸引新客户,是要降低成本、提高现有的工作效率、提升服务水平及服务质量,是要使全球客户在世界无论哪个角落接受服务都能拥有良好的心情和回忆,进而帮助全球企业在激烈的全球市场竞争中占有一席之地。从全球顾客消费心理视角而言,具有丰富国际经营经验的全球企业更有可能寻求全球服务创新战略,因为服务价值往往决定了企业的品牌价值,成为消费者判断产品质量、选购产品时所参考的重要依据,是全球企业赢得海外市场的重要武器。全球企业的发展战略和管理、员工创新意识、创新或研发部门的配合程度成为制约全球企业服务创新能力的主要因素。因此,全球企业应关注以下五种服务创新方法:

(1)全面创新,革新服务观念。通过技术的重大突破和服务理念的变革,实现全球企业服务水平的全面提升。

(2)重新定位。对品牌、产品、细分市场进行重新定位,通过服务产品向上、向下、双向延伸等方法,创造出质量、档次、价格等方面与原有服务相区别的全新服务项目。

(3)服务外包。通过购买、租赁、聘用专业人员等方式将优秀全球服务理念引入到本企业中。

(4)技术创新。学习、模仿全球优秀企业的服务理念、服务策略,通过服务技术的应用改革、完善原有服务,提高原有服务水平。

(5)形象重塑。通过改善服务环境、筛选服务产品、重命名新产品、品牌升级等方式对总体企业服务形象进行重新塑造。

第五节　全球品牌的管理

一、品牌

品牌(Brand)是用以辨认生产经营者不同种类、不同品质的产品名称或标志,通常由文字、标记、符号、图案和颜色等要素构成。“品牌”一词来源于古挪威词语“Brandr”,中文意思是“烙印”。当时的游牧部落在马背上打上烙印,并附有各部落的标记,用以区分不同部落之间的财产。

品牌是一个集合概念,它包括品牌名称(Brand Name)和品牌标志(Brand Mark)两部分。

品牌名称是指品牌中可以用语言称呼的部分，又称“品名”，如奔驰（Benz）、奥迪（Audi）等；品牌标志又称“品标”，是指品牌中可以被认出、易于记忆但不能用语言称呼的部分，通常由图案、符号或特殊颜色等构成，如“三叉星圆环”和“相连着的四环”分别是奔驰和奥迪的品牌标志。

品牌的作用，首先是区分产品，其次是通过特定的口号在人们心中留下烙印。随着实践的发展，品牌越来越多地向消费者传递一种生活方式，人们在消费某种产品时，被赋予一种象征性的意义，最终反映人们的生活态度以及生活观念。究其本质，品牌代表了生产者（销售者）对购买者（消费者）在产品特征、质量和服务方面的承诺。判断一个品牌的价值，应着眼于以下六个方面：

（1）属性。品牌代表着特定的商品属性。例如，奔驰牌轿车意味着工艺精湛、制造优良、昂贵、耐用、信誉好、声誉高、再转卖价值高、行驶速度快等。这些属性是奔驰轿车的生产经营者广为宣传的重要内容。

（2）利益。品牌不仅代表着一系列属性，而且体现着某种特定的利益。顾客购买商品实质是购买某种利益，这就需要将属性转化为功能性或情感性利益，或者说，品牌利益在相当程度上受制于品牌属性。就奔驰轿车而言，“工艺精湛、制造优良”的属性可转化为“安全”这种功能性和情感性利益；“昂贵”的属性可转化为情感性利益，如“这车令人羡慕，让我感觉到自己很重要并受人尊重”；“耐用”的属性可转化为功能性利益，如“多年内我不需要买新车”。

（3）价值。品牌体现了生产者的某些价值感。如奔驰代表着高绩效、安全、声望等。品牌的价值感客观上要求企业营销者必须分辨出对这些价值感感兴趣的购买者群体。

（4）文化。品牌还附着特定的文化。从给人们带来的利益等方面看，奔驰品牌蕴含着“有组织、高效率和高品质”的文化。

（5）个性。品牌反映一定的个性，不同的品牌会使人们产生不同联想。如奔驰会让人想到一位严谨的老板、一只勇猛的雄狮或一座庄严质朴的宫殿。

（6）用户。品牌暗示了购买或使用产品的消费者类型。如一个 20 来岁的姑娘驾驶奔驰轿车，通常会令人吃惊，人们更愿意看到驾驶奔驰轿车的是有成就的企业家或高级经理。

价值、文化和个性构成了品牌的基础，揭示了品牌间差异的实质。“高技术、绩效、成功”是奔驰独特价值和个性的反映。若奔驰公司在其品牌战略中未能反映出这些价值和个性，而以奔驰的品牌推出一款新型廉价汽车，那将是一个莫大的错误，因为这会严重削弱奔驰公司多年来苦心经营所彰显的品牌价值和个性。

二、全球品牌

全球品牌（Global Brand）是指全球顾客对某一特定品牌的理解和认识程度。许多学者对全球品牌的内涵给出了不同的界定，卡普费勒（Kapferer）在 1992 年指出，全球品牌意味着其能够在全球市场反映出一致性的价值体系，并能够开发出激发全球顾客潜意识的资源；梅迪纳（Medina）和杜菲（Duffy）在 1998 年指出，品牌全球化即以全球顾客为目标在全球市场塑造和维持统一的品牌核心元素，并在此基础上对品牌外围要素进行一定的适应性调整；梅思达（Mesdag）在 2000 年指出，全球品牌是针对全球市场而设计的，能够覆盖不同的国家或地区市场的，多条非完全互不相容的产品线；舒灵（Schuiling）和卡普费勒（Kapferer）在 2004 年指出，全球品牌必须能够在许多国家或地区市场中覆盖相似的细分市场，其建立通常需要跨国公司付出巨额的投资。虽然对全球品牌的界定不尽相同，但是其核心均为在地理位置上处于不同国家，具有不同文化、价值理念和购买行为的全球顾客对某一品牌核心价值和形象的一致性理解，以及该品牌产品为全球顾客提供的一致性定位和消费体验。

一个成功的品牌是企业最有价值的资产。品牌包含了与产品联系在一起的多年的广告效用、商誉、质量评估、产品经验以及其他有价值的特性。品牌形象是企业识别和战略的核心。研究表明,品牌的重要性和影响力会因各地文化价值的不同而不同。因此,如果某种形象、神话和比喻能够在世界文化和产品利益背景下帮助其确定个人和民族身份,那么无论消费者身在何处都会有所反应。全球品牌在这一过程中起着重要的作用。英国 Brand Finance 发布的 2021 年全球品牌价值前 25 强见表 8-1。

表 8-1　英国 Brand Finance 发布的 2021 年全球品牌价值前 25 强

排名	品牌名称	国家	品牌价值/百万美元
1	苹果(Apple)	美国	263 375
2	亚马逊(Amazon)	美国	254 188
3	谷歌(Google)	美国	191 215
4	微软(Microsoft)	美国	140 435
5	三星(Samsung)	韩国	102 623
6	沃尔玛(Walmart)	美国	93 185
7	脸书(Facebook)	美国	81 476
8	中国工商银行(ICBC)	中国	72 788
9	威瑞森电信(Verizon)	美国	68 890
10	微信(WeChat)	中国	67 902
11	中国建设银行(CCB)	中国	59 649
12	丰田(Toyota)	日本	59 479
13	奔驰(Mercedes-Benz)	德国	58 225
14	腾讯(Tencent)	中国	56 432
15	华为(Huawei)	中国	55 396
16	国家电网(State Grid)	中国	55 203
17	中国平安(Ping An)	中国	54 579
18	淘宝网(Taobao)	中国	53 335
19	中国农业银行(ABC)	中国	53 134
20	家得宝(Home Depot)	美国	52 917
21	美国电话电报公司(AT&T)	美国	51 372
22	迪士尼(Disney)	美国	51 244
23	德国电信(Deutsche Telekom)	德国	51 107
24	天猫(Tmall)	中国	49 179
25	中国银行(BOC)	中国	48 689

(资料来源:英国品牌价值及战略咨询公司官网 http://brandfinance.com/,作者整理)

三、全球品牌的特征与消费者认知

品牌是一种概念,是消费者将信任和价值与某种产品联结在一起时的一种感觉。全球品牌通常是在世界的每个角落都根据同样的战略原则来经营的品牌,尤其是使用同样的定位或营销方式,全球品牌的名称相同、设计相同、创新战略相同。

全球品牌在每个市场的定位方法是一样的。如果某种品牌在本国具有一种高端形象,它在全世界都会保持与之类似的形象。例如,万宝路在全世界都被定位为一种都市品牌,代表着力量与独立,是为迎合人们的普遍心理而精心设计的形象。

即便是为了符合当地消费者的特殊要求或是竞争的需要而做出细微的调整，全球品牌在世界的每一个市场都以几乎相同的方式来进行营销。可口可乐是一个典型的例子，它在所有国家的定位与营销都相同。尽管产品本身为迎合当地人的口味而可能有所不同，价格也会根据当地具体的竞争条件而有所不同，销售渠道可能有所不同，但品牌管理的基本战略原则在全世界都是一样的。可口可乐在全球范围内被设计成共享欢聚时光的形象。

全球品牌被消费者认知不是一蹴而就的。将品牌营销到全球划分为五个阶段，每个阶段的消费者认知特征见表 8-2。

表 8-2　全球品牌消费者认知的五个阶段

阶段划分	每个阶段消费者认知的特征	中国市场案例
第一阶段	当地消费者听说过该品牌，但在本地买不到或者不容易买到，对消费者来说可能极具吸引力	众多奢侈品牌
第二阶段	当地消费者把非本地的品牌当作“外国货”，即舶来品。品牌的外国特征使其在消费者心中产生了差异，这种差异有好的方面，也有坏的方面	Zara、无印良品、iPhone、宜家
第三阶段	当地消费者开始认同进口品牌，并给予其“国民待遇”，即产品的原产国对消费者购买选择的影响已不大	佳能、索尼、丰田、普利司通
第四阶段	外国公司的产品部分或全部在当地生产，并被当地消费者视为当地产品，虽然当地消费者可能记得其原产地，但该外国产品已经本土化了	大众汽车、天梭、耐克、阿迪达斯
第五阶段	品牌已经去除了其国籍标志，消费者已经把它当作无边界的或全球性的产品，人们不但不能识别出其产地，而且不会关心或询问其原产地	麦当劳、肯德基、赛百味、星巴克

（资料来源：George V. Priovolos. *How to Turn National European Brands into Pan-European Brand*, Hagan School of Business, Iona College, New Rochelle, NY. 有删改）

四、全球品牌管理

1. 全球品牌的市场进入

世界上有 200 多个国家和地区，不同区域的市场规模不同，消费者对品牌的认知和忠诚度不同，不同区域的品牌在世界上的影响力不同，不同区域的法律社会环境对品牌的影响也不同。在区域间存在众多差异的情况下，企业难以同时在全世界推广自己的品牌，所以必须依照一定标准对众多的国家和地区进行划分。目前世界市场可以简单地分为三个层次：第一个层次是以欧、美、日为代表的发达国家和地区市场；第二个层次是以东欧、南非、印度尼西亚等为代表的中等发达国家和地区市场；第三个层次是以中国、印度、越南等为代表的发展中国家市场。

发达国家和地区市场的进入门槛最高，表现为知名品牌众多，实力较强，已占有很稳固的地位。一些当地的知名跨国公司经营了几十年乃至上百年，如家用电器行业，欧洲有西门子、伊莱克斯、飞利浦等，日本有松下、索尼、日立、东芝等，美国有 GE、惠尔普等。在发达国家和地区市场，消费者的需求和消费心态比较成熟，大都已有偏爱的品牌，需求也得到了满足，很难改变其偏好。无论是消费者还是政府管理部门，对产品质量的要求都是最高的。因此，要想在发达国家和地区占有一席之地，难度很大。不过发达国家市场容量很大，市场化程度也很高。

中等发达国家和地区的市场基本上没有本土的跨国公司和国际性品牌，跨国公司品牌大都是外来品牌。就这一点而言，市场消费者的忠诚度不如发达国家的高，消费者和政府管理部门对产品的要求也不如发达国家的高，消费者更加关注品牌产品的价格性能比。这些国家就目前状况看，或多或少都存在一些社会的、经济的或政治方面的问题。因此，品牌进入这类市场难度不是很大，但长期发展有一定的风险。当然，其中的一些国家如巴西、印度尼西亚、南非等总体上看还是不错的，市场规模较大。

发展中国家市场的进入门槛是最低的，但也有一些问题。虽然这类市场上消费者的消费能力和需求水平较低，产品质量完全能够达到他们的要求，但在有潜力的市场，跨国公司可能早已进入，这一点与中等发达国家市场相似，比如在越南市场，日本品牌深入人心，极受偏爱，给其他国家品牌的进入造成了一定的阻碍。另外，本土品牌的竞争和政府对民族工业的保护，给品牌的进入带来不利影响。发展中国家的文化、宗教、政治等较为复杂，给品牌的适应性带来一定的问题，而且由于发展中国家经济不发达，市场规模有限。

因此，企业制定品牌全球化战略后，首要任务就是选择最先要进入的市场，具体而言有如下三种模式：

先易后难模式。这种模式是先进入发展中国家市场，然后进入中等发达国家市场，最后进入发达国家市场。优点是市场容易进入，甚至还有一些优惠政策，发展中国家大都经济水平较低，因而建立品牌形象的投资比较少，时间也会短一些。采取先易后难模式可以为企业在国际市场上建立品牌信誉和品牌形象提供直接而丰富的操作经验，而且需要付出的代价相对较低，可以在较短时间内见效，有助于增强企业创国际品牌的信心和决心。在企业财力有限、经验不足、信心不强时，先易后难模式不失为可取之策。但该模式最大的不足是在发展中国家市场建立的信誉和形象，基本上无法扩散到其他国家。如 TCL 在越南的成功，并不能使新加坡、马来西亚、泰国等国的市场消费者认可和接受，要想进入这些国家的市场并建立起信誉，还得从头做起，就像中国国内的知名品牌信誉无法有效传播到越南、印度一样。从建立品牌信誉和形象的角度而言，唯一的好处是有了成功经验，在操作时更加从容、更加熟练，可以提高进入更发达国家市场的成功率。从建立国际性品牌的高标准看，需要经过从不认识到认识、从认识到熟悉、从熟悉到信任的长期而缓慢的过程，十分耗时费力。

先难后易模式。这种模式是先集中力量主攻发达国家市场，再转向相对容易的其他国家和地区市场。这种模式的优点非常显著，如果在发达国家树立起品牌信誉和形象，就意味着品牌经受了世界上最严峻的考验，已成为国际性品牌，此时再转向中等发达国家或发展中国家市场，就容易被接受。在主攻发达国家市场时，尤以美国市场特别重要，在美国市场的成功对在欧洲、日本市场的成功极有帮助。先难后易模式，实质上就是占领市场竞争制高点的品牌国际化策略，一旦成功即成为强势品牌，可以借势把产品推向世界各地。海尔在近两年产品迅速覆盖全球，是采取先难后易模式的典型例子。这种模式的不足是见效时间较长。海尔在美国花了十多年时间，从产品出口做起，才取得今天的成就。因此，先难后易建品牌，要有耐心和信心。此外，这种模式需要大量投入。广告费用、人力成本和经营费用都较高。因此，要在发达国家树立一个品牌，少则千万美元，多则上亿美元甚至更多。

中间路线模式。这种模式是先进入中等发达国家和地区市场，积累在国外建立品牌信誉和形象的经验，积累由中等发达国家和地区市场向周边发展中国家市场扩散的经验，积累更多的资本实力和营销经验，增强信心，之后转向发达国家和地区市场。由于积累了丰富的市场运作经验，在发达国家和地区树立品牌的时间会短一些，需要投入的资源也会有所减少。在发达国家和地区树立品牌形象后，再向其他国家和地区市场进行扩散，过程就会相对容易。因此，中间路线模式对有一定实力但又不够强大的企业，是一条可取之路。

2. 全球品牌的市场运营

品牌进行全球化运营必须要有精准的定位，不同的品牌其全球化过程取决于企业产品或服务的特性，以及企业想要达到的战略目标。

第一，全球品牌的标准化定位。全球品牌的标准化定位是要将全球视为一个统一的大市场，每一个国家或地区都是具有无差异性特征的子市场。它能让消费者明确、清晰地识别并记住品牌的利益与个性，是驱动消费者认同一个品牌的重要力量。由于存在着若干影响和制约品牌国际化的因素，完全标准化的全球品牌是不存在的，只是一种理想模式而已。

第二，全球品牌的适应性。除了品牌形象和品牌定位等主要的营销要素实行全球统一化以外，其他要素如产品、包装、广告策划等，需要根据当地市场的具体情况加以调整，以提高品牌对该市场的适应性。在全球化策略实施的过程中，所有营销组合要素的出台，都要充分考虑所在国的文化传统、语言，并根据当地市场情况加以适当的调整，即"全球思考，本土执行"或者"全球兼顾当地"。有关学者对亚洲市场的研究表明，多数跨国公司采用标准化和本土化相结合的品牌国际化策略，即在品牌的战略决策方面（如品牌定位、品牌个性、广告主题等）较多采用标准化决策，在品牌的战术决策方面（如品牌名称、广告表现形式和媒体选择等）较多采用本土化决策。

小案例

BMW 是世界著名汽车品牌之一，其制造企业全称为巴伐利亚发动机制造厂股份有限公司(Bayerische Motoren Werke AG)，总部位于德国巴伐利亚州首府慕尼黑市。"巴伐利亚"一词为英译，德语的巴伐利亚称为"拜仁"(Bayern)。BMW 汽车早期进入中国市场时，曾采用直接音译的方式进行命名，"Bayern"被音译为"巴依尔"。1992 年以前，BMW 在华的品牌名称就是巴依尔。该名称对于中国消费者而言显得不合时宜，因此 BMW 始终无法全面打开中国市场的大门。自 1993 年起，BMW 果断进行品牌本土化调整，根据中国传统文化中"英雄配宝马"的情结，将在华品牌名称更改为"宝马"，既突出了该车高贵豪华的风格与气质，又与中国传统文化浑然一体，同时发音也与 BMW 的相差不大。如今，开上宝马车已经成为不少人的梦想，宝马车主也成为成功人士的象征，宝马品牌因为一个名字而改变了在中国的命运。

第三，全球品牌的扩张。随着国际贸易的不断发展，品牌不断地向全球扩张。早期，品牌的扩张主要以并购的模式进行，如今更多采用国际联盟的形式。建立国际联盟，企业可以通过市场换市场或市场换技术的方式来增强企业在市场中的竞争优势，拓展更广阔的市场空间；可以通过资源、技术等的互补，使联盟各方取长补短，提升核心竞争力。在跨国公司全球发展的过程中，成本控制、市场资源日益成为其生死攸关的两大要素，而发展中国家企业具有绝对的环境资源优势，对本国的风土人情非常熟悉，有利于开展同地方政府的公共关系建设，更可获得丰富的市场资源、廉价劳动力以及高忠诚度的客户群和潜在客户群，这些都为跨国公司搭建了坚实的发展平台。发展中国家企业与跨国公司合作，可引进大量资金，学习其先进的生产技术和管理经验，为企业的发展减时、加速、增效。

因此，企业在品牌管理的过程中，应当树立全球品牌的意识，找准全球品牌推广的切入点，理清全球品牌与本土品牌的联动关系，做好全球品牌的标准化与当地化工作，思考全球品牌渗透与扩张的最佳方式。只有因地制宜，灵活多样，有计划地逐步推进，才能在瞬息万变的市场中立于不败之地。

本章小结

产品是市场营销组合中最重要的部分。在全球营销中，企业必须正确认识、准确定位和科学实施全球产品策略。

全球产品是能够满足全球消费者需求的产品。根据不同的行业类别及细分市场，可将全球产品划分为工业品和消费品两大类别。

全球性的产品应该具备全球共性，以其为核心要素，同时根据各地需求具备相适应的外围要素，这深刻反映了全球当地化的思想。模块化的管理方式，能更好地协调产品标准化和当地化的关系。

随着产品全球化程度的不断提高，企业拥有一套有效的方式来控制产品显得越来越重要。企业必须对全球产品的财务表现、时间效率、质量和业务发展程度进行重点监测并制定相应的发展目标，做好数据及文档管理、产品配置管理、过程管理、项目管理和协同管理。

一个成功的品牌是企业最有价值的资产。品牌包含了与产品联系在一起的多年的广告效用、商誉、质量评估、产品经验以及其他有价值的特性。品牌是一种概念，是消费者将信任和价值与某种产品联结在一起时的一种感觉。全球品牌的推广可划分为五个阶段，消费者认知与之相对应。企业在品牌管理的过程中，应当树立全球品牌的意识，找准全球品牌推广的切入点，理清全球品牌与本土品牌的联动关系，做好全球品牌的标准化与当地化工作，思考全球品牌渗透与扩张的最佳方式。

中英文关键词

全球产品（Global Product）
标准化（Standardization）
当地化（Localization）
模块化（Modularization）
技术差距理论（Technological Gap Theory）
全球服务（Global Service）
服务创新（Service Innovation）
全球品牌（Global Brand）
全球性识别（Global Recognition）

复习思考题

1. 什么是全球产品？如何认识全球产品的内涵？
2. 企业制定全球产品战略时，如何平衡标准化和当地化？

3. 制定全球产品生命周期策略应注意哪些事项？

4. 全球企业服务创新的方法有哪些？

5. 跨国企业如何建立和推广全球化品牌？请结合实例具体说明。

章末案例

星巴克咖啡：蒸蒸日上

1983 年，霍华德·舒尔茨(Howard Schultz)萌生了把欧洲风味的咖啡引入美国的想法。他相信，人们应该放慢脚步，闻闻咖啡的清香，多享受生活。于是星巴克连锁店在美国掀起了细细地享受咖啡的时尚潮流。

星巴克出售的不仅仅是咖啡，而是一种体验。有分析家认为，消费者享受的是星巴克的环境：美妙的音乐，舒适柔软的座椅，好闻的香味。星巴克的首席执行官舒尔茨则说："我们的业务不是填肚子，而是填思想。"

星巴克现在是广为人知的超值品牌，而以前它仅仅是经营咖啡豆业务的零售店。随着品牌的树立，星巴克的销售额和利润就像咖啡杯里的热气一样冉冉上升。每周有 2 500 万顾客光顾其 7 600 多间店铺。过去 5 年间，星巴克的销售额和利润都增长了 3 倍以上，而收入以每年 20% 的速率增长。从 1992 年到现在，它的股票已经狂涨到原来的 30 倍还要多。

星巴克的成功招来了一大批形形色色的东施效颦者，从 Caribou 咖啡这样的直接竞争对手到快餐经营商(比如麦当劳的 Mc 咖啡)，甚至还有折扣商店(沃尔玛的 Kicks 咖啡)，几乎每家企业都在大力兜售自己的咖啡品牌。20 世纪 90 年代初期，美国只有 200 家咖啡店，现在有 14 000 多家。为了在这个竞争激烈的市场上保持显著优势，星巴克已经推出雄心勃勃、多面出击的应对策略。

发展更多的店铺。星巴克超过 86% 的销售额来自其店铺，所以不足为奇的是，星巴克正投身在广开店铺的大潮中。8 年前，星巴克总共只有 1 015 家店铺——比它去年一年新建的店还少 424 家。星巴克的战略是到处开店，在西雅图每 9 400 人就有一家星巴克，在曼哈顿每 12 000 人有一家。芝加哥一块三个街区大小的地方汇聚了 6 家时尚的咖啡店。事实上，密集开店招致当地媒体的讽刺报道：在现有星巴克的洗手间里开了一家新星巴克。尽管看来似乎没有星巴克的地方已经所剩不多，但仍然有充足的拓展空间。企业的最终目标是在全世界开 2.5 万家咖啡店。

加强对星巴克的体验。除了开新店，星巴克还增加了每家店所提供的食品种类，以便让顾客更频繁地被吸引进来，并在店里待得更久、买得更多。改进后的菜单包括滚烫的早餐三明治和午餐、晚餐食品，提高了顾客的平均消费额。最近还新增了一系列手摇的冰镇饮料。为了让顾客待得更久，星巴克现在 2 700 家店铺内提供 T-Mobile HotSpot 无线上网接口，可以让顾客在店内下载音乐，也可以让顾客在品尝拿铁咖啡的时候播放他们自己的 CD。没有现金不成问题，只要离开时出示已预付款的星巴克卡(被称为钱包里的星巴克店)就可以，或者使用 Duetto 星巴克 Visa 卡(一种信用卡，也可用作现金卡、储值卡或回报卡)。

开辟新的零售渠道。在美国销售的绝大多数咖啡，都是顾客在店内购买拿回家饮用。为了满足这部分需求，星巴克已经挤入了超级市场。星巴克与卡夫达成了共享品牌的协议。根据这项协议，星巴克负责烘焙和包装咖啡，卡夫则负责分销。除了超级市场，星巴克还想出了一系列令人耳目一新的方法进入新市场。如马里奥特公司(Host Marriott)在美国多座机场开设星巴克咖啡亭,数家航空企业也为其乘客提供星巴克咖啡。威斯汀(Westin)和喜达屋(Starwood)酒店为顾客提供袋装的星巴克咖啡,供其在房间内冲调。美国连锁书店 Borders 和塔吉特超市(Target)里都设置了星巴克咖啡厅。星巴克还通过商业目录和消费者名单销售美食家咖啡、茶、礼品等与之相关的产品。还有,星巴克的网站——Starbucks. com——已经成为改变生活方式的入口,在那里出售咖啡、茶、咖啡冲调用具、CD、礼品和收藏品。

更新产品和店铺概念。星巴克已与数家企业达成合作关系,将自己的品牌扩展到新的领域。比如,星巴克与百事企业合作,将星巴克的品牌贴到瓶装的星冰乐(Frappuccino)饮料和听装咖啡(Double Shot)上。星巴克冰激凌通过与 Breyer 企业合资的方式开展市场营销,现在已成为咖啡冰激凌的领导品牌。此外,星巴克还开始尝试新的店铺风格。在旧金山,星巴克尝试了 Circadia 风格——这是一种波希米亚风格的咖啡屋,铺着老旧的地毯,除了饮用特制的咖啡外,顾客可以在网上高速冲浪,还有现场演奏的音乐。

实现国际化成长。星巴克打算将自己在北美酝酿的概念推向全世界。1996 年,企业在北美以外地区只有 11 家咖啡店,到 2004 年年底已经增加到 2 000 多家。星巴克正以每年 400 家店的速度在海外持续扩张。

尽管到现在星巴克的应对策略取得了巨大成功,但是一些分析家仍表示强烈担忧。星巴克的高速扩张有什么问题吗?有分析家认为,星巴克将自己的品牌过度扩张了。人们花3.50 美元去购买一杯星巴克咖啡,是因为认为这应当是一个超值产品,当乘坐飞机时发现机上提供的也是星巴克咖啡时,就会心生狐疑了。有人担心,采取这样的应对策略,星巴克会把自己的资源摊得太薄或失去战略核心和焦点。其他一些人则对星巴克坚信不疑。有些人注意到了星巴克和麦当劳的相似之处。麦当劳靠销售不起眼的汉堡包而取得了惊人的成功。事实上,与处于相同发展时期的麦当劳相比,星巴克的店铺更多、收入更高、股票回报更出色。不过,星巴克要想达到麦当劳今日的规模,还有很大的发展空间。

只有时间能够说明星巴克能否成为下一个麦当劳,这完全取决于星巴克管理的成效。舒尔茨说:“如果把行动比作一场共有九局的游戏,那么现在才到第二局,我们刚开始接触到新市场、新顾客和新产品。”现在,一切都蒸蒸日上,但是星巴克要注意,不要热过了头。

(案例来源:星巴克官网 https://www.starbucks.com.cn/,2019 年,有删改)

讨论题:

1. 和竞争对手相比,星巴克全球产品策略有哪些独特之处?
2. 基于星巴克推出的不同产品,分析其如何平衡标准化和本地化需求。

第九章　全球营销的定价管理

学习目标

1. 了解影响全球定价的因素。
2. 掌握全球定价的方法。
3. 明确全球营销定价策略。
4. 理解跨国企业的转移定价。

开篇案例

奢侈品的价格迷局

据香港《南华早报》2018 年 7 月 4 日报道，继中国政府决定从 7 月 1 日起将从化妆品到家电等近 1 500 种消费产品的进口税下调后，法国奢侈品集团酩悦·轩尼诗-路易·威登集团(Louis Vuitton Moët Hennessy，以下简称 LVMH)本周成为率先下调中国内地售价的公司之一，内地媒体报道称价格下调 3%至 5%。

根据其中国内地官网列出的售价，广受欢迎的 Neonoe 水桶包现在的售价为 11 800 元人民币(合 1 779 美元)，而此前的售价为 12 300 元。同一款手袋在其香港官网的售价是 13 200 港元(合 11 163 元人民币，1 683 美元)，比中国内地官网的售价低 96 美元(约合人民币 637 元)。报道称，内地和香港的价格差距之所以缩小，是由于内地削减关税的做法和人民币的贬值。

国泰君安证券分析师洪学宇说，虽然价格调整的幅度看似很小，但可能会引发其他全球品牌跟风降低中国内地的售价，而这可能对香港构成威胁。他说："尤其是在人民币迅速贬值的情况下，香港吸引内地消费者的优势变得更小了。"投资银行香颂资本的总裁沈萌说，由于中国在一些欧洲国家采取的减税和退税措施，香港面临着来自这些地方的激烈竞争，因为这些地方的商品价格变得与香港的持平或是更低。不过他补充说，人民币贬值将不会对购买奢侈品的人产生严重影响，至少短期内不会，"这个群体能够更好地吸收人民币波动所带来的冲击"。

LVMH 集团对于旗下奢侈品的价格调整，近年来并非首次。

早在 2013 年 2 月，LVMH 就上调了在日本的产品价格，平均涨幅 12%。该次提价幅度是 LV 进驻日本以来最大的一次。据了解，当时中国内地的 LV 专柜手袋价格也略有上调。某海外代购网站的客服人员介绍，当日中国内地 LV 专柜手袋价格上涨幅度在 4%以上，而巴黎 LV 专卖店的商品价格上调幅度在 5%～10%。

LV 发言人称，该次在日本的涨价，部分原因是日元走软和原材料价格上升。2012 年，LVMH 在日本收入占其总收入的 8%。进入 2013 年以来，日元兑美元汇率已持续下跌 13%，LVMH 的收入也因此减少。一位业内人士则认为，原材料和通胀等因素并不是奢侈品价格上涨的症结所在，利用价格上调保持品牌高端度才是主因，小幅提价在增加品牌利润的同时，能夯实奢侈品的地位。

本恩资本研究显示，中国人消费了全球25%的奢侈品，但其中60%的消费行为都发生在中国境外。中国人涌向国外购买奢侈品，受伤的却是该品牌在中国门店的利益。某奢侈品资深人士表示，奢侈品品牌商其实希望更多的中国客人在国内购买奢侈品。涨势不均匀的价格调整策略，可能是为了将大批流失在外的中国消费者带回国内，以保护在华门店的利益。

（案例来源：冯雪《港媒：买一个LV包只差600元 内地人还会到香港购物吗？》，载于新浪财经网，2018年7月7日；陈慧雄、张荣《市场营销案例集》，浙江大学出版社，2014年，第235-239页。有删改）

第一节　全球价格及其影响因素

价格策略是市场营销策略中最活跃、最关键的部分，是市场竞争的重要手段。价格随市场的变化上下波动，协调着买卖双方的利益关系。在全球市场竞争中，跨国企业经营者如果能准确把握价格变动的幅度、时间和区间，就能在瞬息万变的市场中站稳脚跟，吸引顾客，扩大市场份额，获得竞争优势。

一、全球价格

全球价格也称国际市场价格或世界市场价格，是全球产品在国际市场中价值的货币表现。人们常说的全球价格是指某种商品一定时期内在国际市场上客观形成的具有代表性的成交价格，具体包括国际贸易中的进出口价格、市场交易价格、拍卖价格、开标价格、协定价格、合同价格等。

跨国企业制定全球价格，与其在本地定价中考虑的产品生产成本、渠道费用、利润和税金等基本相似，但在全球营销的过程中，受运输距离远、分销渠道长、中间商支持费用高、目标市场国家政策多变、外汇变动频繁等因素的影响，全球定价的过程相较于本地市场定价更为复杂。

二、影响全球定价的因素

全球企业为了科学地进行产品定价，必须分析影响定价的基本因素。影响企业定价的因素有很多，既有企业内部的因素，又有企业外部的因素。内部因素包括营销目标、营销组合、成本及定价组织；外部因素包括全球目标市场的需求、市场竞争和其他环境因素，如全球宏观经济状况、目标市场国家的政策法规等。

1. 全球成本因素

产品成本是企业制定价格的基础。成本包括生产成本、采购成本、销售成本、财务成本和税金等。定价应首先补偿所有的成本费用，价格高于成本费用才有可能盈利，换句话说，成本是产品价格的最低限度。一般而言，企业制定的价格，应包括产品生产和销售过程中的一切支出，以及企业为达到销售目标所做努力和承担风险的合理而公平的一切补偿。产品成本的变化必然影响产品价格的变化。产品成本下降，则产品价格有下降的趋势或可能；反之亦然。在竞争激烈的市场上，企业要想用降价来取胜，就必须先降低成本，只有产品成本减少，才能使产品降价有可靠的经济基础。然而，全球营销与一国营销相比，所发生的成本完全不可同日而语，为了实现理想的利润和投资回报，对企业在全球范围内的成本进行核算是定价决策的关键之一。

(1)全球成本的规模效应

全球营销标准化所带来的规模效应是实现跨国企业全球成本领先的重要手段。特别对于相对富有需求弹性的敏感性产品和行业来说,企业可以通过大规模的标准化和全球产品配置的模块化,大幅度降低成本,为全球顾客提供高质量、低价格的产品。与此同时,成本优势还可以通过许多价值链上、下游环节的全球配置实现。跨国企业可以通过集中采购、集中配送或仓储物流设施来降低采购和物流成本;可以将巨大的营销费用在全球市场分摊,全球品牌形象和全球广告对不同国家的相互影响力和渗透效果,无形中又降低了全球营销成本;良好的管理经验可以在不同国家市场中大幅推广和传递,能使成本再度降低。

(2)全球成本的复杂性

虽说全球营销的规模效应可以带来强大的成本优势,但在具体全球定价中,应考虑的因素又异常复杂。除了具备基本的成本核算能力之外,企业还必须了解全球范围的特别是所在国家或地区的政治环境、经济环境、贸易壁垒、国际汇率、金融风险、通货膨胀等因素。

第一,关税及非关税壁垒。关税是进出口商品经过一国关境时,由当地政府海关向进出口商征收的费用;非关税壁垒是指一国或地区在限制进口方面采取的除关税以外的所有措施,是相对于关税而言的,这些措施可以通过国家法律、法令以及各种行政措施的形式来实现,如技术认证、卫生许可、准入条件、司法手续等。企业在全球营销过程中所面临的目标国关税与非关税壁垒,势必增加企业在该国的营销成本。当然,这也是各国政府保护本国相关产业的重要手段。

第二,汇率。汇率是一国货币与另一国货币的比率或比价,或者说是用一国货币表示另一国货币的价格。跨国企业的营销成本很大程度上受到了汇率的影响,即使企业什么都不干,国际金融市场的震荡造成两国汇率的波动,也会无形中增加企业的营销成本。为了有效地规避汇率风险,跨国企业在拟定贸易合同时一般强调贸易双方规定计价货币和汇率条款,若实时汇率波动超过约定汇率时,贸易双方需要调整条款或调整价格。汇率波动下的全球定价战略见表 9-1。

表 9-1　汇率波动下的全球定价战略

本国货币疲软时	本国货币坚挺时
1.强调价格优势	1.通过提高质量、运输和售后服务进行非价格因素的竞争
2.扩大产品系列时,增加昂贵的部件	2.提高生产力,减少成本
3.转向本国市场采购产品	3.在本国以外采购产品
4.在所有的市场寻找市场机会	4.优先向那些货币更坚挺的国家出口
5.采用全成本核算方法,在新的或者竞争性市场采用边际成本定价法	5.减少边际利润并采用边际成本定价策略
6.加速收回在国外赚取的收入和应收账款	6.将在国外赚取的收入留在当地,放缓回收应收账款
7.尽量减少以对方货币计价支出	7.尽量以对方货币计价支出
8.在本国市场购买广告、保险、运输和其他服务	8.在海外购买服务,用当地货币付款
9.让外国顾客以他们国家的货币付款	9.让外国顾客用本国货币付款

(资料来源:吴晓云《全球营销管理》,高等教育出版社,2008 年,第 298 页)

第三，通货膨胀。通货膨胀指在纸币流通条件下，因某国货币供给大于货币实际需求，造成该国人民实际购买力超出了该国的产业供给，导致货币贬值，进而引发的一段时间内该国物价持续而普遍上涨的现象。通货膨胀会严重影响产品的原材料供应，使成本提高。

第四，分销渠道成本。全球营销过程中，跨国企业为了快速渗透目标市场，通常会招募若干当地中间商作为销售渠道。中间商的佣金、商品在中间商的仓储开支、给中间商的支持费用、配合中间商促销活动的宣传推广费用等，都会增加一系列成本。如果全球营销企业在该国采用自销的渠道系统，不但要承担全部的流通费用，而且要面临改善分销渠道基础设施和条件的各种意想不到的成本问题。

第五，政府管制。虽然各个国家之间，特别是世界贸易组织成员方之间，都按照协议规定相互开放市场，但不同国家的实际情况不同，各国政府会对贸易的具体方式进行或多或少的管制，从而造成跨国企业营销成本的不确定。较为常见的政府管制方式有限制中间商毛利、划定最低限价或最高限价、限制价格变动、出口补贴或政府直接参与全球市场竞争等。由于政府所采取的各种管制方法，全球企业的定价变得更加复杂。

2. 全球市场因素

全球企业为产品定价，除了考虑产品成本因素之外，还要充分考虑影响产品价格的另一个重要而又最难把握的因素——市场状况，它决定着产品价格的最高临界点，即价格再高也不能高到无人买的程度。市场状况主要包括市场商品供求状况、商品需求特性、竞争状况等。

(1)市场商品供求状况

在市场经济社会形态下，价值规律这只“看不见的手”会自发地起着支配作用。当商品供不应求时，商品价格就会上涨；当商品供过于求时，商品价格就会下跌。供求影响价格，价格调节供求，这是价格的运动形式，是商品价值规律、供求规律的必然要求。在其他因素不变的情况下，商品供应量随价格上升而增加，随价格下降而减少；商品需求量则随价格上升而减少，随价格下降而增加。因此，全球企业定价必须认真考虑价值规律的客观要求，根据市场供求状况及时制定或调整价格，以利于供给与需求的平衡。

(2)商品需求特性

需求是定价的重要依据之一，企业应对目标国家的需求状况进行具体的分析研究。各个国家的经济发展水平、居民收入水平决定了需求程度和对价格的接受能力。用户的消费习惯、爱好、意向、观念直接影响商品价格。商品需求特性会对价格产生三个方面的影响：

①高度流行的商品或消费者对品质、声誉具有高度要求的商品，价格因素会变得次要。众所周知，消费者不会因为价格便宜而去购买设计欠佳的服装；厂家购买机器设备，首先考虑的是品质，价格仅在货与货比较时方觉重要；在耐用消费品方面，商品的品牌声誉更加重要；某些快速消费品如糖、烟、酒等，消费者更多考虑使用习惯性，而不在乎价格的高低。

②商品存货周转率影响价格的制定。消费者购买频率高的日用品，有较高的存货周转率，适宜薄利多销；反之，周转率低或易损、易腐商品则需要有较高的毛利率。

③商品价格弹性影响价格的制定。对无价格弹性的商品降价，于促销无益；对需求弹性大的商品，价格一经调整，即会引起市场需求的变化。一般情况下，方便商品的替代品多，价格弹性大；特殊商品的替代品少，价格弹性小；选购商品的价格弹性比方便商品的小，但比特殊商品的大。

(3)竞争状况

价格竞争是营销竞争的重要手段和内容。现实的和潜在的竞争对手的数量及竞争的强度对产品定价有很大的影响。对于跨国企业来说，在全球定价环境中，最重要也是最核心的竞争考虑并不是来自于目标市场中的本土企业，而是来自于和其他国家市场几乎相同的全球竞争者。譬如，大众汽车作为全球汽车制造企业，在中国市场中的定价策略并不会因为奇瑞、吉利、哈弗等中国本土汽车制造企业的定价策略而受到影响，它的主要竞争对手向来都是丰田、本田、奔驰等全球汽车制造商。竞争越激烈，对价格的影响就越大。因此，商品的定价应考虑竞争对手的价格情况，力求定出对竞争较为有利而又受欢迎的价格，特别对竞争激烈的商品，企业应把定价策略作为与竞争者相竞争的一个特别重要的因素来考虑。另外，企业有必要认真研究市场结构，分析竞争者在产品质量、技术水平、售前与售后服务等方面的情况，尤其是竞争者产品的价格水平，以制定合适的价格参与市场竞争。值得一提的是，市场的垄断程度反映了市场竞争的程度。一般国际上会通过定价协议、价格安排、授权协议、领头定价、习惯定价或非正式的公司间协议等达成价格同盟。2003 年 6 月，我国发布《制止价格垄断行为暂行规定》。全球营销的企业必须充分注意垄断因素对企业定价的影响。

3. 政府因素

全球营销还会受到目标市场国家政府对定价的各种干预。除了上述提到的政府管制和国家垄断之外，还有以下两种情况值得跨国企业注意：

(1)反托拉斯

反托拉斯是指一国政府旨在取缔企业垄断行径、贸易限制和那些试图通过厂商勾结来抬高价格或取消竞争的行为。各国政府有许多与全球营销的产品定价相关的法律规定，反托拉斯法是其中的主要法规之一。美国反托拉斯法明确规定：任何限制与外国的贸易或商业活动的合并，以托拉斯或其他形式进行的合并或者共谋，均为非法；对与外国的贸易或商业活动的任何部分实行垄断或企图实行垄断，为了实行垄断而与其他人合并或者共谋，均为非法。欧洲联盟的反托拉斯法明确规定，价格歧视、供应限制、全行业共谋提价等行为是非法行为。

(2)反倾销

反倾销是指一国政府为抵制外国商品在本国市场上以低于制造成本价格出售所采取的措施。常见方法是对倾销的外国商品除征收一般进口税外再增收附加税，使其不能廉价出售，此种附加税称为“反倾销税”。自 20 世纪 80 年代起，反倾销作为贸易保护主义的重要武器，已成为全球营销中的一个热点问题，迫使跨国企业纷纷采取各种措施来避免所在国的反倾销指控。

小案例

2018 年中美贸易战，被高柏资本(PGWG)风险合规总监 Wilson 称作“一场史无前例的贸易战”。2018 年 6 月，美国宣布对约 500 亿美元中国商品加征 25%的关税，随后不到 6 个小时，中国采取反击行动，宣布将对原产于美国约 500 亿美元进口商品加征 25%关税。当地时间周一，特朗普再度威胁称，将对价值 2 000 亿美元的中国商品加征 10%的关税，作为对中国的回应。

这次“贸易战”可追溯到 2017 年 8 月 14 日，美国总统特朗普签署行政备忘录，授权贸易代表对中国开展“301 调查”。“301 调查”是指美国《1974 年贸易改革法》第 301 条授权美国政府在与其他国家发生贸易争端时，做出单边裁决，并采取不存在于世界贸易组织争端解决机制中的单边措施。“301 调查”往往是针对一国实施。在发起此次“301 调查”之前 4 个月，美国还对进口钢、铝制品发起了“232 调查”(美国商务部根据《1962 年贸易扩展法》第 232 条款授权，对特定产品进口是否威胁美国国家安全进行立案调查)。

2018年3月8日,美国总统特朗普宣布,美国将在很长一段时期对钢铁和铝进口征收25%和10%的重税。但随后豁免盟友,最终被征收高关税的可能"只有中国"。

3月21日,中国外交部发言人华春莹在例行记者会上表示,中方不想跟任何人打贸易战,但如果有人逼迫中方打,我们一不会怕,二不会躲。两天后北京方面作出回应,中国计划对美国输华的128个税项产品加征关税,按2017年统计,涉及美对华约30亿美元出口。

4月4日凌晨特朗普签署备忘录,宣布将对原产于中国的1 300余种进口商品加征25%的关税,涉及航空航天、信息和通信技术等行业约500亿美元的中国对美出口额。当天经国务院批准,国务院关税税则委员会决定对原产于美国的大豆、汽车、化工品等14类106项商品加征25%的关税,涉及2017年中国自美国进口金额约500亿美元。

4月16日美国商务部宣布,将禁止美国公司向中兴通讯销售零部件、商品、软件和技术7年。随后,中国另一家通信巨头华为也被调查。

5月16日,国务院副总理刘鹤率中方代表团赴美。5月20日据新华社报道,中美双方在华盛顿就双边经贸进行了建设性磋商,并发表联合声明。刘鹤在接受媒体采访时表示,此次中美经贸磋商的最大成果是双方达成共识,不打贸易战,并停止互相加征关税。

6月15日,白宫对中美贸易发表声明,对1 102种产品总额500亿美元商品征收25%的关税,白宫的声明提到了《中国制造2025》。中国外交部当天声明:"如果美方出台包括加征关税在内的贸易制裁措施,双方谈判达成的所有经贸成果将不会生效。"

至此,2018年国际经济领域最令人瞩目的一场纷争在最强的两个大国间打响。

(案例来源:搜狐网 https://www.sohu.com/a/238488770_240534,有删改)

第二节　全球定价的方法

定价方式是一种工具,跨国企业选择全球定价的方法时要结合全球和国家两个层次的成本、需求和竞争来考虑。菲利普·科特勒在传统营销理论中所讨论的成本导向定价法、需求导向定价法、竞争导向定价法在全球定价管理中仍然适用,但全球定价还应考虑全球成本的复杂性、全球需求的特殊性以及全球竞争的不确定性。

一、成本导向定价法

成本导向定价法是指直接以成本作为依据的定价方法。该方法对于刚制定全球营销战略或刚确立全球市场地位的全球企业而言,最为适用。全球企业在实施营销战略之初,全球规模效应尚未显现,全球各市场的需求还未摸清,全球利润水平参差不齐。因此,采取成本导向定价,在技术上易于实施,更容易实现预期利润。成本导向定价法具体包括以下五种方法:

1.成本加成定价法

成本加成定价法是指在单位总成本的基础上,加上一定百分比的加成来制定产品销售价格的方法。其计算公式如下:

$$单位产品价格=单位产品总成本\times(1+加成率)$$

采用成本加成定价法,确定合理的预期利润率是关键。预期利润率因各国各行业环境不同而不同,即使是同一类商品,也会出现差别很大的情况。这种定价方法具有计算简便、易于施行的优点,在正常情况下使用可使企业获得预期盈利。其缺点是忽视市场竞争和供求状况的影响,缺乏灵活性,难以适应市场竞争的变化形势。

2.售价加成定价法

售价加成定价法又称为毛利率法，与成本加成定价法类似，可以说是成本加成定价法变通的一种形式。其计算公式如下：

单位产品价格＝单位产品总成本/（1＋毛利率）

3.保本定价法

保本定价法是指企业制定的产品价格以保证能够回收全部成本为目标，产品价格等于单位产品成本。按照量本利分析法（也称盈亏平衡分析法），产品成本一般由变动成本和固定成本两部分构成。固定成本在一定范围内不因产量变化而变化，因而单位产品的固定成本等于总固定成本除以预期销售量。产品价格则等于单位产品变动成本与单位产品固定成本的和。其计算公式如下：

单位产品价格＝产品总成本/预期销售量＝总固定成本/预期销售量＋单位产品变动成本

4.目标利润定价法

目标利润定价法是指企业在保证回收成本的基础上，还要实现一定数额目标利润的定价方法。在采用目标利润定价法定价时，首先应明确所要实现的目标利润是多少，再根据产品的需求弹性来考虑各种价格及其对销售量的影响，最后将价格定在能够使企业实现目标利润的水平上。其计算公式如下：

单位产品价格＝（总固定成本＋总目标利润）/预期销售量＋单位产品变动成本

5.边际成本定价法

边际成本定价法又称变动成本定价法，是一种不考虑固定成本而以变动成本为基础的定价方法。这种方法是在产品市场供需比过大，市场竞争异常激烈的情况下采取的一种临时性办法。同时，该方法也可作为企业的主要市场竞争手段，因为不计固定成本，所以售价较低，可以暂时增强产品的市场竞争力。全球企业在出口销售时，可先采用这种方法打入目标市场国，待占领一定市场份额后，再逐步提价以期获得更多的利润。其计算公式如下：

单位产品价格＝边际成本＋边际贡献＝增加1单位销量带来的成本增量＋1单位补偿

二、需求导向定价法

需求导向定价法是根据市场需求强度不同、消费者对价格的心理反应不同、顾客对产品的价值感知不同来确定产品价格的一种定价方法。在如今全球经济一体化时代，本地市场出现“舶来品”、全球名牌产品已不甚稀奇，全球产品通过各类信息渠道的传播对消费者产品感知会产生不同程度的影响。因此，需求导向定价法目前是全球企业定价中较为重视的一种方法。这类定价方法有以下几种形式：

1.理解价值定价法

理解价值定价法是以消费者对产品价值的理解和感受程度来确定产品价格的一种方法。全球企业应采取有效的营销措施，通过全球广告宣传等活动塑造全球品牌，突出产品的特征及其提供的效用，加深消费者对产品价值的理解程度，激起消费者对产品的需求欲望，使消费者提高其愿意支付的价格限度，最终企业确定价格，获得理想的利润。

2.需求差异定价法

需求差异定价法是以需求对象、需求地点、需求时间，特别是需求强度的差异为依据来进行产品定价的方法。全球企业运用这种定价方法时，需要特别注意目标市场所在国家对于价格歧视的相关法律法规，从而制定合理的价格。

运用这种定价方法，全球企业可以根据需求对象所处的国家不同、消费水平的不同、目标市场人均收入的差异等，对同一产品在不同国家制定不同的价格。如可以根据高、中、低不同收入的对象规定不同价格基数；可以根据市场潮流、消费者需求时间的不同，制定不同的价格；可以根据消费者对产品的需求强度不同，制定不同的价格。如果消费者对某一产品有强烈需求，等到该产品发售时，往往会趋之若鹜，甚至抢着购买，如此可定较高价格；相反则应定较低价格。

小案例

2018 年 9 月，苹果公司发布了最新款的 iPhone 手机，其中最高端的机型 iPhone XS Max 发布价格为 1 449 美元/部。与此同时，早一年发布的 iPhone 8 和 iPhone 8 Plus 分别定价 699 美元/部、799 美元/部。如果此时消费者想要购买一部 2015 年发布的 iPhone 6s 则只需要花费 449 美元。然而，在中国，面对火热的手机市场及数以亿计“果粉”们的需求，苹果公司为 iPhone XS Max 定出了惊人的 12 799 元人民币/部。要知道，按当时的中美汇率计算，1 449 美元仅约等于 9 900 元人民币。中国消费者想要获得一部 iPhone XS Max，除了支付与美国消费者同样的价格外，还要搭进去相当于一部中端级别华为手机的费用。中国的网友们纷纷表示：小伙伴都惊呆了！

（案例来源：苹果公司官方网站 https://www.apple.com/，有删改）

三、竞争导向定价法

竞争导向定价法是以竞争对手的价格为基础来制定本企业产品价格的定价方法。企业制定的价格要么与竞争对手的价格一样，要么高于或低于竞争对手的价格。在实践中，要根据产品特性、产品所处的生命周期以及企业的定价目标来制定合理的价格。

1. 行情定价法

行情定价法又称随行就市定价法，是以同行业竞争产品的平均价格水平为基础，再适当考虑本企业产品的质量、成本等方面因素来确定产品价格的定价方法。这种方法最简单、最常见，定价风险小，因为价格随行就市，消费者容易接受。因此，在产品差异很小的行业，往往采用此定价法。另外，对于一些难以核算成本的产品，或者打算与同行和平共处，或者另行定价不能准确把握竞争对手和顾客的反应，也往往采用该方法。

2. 主动竞争定价法

主动竞争定价是指企业为产品定价时，不追随竞争者的价格而动，而是立足于市场竞争，根据本企业产品的实际情况及与竞争对手的产品差异状况来确定价格。主动竞争定价法一般为实力雄厚或产品独具特色的企业所采用。在定价时，首先评估市场上竞争产品与本企业产品的价格差距，再将本企业产品的性能、质量、成本、款式、产量等与竞争企业的相比较，分析造成价格差异的原因，然后结合自身产品的特色、优势、市场定位和想要达到的市场目标，最终确定产品的价格。

3. 密封投标定价法

密封投标定价法又称招标定价法，是买方引导卖方通过竞争成交，由一个买主对多个卖主的出价择优成交的一种定价方法，主要用于招投标交易。一般的招标过程为：①由招标者（买方）发出招标公告，说明所要购买的商品或建设项目的具体要求，凡愿按条件交易者，可在规定时间内用密封信函将报价寄给招标者；②招标者在规定时间内召集所有投标者（卖方），将报价信函当场启封，选择其中条件最有利的一家或几家投标者为中标者，进行交易。参加投标的企业要在众多的投标者中获胜，投标价格要有竞争力（即低于竞争者的报价），但价格过低又会影响企业的盈利。因此，在定价时既要考虑中标率，又要考虑企业可能获得的利润。企业的投标价格是根据竞争者的报价估计确定的，而不是根据企业的成本或者市场需求来制定的。

第三节　全球营销定价策略

全球营销定价策略是全球企业争夺国际市场的重要武器，也是全球定价管理的核心。在全球市场中，企业竞争暗潮涌动，供求关系变幻莫测，企业必须根据市场状况、产品特点、消费者心理和营销组合等因素，正确选择定价策略，以获取全球竞争中的优势地位。

一、新产品定价策略

企业推出新产品，首要关注的是如何尽快收回投资并迅速占领市场，但这两个目标往往不能同时达到。要尽快收回投资，需定高价，则不利于扩大市场份额；要迅速占领市场，价格不宜过高，则容易造成收回投资缓慢。因此，新产品初登国际市场，在定价方面一般采取撇脂定价策略、渗透定价策略或满意定价策略。

1. 撇脂定价策略

撇脂定价策略是一种高价格策略，因与从牛奶中撇取奶油的行为相似而得名。由于产品价格较高，可在较短的时间内获得较大的利润。跨国企业在采用这种策略定价时，应充分分析新产品的特性及市场竞争程度。一般而言，适宜采取撇脂定价策略的产品都具备以下几种特性：

第一，产品属于高新产品或专利产品，企业在全球范围内独家经营；第二，产品需求缺乏弹性，即使制定高价格，也不会影响市场需求，小批量生产的成本不会提高很快；第三，产品质量与其价格相符，新产品本身必须是优质产品或高档产品。

该策略的优点：①由于价格较高，能在短期内取得较大利润，并为竞争加剧时留有足够的降价空间；②高价格能限制需求量的过快增长，以从容应对竞争者的进入；③适应消费者求新、求异的心理，利用高价提升企业形象和品牌价值。该策略的缺点：①不利于市场的开发与扩大，甚至会受到抵制；②由于高价带来厚利，会引来大批市场跟随者或模仿者，可能会使价格暴跌。

因此，企业在运用此策略时，应根据“价格易跌不易涨”的规律，先高后低，当竞争者涌入后，及时调整价格。

2. 渗透定价策略

渗透定价策略是一种低价格策略。当新产品没有显著特色、竞争激烈、产品需求弹性较大时应采取这种定价策略。在新产品投放市场时，价格定得较低，只求保本或微利，能够吸引顾客，使消费者很容易接受，提高市场占有率，使商品逐步渗透，从而扩大销路、提高销量，快速占领市场。采用这种定价策略，潜在市场范围广，企业生产成本低。

这种定价策略的优点：由于价格较低，一方面可以迅速打开产品销路，提高销售量，增加利润；另一方面可以阻止竞争对手的加入，有利于控制市场。这种定价策略的缺点：投资的回收期限较长，价格变化余地小。因此，生产能力较弱的企业不宜采用这一策略。

小案例

薄利多销是指低价低利扩大销售的策略。“薄利多销”中的“薄利”就是降价，降价就能“多销”，“多销”就能增加总收益。在销售市场有可能扩大的情况下，降低商品的价格，虽然会使企业从单位商品中获得的利润量减少，但由于销售数量的增加，企业所获利润总额可以增加。只有需求富有弹性的商品才能“薄利多销”，必须满足商品需求价格弹性大于1的条件。因为对于需求富有弹性的商品，当价格下降时，需求量增加，从而使销售量增加，其幅度大于价格下降的幅度，所以总收益增加。

（案例来源：百度百科 https://baike.baidu.com，有删改）

3.满意定价策略

满意定价策略又称温和定价策略或君子定价策略，是指跨国企业为了适应全球市场竞争的需要，首先对目标市场消费者进行市场调查，了解消费者愿意为某种产品支付的期望价格，然后根据调查结果推算出产品的生产成本和质量规格并组织生产，待新产品上市后，根据企业的正常成本、目标市场国家税金和利润率定出中等价格，使企业既获得一般利润，又能吸引顾客，赢得顾客的好感。

这种策略是介于以上两种策略之间的一种新产品定价策略，即将新产品的价格定在比较合理的水平，使顾客比较满意，企业又能获得适当利润。这是一种普遍使用、简便易行的定价策略，以其兼顾多方利益而广受欢迎。但此种策略过于关注多方利益，缺乏争胜外拓的勇气，仅适用于产销较为稳定的产品，不适合需求多变、竞争激烈的全球市场环境。

二、产品组合定价策略

产品组合定价指企业为了实现整个产品组合的利润最大化，在充分考虑不同产品之间的关系，以及个别产品定价高低对企业总利润的影响等基础上，系统地调整产品组合中相关产品的价格。产品组合定价策略主要有以下几种：

1.产品线定价策略

产品线定价策略指企业为追求整体收益的最大化，为同一产品线中不同的产品确立不同的角色，制定高低不等的价格。当企业生产的系列产品存在需求和成本的内在关联性时，为了充分发挥这种内在关联性的积极效应，需要采用产品线定价策略。在定价时，首先确定某种产品价格为最低价格，它在产品线中充当招徕角色，吸引消费者购买产品线中的其他产品；其次确定某种产品价格为最高价格，它在产品线中充当品牌质量象征和收回投资的角色；最后，分别依据产品线中其他产品的角色制定相应的价格。需要注意的是，产品线定价策略的关键在于合理地保持价格差距。

小案例

为了方便上下班和接送孩子上下学，王先生准备为家里购置一台汽车。经过多方比较和权衡，他看上了上海大众厂生产的Polo牌小汽车。2018年国庆节，王先生和家人一起走进了上海大众的4S店。表明来意后，销售顾问开始耐心地为他们介绍展厅内的汽车。当谈到价格时，王先生犯难了。根据配置的不同，Polo汽车售价在7.59万～14.69万元之间。而最主要的问题是，Polo 属于小型车，在试驾过程中家人也反映出这台车较小，不太适合家用，还不如买一台 13.89 万元的桑塔纳。王先生想，既然将近 14 万元了，那还不如咬咬牙多花 2 万多元购买 16.59 万元的朗逸，无论从外观上还是配置上都更胜一筹。正当王先生准备拍板拿下朗逸时，销售顾问提醒他，即使是朗逸也不过是紧凑型轿车，当天是国庆节有促销活动，不如再加 8 千元就能买到原价 18.99 万元的低配版帕萨特了。王先生心想，帕萨特可是中级车，即便是低配版的，开出去也绝对有面子，正好趁着这次厂家做活动，“一步到位”。就当他准备付款时，妻子无意间说了一句话：“黑色的帕萨特好像公务车，不像家用的。”这又使王先生犯难了。此时，销售顾问提议，现在一般的家庭用车都偏向于选择 SUV，途观车保有量大，性价比高，又趁着做活动，价格跟帕萨特的相差无几，哪怕是配置高一些的车型也不过 20 万元左右。最终，王先生支付了 22 万元买下一台白色的中等配置途观 SUV，高高兴兴地驶出了大众 4S 店。要知道，王先生本次的来意，只不过是想买一台 Polo 而已。

（案例来源：根据实际案例改编，车型报价来自汽车之家 http://www.autohome.com.cn）

2. 互补品定价策略

互补品是指两种或两种以上功能互相依赖、需要配合使用的商品，如汽车与机油、隐形眼镜与消毒液等。互补品定价策略的具体做法是把价值高而购买频率低的主件价格定得低一些，而对与之配合使用的价值低而购买频率高的易耗品价格适当定高一些。例如：汽车制造企业为了应对激烈的全球市场竞争，为汽车定一个相对较低的价格以吸引消费者，而相应提高机油的价格或汽车日常保养的费用；全球知名剃须刀制造企业飞利浦对其电动剃须刀架的价格定得较低，而刀片的价格定得较高；瑞典宜家在售的一款芙萨台灯，灯架仅需 99 元，而与之匹配的里代尔 E14 型灯泡则要 29.9 元。企业运用这样的定价策略，有利于提升市场竞争优势，并增加企业总体利润。

3. 成套优惠定价策略

成套优惠定价是指企业以一种价格出售一组产品，如一整套化妆品、包括音箱和打印机在内的全套家用计算机设备等，这组产品的价格低于单独购买其中每一种产品的费用总和。因为顾客可能并不打算购买其中所有的产品，所以组合价格必须较单独购买而言显得有较大的优势，以此来推动顾客购买。假设一台计算机成本 4 500 元、售价 5 000 元，若客户单独购买一台计算机，企业利润为 500 元。与之配套的音响成本 450 元、售价 500 元，打印机成本 1 500 元、售价 2 000 元，三样产品合计总成本 6 450 元、售价 7 500 元。企业为三者制定的成套优惠价格由 7 500 元让利至 7 000 元以吸引客户购买后，企业实际利润为 550 元，既提高了附属产品的销量，又能为企业带来丰厚的利润。

三、折扣定价策略

折扣定价策略就是降低商品价格，给购买者一定的价格折扣或馈赠部分产品，以争取用户，扩大销售。常见的折扣定价策略有以下七种：

1. 现金折扣策略

现金折扣策略允许用现金或以提前付款方式购买商品的顾客按原定价享受一定的折扣，鼓励顾客按期或提前偿付货款，以加速商品和资金周转，提高企业利润率。这种定价策略适用于价格昂贵的耐用消费品，尤其适用于采取分期付款的商品。

2. 数量折扣策略

数量折扣策略是指卖方根据买方购买商品数量的多少，给予不同的折扣。购买商品越多，折扣越高，买方获利也越多。实行这种策略的目的在于鼓励买方大批量购买商品。数量折扣可分为累进折扣和非累进折扣。顾客在一定时间内（如一个月、一个季度、半年等）购买商品总量达到一定额度时，按其总量的多少给予折扣叫作累进折扣。同一顾客一次购买的商品达到一定额度时，按其总量多少给予的折扣叫作非累进折扣。

3.季节性折扣策略

生产或经营企业对提前购买季节性强的商品的顾客给予一定的价格折扣，叫作季节性折扣策略。采用此策略的目的在于鼓励顾客早期购货，减少企业的资金负担和仓储保管费用，加速资金周转。

4.交易折扣策略

根据中间商在商品流通中的不同地位和作用，给予不同的折扣，叫作交易折扣策略。如给予批发商的折扣大于给予零售商的折扣，鼓励中间商努力销售本企业的商品。

5.组合折扣策略

组合折扣策略是指企业将彼此密切相关的商品组合配套，对购买成套商品的顾客给予价格折扣，使之比分别购买的价格低一些，如世界杯足球赛套票、配套的茶具及餐具等。这种策略既有利于一次购齐、节省时间、享受优惠，又有利于企业增加销售量。

6.推广让价策略

企业对经营者为本企业经营的商品提供的各种促销活动（如刊登地方性广告、布置专门的橱窗、组织人员促销等）进行鼓励，给予津贴或减价作为报酬，这就是推广让价策略。这种策略对于扩大商品影响和销路有着重要的作用。

7.运费让价策略

对较远的顾客，通过减价来弥补其部分或全部运费的策略为运费让价策略。此种策略可吸引远方顾客，扩大市场范围，开辟新的销路。

四、心理定价策略

心理定价策略是根据消费者购买商品时的心理对产品进行定价，使之成为消费者可接受的价格。消费者的购买行为由消费心理支配，心理定价策略运用心理学的原理，根据不同类型的消费者在购买商品时的不同心理动机来制定价格，以促进消费者购买。

1.整数定价策略

整数定价策略是指企业有意识地把商品价格的尾数去掉，制定整数价格。如978.5元的商品，不如定价1 000元。这种策略主要用于高档消费品或消费者不太了解的商品。在上述例子中，消费者会感觉该商品是一款千元商品而不是百元商品，无形中提高了一个档次。这是针对消费者虚荣心理的定价策略，一般而言，在这种情况下，价格成为显示身份的标志，能使消费者产生高档消费的满足感。

2.尾数定价策略

尾数定价策略又称零头定价策略或非整数定价策略，与整数定价策略相反，价格保留尾数，采用非整数标价形式。这种策略是企业针对那些已经进入市场的成熟产品制定的定价策略。一般会以9结尾，针对中国人对于数字“6”或“8”的独特喜爱，企业也会采用6或8来结尾。例如，把10元的商品定价为9.99元或把1 000元的商品定价为998元等。这是一种适应消费者希望自己能够买便宜货的心理而使用的价格策略。因为在消费者看来，带尾数的价格是经过仔细计算的最低价格，一些高价商品看起来也好像不太贵。另外，从心理学上看，尾数定价还会给人们一种定价精确的感觉，从而使消费者产生信赖感，激起购买欲望。尾数定价策略适用于中档、低档日用消费品。在对消费者的调查中还发现,尾数定价对于没有经济自主权的家庭成员用于个人消费时,最具吸引力。

3. 声望定价策略

声望定价策略是根据产品在消费者心中的声望、信任度和社会地位来确定价格的一种定价策略。声望定价可以满足某些消费者用商品来彰显自身地位、身份、财富、名望和形象等的特殊需求,还可以通过高价格显示产品的名贵。因此,这一策略适用于一些传统的名优产品、具有历史地位的民族特色产品,以及知名度高、有较大影响、深受市场欢迎的驰名产品。例如,中国的景泰蓝陶瓷在国际市场上价格为 2 000 多法郎,是成功运用声望定价策略的典范。要特别指出的是,物以稀为贵,为了声望定价得以维持,需要适当控制市场拥有量。如英国的劳斯莱斯轿车,在过去 50 年中只生产了 15 000 辆,美国艾森豪威尔总统因未能拥有一辆金黄色的劳斯莱斯轿车而引为终生憾事。但是,声望定价必须非常谨慎,如果产品质量或者服务跟不上,可能会迅速丢掉市场。

4. 招徕定价策略

招徕定价策略是指将几种商品的价格定得非常高或者非常低,在引起消费者的好奇心理和观望行为之后,带动其他商品的销售。一般顾客都有以低于市价的价格买到同质量商品的心理要求。企业抓住这一心理,将少数产品以非常低的价格出售,或是在节假日和换季期间对部分商品实行折价让利销售,以此吸引顾客,促进其他价格比较正常的商品的销售,从而达到扩大连带商品销售的目的。值得企业注意的是,采用招徕定价策略的商品,应该与低劣、过时商品明显地区别开来。采用招徕定价策略的商品,必须是品种新、质量优的适销产品,而不能是处理品。否则,不仅达不到招徕顾客的目的,反而可能使企业声誉受到影响。

5. 习惯定价策略

习惯定价策略特别适合于日常消费品。对于已经进入市场并处于成熟期的产品,由于价格长期以来一直维持在某个水平上,消费者已经完全习惯了,甚至认为这个价格是“天经地义的,应该的”。因此,企业把握消费者的这种习惯心理制定价格策略,在较长时期内保持产品的价格稳定不变,能满足消费者的某些心理需要,甚至能战胜竞争对手,继续稳固市场地位。

五、差价策略

1. 地区差价策略

同一种商品可能会在不同地区销售,企业针对不同地区的特性为商品制定不同的价格,这种策略称为地区差价策略。地区差价具体有两种情况:一是根据商品销售地区距离远近、支付运费的高低相应加价,使销售地价格大于产地价格;二是着眼于开拓市场,使销售地价格低于产地价格,让商品在销售地广泛渗透,站稳脚跟。

2. 分级差价策略

企业对同一类商品进行挑选整理,分成若干级别,各级之间保持一定价格差,这种策略称为分级差价策略。采用该策略便于顾客选购,以满足不同层次的消费需求。

3. 用途差价策略

某一种商品在不同的领域可能存在不同的用途,企业针对商品的不同用途制定不同的价格,这种策略称为用途差价策略。企业可采用此种定价策略,刺激消费,开拓新市场,提升销售利润。

4. 品牌差价策略

由于品牌的溢价效应,品牌产品的定价有别于普通商品的定价,这种策略称为品牌差价策略。品牌商品能给消费者带来一种信任感,其销量自然比普通商品的大,因此其价格就可定得比普通商品的高。

六、地区性定价策略

对于全球企业而言,地区性定价策略是运用较多的一种策略。企业要决定对于卖给不同国家或地区顾客的某种产品,是制定不同的价格还是制定相同的价格。地区性定价策略有如下几种形式:

1. FOB原产地定价

FOB是国际贸易术语Free on Board的简称。FOB原产地定价,是指顾客(买方)按照出厂价购买某种产品,企业(卖方)只负责将这种产品运到产地某种运输工具(如卡车、火车、船舶、飞机等)上交货。交货后,从产地到目的地的一切风险和费用概由顾客承担。如果采用FOB原产地定价,每一个顾客都各自负担从产地到目的地的运费,这是很合理的。但是这样定价也有不利之处,即目的地较远的顾客有可能因为不愿支付高昂的运费而放弃购买这个企业的产品,而选择与其较近企业的产品。

2. 统一交货定价

统一交货定价是指企业对于卖给不同地区顾客的某种产品,都按照相同的出厂价加相同的运费(按平均运费计算)定价。对全球不同地区的顾客,不论远近,产品都实行统一定价。

3. 分区定价

分区定价的形式介于FOB原产地定价和统一交货定价之间。分区定价是指企业把全球(或某些地区)分为若干地区(区域),对于卖给不同地区顾客的某种产品,分别制定不同的地区价格。距离企业远的地区,价格定得较高;距离企业近的地区,价格定得较低。企业采用分区定价策略存在如下问题:①在同一价格区内,有些顾客距离企业较近,有些顾客距离企业较远。企业往往会针对较远的顾客制定相应的价格,而相对较近的顾客会感觉价格偏高。②处在相邻价格区边界两边的顾客,他们相距不远,但是要按高低不同的价格购买同一种产品,造成顾客的不满。

4. 基点定价

基点定价是指企业选定某些城市作为基点,不管货物实际上是从哪个城市起运的,都按一定的出厂价加上从基点城市到顾客所在地的运费来定价。例如,某跨国企业确定迪拜为基点城市,则无论从哪里发货,都统一按从迪拜发货来计算运费,假设货物从中国广州发出,销往意大利罗马,则按迪拜至罗马的路程来计算运费。因此,为了提高定价的灵活性,跨国企业往往会确定多个基点城市,选择离顾客最近的基点城市计算运费。

5. 运费免收定价

有些企业因为急于在某些国家或地区达成交易,会负担全部或部分实际运费。这些卖主认为,如果生意扩大,其平均成本就会降低,足以抵偿负担的运费开支。采取运费免收定价策略,可以使企业提高市场渗透率,在竞争日益激烈的市场上站稳脚跟。

七、差别定价策略

1. 差别定价策略概念

差别定价策略是跨国企业在全球营销实践中应用较多的定价策略之一,也称为价格歧视或歧视性定价,是指对企业生产的同一种产品根据市场的不同、顾客的不同而制定不同的价格。一般来说,同一种产品,只要对于不同类型的顾客采用了不同的价格或多种产品间的价格差别较其生产成本的差别不成比例时,就可认为企业采用了差别定价策略。如苹果公司生产的电子产品在美国市场、中国香港市场、中国内地市场的价格存在明显的不同。与采用统一价格相比，差别定价不仅更接近一个特定顾客愿意支付的最高价格(即“保留价格”)，而且可能服务于不能按统一价格购买的顾客，或者诱使他们消费得更多，从而使企业获取较大的利润。

差别定价策略的核心：

第一，差别定价是根据不同的情况对同一商品制定不同的价格。作为价格策略的一种形式，差别定价策略的应用目的是增加产品销量，扩大市场覆盖面，提高企业的市场占有率，使企业的生产能力尽可能地均衡负荷。

第二，实行差别定价策略后，不同价格所形成的不同细分市场消费者必须有不同的需求。实际上，这种情况意味着一定程度的垄断。由于供应有限，或者由于产品本身存在着差异性，用户必须以不同的价格去购买相同的产品。

第三，企业采用差别定价策略，其收益必须高于用于维持这种策略所承担的成本。企业应在所失与所得之间进行平衡，以确定是否实行差别定价以及差别定价的幅度有多大。

第四，实行差别定价策略要有利于增加企业的收益。如增加产品的销售量，使企业的生产能力尽可能均衡负荷。

2.差别定价策略的适用条件

首先，市场必须能够细分，而且这些细分市场显示出不同的需求程度。细分市场的目的在于利用各市场不同的需求价格弹性，采用不同的价格，以取得更大的利润。

其次，套利行为(即在各细分市场间的商品转移)是不可能的或昂贵的，即市场是“被分割”的，否则价格差别将随套利行为的进行而趋于消失。一般来说，全球性服务是难以套利的，如律师出庭辩护、医生诊治病人、会计师审计查账、管理咨询人员的咨询服务等，因而最适于实行差别定价。产品在经济发展水平不同的国家也可形成分割市场，如发达国家市场与发展中国家市场、工业国家市场与农业国家市场等。

最后，在高价市场上，有一定的市场势力；细分和控制市场的费用不应超过由差别定价而得到的额外收入；实行这种定价策略不会引起顾客的反感和敌意；差别价格的特定形式不应是非法的。

3.差别定价策略类型

以定价中心为分类标准，可以将差别定价策略划分为以顾客为基础的差别定价策略、以产品为基础的差别定价策略、以地域为基础的差别定价策略和以时间为基础的差别定价策略。根据差别定价策略的层次性可以将其划分为三级：

差别定价的第一级是厂商向每个顾客索要其愿意支付和可能支付的最高价格(即保留价格)，从而侵占消费者的所有剩余。在现实生活中，由于厂商不可能了解每一个消费者的最大支付意愿，同时消费者也不会如实回答他们的支付意愿，完全的差别定价是不可能的。但是，有时厂商可以通过自己的观察，大体地估计出顾客的支付意愿，从而实施最大限度的差别定价策略。第二级是数量折扣定价策略，根据对相同货物或服务的不同消费量制定不同的价格。买者根据其购买量被划分成多个组，每组只有一个具有明显差异性的价格。第三级是将消费者分为具有不同需求曲线的两组或更多组，就同一种商品向不同组的消费者索取不同的价格。

差别定价策略通常有以下几种运用形式：

(1)根据消费者的心理支付价格，确定差别性价格。美国运通公司的定价就是根据不同行业的心理支付价格而区别对待的。一开始，该公司对所有的客户，包括餐饮行业、服装行业、航空行业、酒店行业都实行3%的提成比率，遭到了顾客的联合抵制。于是美国运通公司求助于麦卡锡公司。麦卡锡公司给美国运通公司开出的“药方”很简单，即采取一级差别定价策略：把餐饮行业的服务提成比率降低到 2%，把服务行业的提成比率降低到 2.5%，把航空行业和酒店行业的服务提成比率提高到 3.5%。美国运通公司采纳了麦卡锡公司的建议，结果获得了丰厚的利润。有趣的是，美国运通公司就这项建议支付给麦卡锡公司的酬劳高达 300 万美元，就麦卡锡公司而言，这本身就是一种差别性定价，因为麦卡锡公司知道美国运通公司可以出这么高的价格，未超出顾客的心理支付底线。

(2)根据消费者消费数量或消费次数的多少，确定不同的价格。此种方式在实际中应用较为广泛，目的是鼓励消费者增加消费数量。美国电力公司的三段定价法是个典型的例子。根据该公司的定价，如果消费者每月的消费量是在第一段消费区间，将支付高价，如果消费量超过第一段消费区间，则超过部分可以享受一定折扣；如果消费量超过了第二段消费区间，则超过第二段消费区间的部分还可以享受更大的折扣。美国电力公司根据不同的消费量制定不同价格，不但可以赚到比采用单一定价策略更多的利润，而且消费者也会从中受益。又如，美国西北航空公司规定，对持有来程旧机票欲购买返程机票的顾客给予非常优惠的价格，从而鼓励消费者对该航空公司的“忠诚”。如今，商家纷纷推出的商业折扣和返利促销的方式，也是一种差别定价，它“歧视”了购买数量和购买次数较少的顾客。

(3)根据消费者的消费时间区段不同，确定不同的价格。这种差别定价是对不同时间确定不同价格，将消费者分成不同组别。例如，对首轮放映的影片定一个高价，若干天后该影片热度下降时降低价格。此外，实行高峰价格是另一种形式的差别定价。例如，电话收费标准就因打电话时间的不同而不同，通话次数较少的非高峰区段定价较低。中国电信公司推出 23 点至次日 6 点的闲时流量包便是很好的例子。另外，北京至天津的城际列车有三档票价，早晚上下班时间票价最高，中午票价最低，在一天中票价呈“U”形变化。还有像旅游景点根据旺季和淡季的差别收费不同、空调等季节性商品的价格随季节波动等都属于差别定价。

(4)根据消费者不同的消费意愿，确定不同的价格。美国泛美航空公司抓住了不同类型消费者的消费需求，实行差别定价。同等舱位支付的机票价格可能大不一样，常见经济舱票价约 100 美元，而特别折扣价机票只要 30 美元，这种机票通常要求在两个星期以前预定并且不能退票，或者要求乘客不能在星期六以前乘坐返程飞机与家人团聚。需求弹性差别很大的不同类型的顾客会分别购买不同类型的机票，从而使得航空公司能够实行这种差别定价。

(5)根据消费者不同的消费方式，确定不同的价格。同样以美国西北航空公司为例，其定价“歧视”了中国乘客。该公司以乘运次数为依据的优惠措施并未在中国实行，因为两国消费者的消费方式有较大差别。对中国普通居民来说，乘飞机较为奢侈，因而不常坐飞机，尤其不常坐国际航班，消费者多为商务乘客，因此采用数量折扣的收效不大，而美国居民收入较高，乘飞机较为频繁，使用差别定价可以有效吸引消费者。

小案例

消费者对书的支付意愿差异相当大。买书的人可分为两个群体：新书一出版就想购买的人和只想买便宜书、打折书的人。因而出版商往往给一本书的精装本定一个高价，然后在大约一年以后以低得多的价格发行平装本。平装本之所以定价低不是因为印刷便宜，而是因为需求较高的消费者已购买了精装本，剩下来的消费者通常具有较大的需求弹性。

(案例来源：陈佳靖《盗版横行，好书难卖，国内正版书的价格真的太贵吗?》，载于界面新闻，2021 年 10 月 8 日，有删改)

差别定价策略的运用可以体现出经营者的市场智慧。诚然，以成本竞争为基础的价格竞争是企业必不可少的竞争手段，然而对全球大多数企业来说，学习运用一些新的定价策略更应该提倡。差别定价策略的应用是一门艺术，能够掌握并灵活运用此种定价策略必定对企业经营大有裨益。

第四节　跨国企业的转移定价

一、转移定价的概念与目的

转移定价是在跨国企业内部母公司与子公司之间、子公司与子公司之间提供产品、劳务或技术所采用的定价方式。转移定价可看作在跨国企业内部交易的定价，是跨国企业经常使用的国际资金调度管理的手段，目的是避开一些东道国在资金调度上设置的政治和税收障碍并降低外汇交易成本。

转移定价是企业内部实施资源有效配置的重要工具之一，服从企业整体利益、长远目标以及企业在全球市场中利润最大化的目的。通过转移定价，跨国企业可以获取许多利益。

首先，世界各国的税率和税则差别较大，通过转移定价可以调整跨国子公司间的账面利润，降低在高税率国家的纳税基数，增加在低税率国家的纳税基数，从而减少跨国企业的总纳税额，提高企业总利润；其次，跨国企业在进行全球营销时，往往面对着子公司所在国家的政治动荡、经济衰退、货币贬值、通货膨胀等风险，通过转移定价将具有风险的子公司利润转移至母公司或风险较低的其他子公司，可将风险降至最低；最后，跨国企业可以通过转移定价将资源转移至某海外子公司，全力支持其发展，从而达到争夺国外市场、提高国际市场竞争力的目的。

采取“高进低出”或“低进高出”的方式实现资金的转移是跨国企业最常用的手段。操作方式是，跨国企业在 A 国的子公司向 B 国的相关子公司以高价购进原材料、零部件、设备或技术、专利等，再把经过加工制造后的产品以低价卖回给相关子公司，从而达到利润或资金从 A 国转移至 B 国的目的；反向操作，则可将利润或资金由 B 国转移至 A 国。此外，子公司之间通过支付高额的管理费用、广告费用、咨询费用或劳务费用等，或是调节子公司之间财务拆借或贷款的利息、设备租金等，也可达到转移资金的目的。

二、转移定价的方法

1. 基于成本的转移定价

基于成本的转移定价是指跨国企业在制定转移价格时以所转让的产品或服务的内在成本为依据，在此基础上按一定比例加成，以确定公司内部交易的价格。该方法实际上可看作成本加成定价法。

运用基于成本的转移定价，关键在于合理地确定转移产品的成本和加成的比例。另外，需要转移双方就如何公正地分配利润和分摊企业内部费用达成共识，以免造成转让方由于压力过大导致亏损、资金链断裂、未来发展受损等情况发生。

计算成本时，跨国企业可采用标准成本、实际成本或边际成本的计算方法。标准成本是事先通过科学计算确定的成本；实际成本是生产过程中实际发生的成本；边际成本是企业每增加一单位产量而增加的成本。在营销实践中，标准成本最为简单，应用较为广泛；当缺少标准成本资料时，则以实际成本计算居多；边际成本较少应用。

基于成本的转移定价有使用简单、资料容易获得、易被税务部门接受等优点，但缺点也比较突出，主要表现为：①成本会计的各种概念或核算成本的计算方法在各个国家有所不同，转移双方可能对成本的核算结果有分歧；②采取实际成本来转让产品或服务时，不能有效刺激转让方控制生产成本，导致资金转移效果欠佳。

2. 基于市场的转移定价

基于市场的转移定价是指以市场机制作为制定转移价格的依据，即某产品的转移价格与该产品在市场条件下进行实际交易时的价格一致。基于市场的转移定价主要有两种形式：①完全依据产品或服务的市场价格来确定的单纯市价法；②以市场价格为基础，通过买卖双方协商来确定的协商价格法。

基于市场的转移定价有以下优点：①能鼓励跨国企业进行有效的资源配置；②与分权经营的跨国子公司以利润为中心的目的相一致；③以市场价格定价有利于对子公司的业绩进行考核；④转移双方分歧较少。

该方法的缺点主要包括：①若转移双方要以某种中间产品、半成品或专用零部件来作为转移标的物，可能不存在一个真实的交易市场，因而无市场价格可供参考；②坚持使用市场价格，可能会导致企业忽略对成本数据的收集；③对于主要以价格为市场竞争手段（低价策略）的子公司而言，该方法没给公司留下太多回旋的余地。

3. 协议转移定价

协议转移定价是指以谈判的方式来确定转移价格，即允许跨国企业在不同国家的子公司进行相互协商，最终确定共同认可的转移价格。由于中间产品供求双方都有自身利益和预期目标，为使利益均衡，又不影响企业的总目标和总利润，可通过供求双方协商的方式确定一个都能接受的转移价格。这种方法有利于跨国企业的子公司开展亲密的合作，减少矛盾与冲突。

三、转移定价的原则

转移定价对全球企业来说，具有合理避税、规避风险、协调发展、控制营销等作用，但往往会对目标市场所在国的企业造成涉嫌不公平竞争的一系列影响。因此，世界各国对全球企业的转移定价采取了一系列的控制措施，以保证市场的公平性。目前，国际社会对于转移定价的调整主要依据以下三个原则：

1. 正常交易原则

正常交易原则指将关联企业视同完全独立核算的无关联企业，依据完全的市场条件下所采用的计价标准或价格来处理其相互之间的收入和费用分配。将关联企业与独立企业置于相同的税收地位，避免了因这些企业在税收上的差异而改变其竞争地位，既能为各国税务部门行使各自的征税权力提供保障，又能将双边摩擦减少到最低限度，因而无论是企业还是政府都能接受。目前，正常交易原则已成为经济合作与发展组织（Organization for Economic Co-operation and Development，简称 OECD）成员国内的跨国企业和税务机关的国际转移定价标准。

2. 总利润原则

总利润原则又称“税制统一和全球比例分配原则”，要求把有连属关系的企业看成一个整体，就其来源于世界范围内的全部利润，按照某一种方法进行划分，以解决有连属关系企业之间国际收入与费用的分配问题。

3. 合理原则

合理原则强调了征纳双方在国际收入与费用分配问题上采取合理解决方法的重要性。实行这种原则要求以“经济合理性”为基础去进行国际收入与费用的分配。其要点有：(1) 对合法营业不能进行不适当的干预;(2) 保持税收中性;(3)对企业正当的税务计划不进行干预,以保持税收的效率和公正;(4) 维护国际税收公平和防止双重征税。合理性原则强调对个案行为进行实质性分析,有利于判决结果的公正性,弥补了本身违法行为原则的僵硬。但该原则本身具有很大的弹性,会增加法官的裁量权,从而增加争议解决中的非连续性和不可预见性。从反垄断法发展趋势上看,合理原则是适用最广泛的原则。

本章小结

价格策略是市场营销策略中最活跃、最关键的部分,是市场竞争的重要手段。全球价格也称国际市场价格或世界市场价格,是全球产品在国际市场中价值的货币表现。全球企业为了科学地进行产品定价,必须分析影响定价的基本因素。影响企业定价的因素有很多,既有企业内部的因素,又有企业外部的因素。内部因素包括营销目标、营销组合、成本及定价组织;外部因素包括全球目标市场的需求、市场竞争和其他环境因素,如全球宏观经济状况、目标市场国家的政策法规等。

定价方式是一种工具,跨国企业选择全球定价的方法时要结合全球和国家两个层次的成本、需求和竞争来考虑。菲利普·科特勒在传统营销理论中所讨论的成本导向定价法、需求导向定价法、竞争导向定价法在全球定价管理中仍然适用,但全球定价还应考虑全球成本的复杂性、全球需求的特殊性以及全球竞争的不确定性。

全球营销定价策略是全球企业争夺国际市场的重要武器,也是全球定价管理的核心。在全球市场中,企业竞争暗潮涌动,供求关系变幻莫测,企业必须根据市场状况、产品特点、消费者心理和营销组合等因素,正确选择定价策略,以获取全球竞争中的优势地位。

转移定价是在跨国企业内部母公司与子公司之间、子公司与子公司之间提供产品、劳务或技术所采用的定价方式。转移定价可看作在跨国企业内部交易的定价,是跨国企业经常使用的国际资金调度管理的手段,目的是避开一些东道国在资金调度上设置的政治和税收障碍并降低外汇交易成本。转移定价对全球企业来说,具有合理避税、规避风险、协调发展、控制营销等作用,但往往会对目标市场所在国的企业造成涉嫌不公平竞争的一系列影响。因此,世界各国对全球企业的转移定价采取了一系列的控制措施,以保证市场的公平性。

中英文关键词

关税(Customs Duties)
非关税壁垒(Non-Tariff Barriers)
汇率(Exchange Rate)
通货膨胀(Inflation)
卡特尔(Cartel)
反托拉斯(Antitrust)
反倾销(Anti-Dumping)
成本导向定价法(Cost-Oriented Pricing Method)
需求导向定价法(Demand-Oriented Pricing Method)
竞争导向定价法(Competition-Oriented Pricing Method)

价格歧视(Price Discrimination)
转移定价(Transfer Pricing)
基于成本的转移定价(Cost-Based Transfer Pricing)
基于市场的转移定价(Market-Based Transfer Pricing)
协议转移定价(Negotiated Transfer Pricing)

复习思考题

1. 什么是全球价格?
2. 影响全球定价的因素有哪些?
3. 全球定价的目标有哪些?
4. 全球定价的基本方法有哪些?
5. 试述全球市场定价中应注意的问题。

章末案例

土耳其货币暴跌 奢侈品价格创全球最低

由于对美贸易摩擦及自身经济结构性问题,土耳其主要对国际货币里拉遭受重创。2018年8月11日一天之内,里拉对美元汇率跌超18%。到8月14日,里拉再次暴跌10%,截至当日上午9点45分,它已经再下跌5.3%至每美元6.7935里拉。2018年以来,里拉兑美元累计贬值已超过了40%。

令人意外的是,奢侈品零售成为此次危机中的短期赢家。得益于汇率波动,土耳其目前成为购买奢侈品最便宜的国家。有分析师计算,一款香奈尔手袋(Chanel Vanity Case)在土耳其价格为18 500里拉,约合2 877美元(约合人民币19 793元),而欧洲香奈尔官网售价为3 700美元(人民币25 455元),相当于在欧洲价格的基础上再打了七五折。

这一价格显然将令中国消费者兴奋,因为奢侈品在中国内地的售价比欧元区价格高出三分之一,现在土耳其的价格相当于"折上折"。根据咨询机构德勤公司对近2 000种奢侈品价格的调查,奢侈品在中国的平均售价比法国同款商品的高32%。

尽管为平衡全球价格,部分奢侈品牌已经调低中国售价,特别是在2018年7月中国进口商品关税正式下调后,路易·威登(Louis Vuitton)和古驰(Gucci)已相继降价,但是几百元的降价幅度仅仅是土耳其汇率所造成差价的零头。彭博数据显示,7月里拉对人民币汇率为1∶1.4,如果预算2万元人民币买手袋,可以兑换14 285.7里拉。而自8月10日起,里拉对人民币汇率为1∶1.065,2万元人民币可以兑换18 779.3里拉,差价近4 500里拉,几乎足以再买一个手袋。这无疑将在短期内刺激奢侈品牌产品销量激增,目前伊斯坦布尔购物中心已经有外国游客在奢侈品门店前排队,绝大多数是来自中东地区和中国的消费者。

事实上,2018年以来土耳其旅游业不断升温。土耳其文化和旅游部的统计数据显示,截至5月,访问土耳其的中国游客有15.9万人次,比去年同期增长96.1%。2018年4月,时任土耳其文化和旅游部部长库尔图尔穆什预计,借助"土耳其旅游年"这一有利契机,中国赴土耳其游客有望超过40万人次。若土耳其里拉延续跌势,由中国游客刺激的奢侈品旅游购物重心或将从西欧转向横跨欧亚的土耳其。

不过，奢侈品市场的特点是瞬息万变，与全球经济形势紧密相关，短期套利对奢侈品品牌长期发展而言或许并无利处。此外，土耳其里拉暴跌还带来了诸多连带影响，包括欧元、瑞士法郎、日元在内的货币对美元都被一度拉低。危机也在新兴市场货币如墨西哥比索和南非兰特扩散开来，南非兰特对美元下跌超过5%，最低触及2016年6月以来的低位。

有分析认为，在动荡的全球经济局势面前，奢侈品牌更应该保持警惕。例如，2017年6月，卡塔尔断交危机就曾引发市场对蒂芙尼(Tiffany & Co)、华伦天奴(Valentino)等拥有卡塔尔皇室投资背景的奢侈品牌的担忧。还有分析称，在越来越紧张的局势下，在生活物资严重依赖进口的中东地区，消费者或将减少奢侈品消费，这也将为全球奢侈品业带来一定的风险。

特别是美国总统特朗普的贸易政策开始动摇富裕阶层的信心，投资者正密切关注这一拨奢侈品复苏能够持续多久。据路透社报道，在中国与美国消费大军的推动下，路易·威登和古驰等欧洲奢侈品牌的销售状况良好，让母公司路威酩轩(LVMH)及开云集团(Kering Group)等个股也成为投资人的最爱，目前股价仍在纪录高位附近。以未来12个月获利预测计算，奢侈品板块目前平均市盈率为21倍，低于5月时的高峰，但仍比10年均值高出23%。奢侈品企业股价高企已经让不少投资人敬而远之，若美国与中国的贸易战继续升级，奢侈品股的亮丽涨势有可能骤然告终。

资本市场的波动加剧了人们对高端消费者可能收紧腰带的担忧。爱马仕发布第二季度财报后，首席执行官阿克塞尔·杜马斯(Axel Dumas)表示，集团高度关注中国股市和房地产市场，因为高端客户资产的任何变动都有可能影响集团业绩。路威酩轩集团首席执行官贝尔纳·阿尔诺(Bernard Arnault)也表示，尽管全球需求旺盛，但货币和地缘政治的不确定性仍然存在，因此集团将保持警惕，必须进一步提升在奢侈品领域的领导地位。

土耳其奢侈品零售短期套利后，奢侈品牌或许应该思考的是在越发充满不确定性的全球新兴市场，如何增强品牌的应变能力。

（案例来源：Drizzie《土耳其货币暴跌 奢侈品价格创全球最低》，载于新华网，2018年8月15日，有删改）

讨论题：

1. 土耳其货币暴跌导致奢侈品价格创全球最低，这是否为一种营销策略？
2. 在全球营销中，价格战略是如何影响奢侈品市场的？
3. 奢侈品品牌在应对价格战略时需要注意哪些问题？

第十章　全球营销的整合传播

学习目标

1. 理解全球整合营销传播的内涵。
2. 掌握互联网时代全球广告的特性。
3. 了解全球人员推销的潜在风险。
4. 明确全球公共关系的作用及工作内容。
5. 把握全球营业推广的注意事项。

开篇案例

流量爆炸的背后:看沃尔沃玩转微博营销

在人人皆媒体的时代,摆在汽车品牌商面前的难题有很多。对于有着百年历史的沃尔沃来说,想要在社交平台上进行营销,首先面临两大难题:第一,面对百年形成的较为成熟的企业文化,如何优化品牌形象贴近年轻消费群;第二,如何从没有内容到创造内容,再到分发内容。以往,人们对于沃尔沃的印象都是以安全、成熟等为主。如今沃尔沃想优化这一印象,让品牌更年轻化,请影视明星彭于晏代言便是举措之一。另外,沃尔沃常年赞助哥德堡马拉松赛事,为了将这一充满活力的赛事的影响力延续到国内,沃尔沃选择与新浪展开合作,以马拉松精神为主题在微博展开营销传播,命名为"轮上马拉松"。沃尔沃想借助微博的平台优势,真正从内容层面去挖掘传播点,从而打响品牌,提升大众的认知。针对这一营销方案,新浪、微博重点部署了几大策略,以整合营销的方式帮助沃尔沃达到优质传播的目的。

这次沃尔沃的营销宣传活动正好赶上了春节,对品牌方来说,这是一个非常值得利用的营销节点。对于历来有着线上营销优势的微博来说,也不会放过这个机会。微博利用自身的王牌活动"让红包飞",为沃尔沃定制品牌红包策略,用热点为品牌聚拢人气,引导更多的用户参与活动,同时帮助品牌的官微增加粉丝,将这次营销活动推向高潮。

通过大数据分析,新浪发现,为了利用碎片化的时间,如今的用户特别爱在移动平台上观看短视频,于是引入了"视频红包概念",观看视频就可以抢红包,帮助沃尔沃在春晚的黄金时间段完成了创意定制化抢红包活动,将黄金级的流量用户引导至线上进行互动。

在线下,新浪、微博帮助沃尔沃针对春节推出了定制营销内容,比如在高铁上推广沃尔沃S90,同时在座椅上植入二维码引导用户参与线上的"让红包飞"活动,达成了线上线下的转化互动。最终"让红包飞"活动为沃尔沃在微博上赢得4.6亿750万次品牌曝光量,收集了超过1万条销售线索,为沃尔沃品牌官微增加了接近100万的粉丝数量。

对于汽车品牌来说,宣传的周期绝对不会止步于春节,而是会辐射至整个春季出游踏青时间段。基于这一认识,微博将整个营销方案整合化、长线化,用丰富的内容和有效的传播贯穿

“让红包飞”到“轮上马拉松”这两个月的营销期。

为了延续“让红包飞”活动的热度，沃尔沃制作了 8 个短视频，其中 6 个为新浪专门定制的视频，这些视频从趣味、科技、文化的角度进行宣传，在微博上达到了接近 1 000 万的观看量。同时，为了将这些原创内容最大化地传播，微博发挥内容分发的优势，共动员 31 位有影响力的博主参与主动传播，转评赞总量超过 14 万。利用线上平台的优势，新浪汽车精选板块助力视频和原创内容的传播，挑选专业性强的自制王牌栏目，用趣味的方式去解读沃尔沃 S90 的科技优势，让节目有干货有意思，吸引大量汽车和科技粉的关注。

线上有了丰富的内容支撑、病毒式的传播扩散，新浪、微博也发挥了开展线下活动的优势，邀请两位具有文化属性的王牌达人阿福和仲尼，让他们追随“轮上马拉松”活动，从人文的角度记录这场城市经济文化之旅。两位达人撰写了两篇活动回顾游记，制作线下视频和 MG 动画，再一次将线下活动传导至线上引爆。该活动加上“轮上马拉松”的用户试驾活动，一系列的定制内容增加了大众对沃尔沃 S90 交互性能和智能操控的认知，提高了 S90 车型的市场竞争力，利用平台的力量去带动用户深度解析 S90 车型的卖点和黑科技。最终在微博平台“轮上马拉松”达到了 4.2 亿的阅读量、180 万的互动讨论数，在网友中呈现近 100%的好评，为线下活动的口碑传播提供了有力支持。

沃尔沃将 S90 车型的主打卖点——科技、奢华、智能、永无止境的探索充分融入营销策略中，利用新浪微博的内容优势，通过大事件营销进行线上热点引爆，同时将这种核心卖点落实到线下城市寻旅这种活动中，用试驾的方式让消费者亲自体验沃尔沃的科技感和实用性，线上线下互动，让沃尔沃品牌价值得到了大幅度的提升，并在春季宣传的余热期间让口碑持续发酵。

沃尔沃表示本次与新浪的合作取得了超出预期的效果，在品牌增粉、互动和留资方面都表现出色，沃尔沃的年轻化营销初见成效，希望今后与新浪一起，继续通过新鲜有趣的方式，将这一品牌形象深入人心。

（案例来源：《流量爆炸的背后：看沃尔沃玩转微博营销》，载于新浪网，2018 年 8 月 2 日，有删改）

第一节　全球整合营销传播的内涵

一、整合营销传播

根据美国广告代理商协会（American Association of Advertising Agencies，简称 4As）的定义，整合营销传播是一个营销传播计划的概念，通过对不连续信息的有机整合，评价各种沟通计划的增加值，即通过对普通广告、直接反映广告、销售促进和公共关系整合等传播手段的综合运用，提供具有良好清晰度、连贯性的信息，使传播影响力最大化。

美国南卡罗莱纳大学教授特伦奇·希姆普认为，一个顾客或一个未来顾客在产品或服务方面与品牌或公司接触的一切来源均是未来信息潜在的传播渠道，整合营销传播是利用一切与顾客或未来顾客相关的并有可能被接受的形式传播。

美国学者舒尔茨·唐列巴姆和劳特鲍恩认为，整合营销传播是一种看待事物整体的新方式。过去人们只看到其中的各个部分，比如广告、销售促进、人员沟通等，整合营销传播是重新编排的信息传播，看起来更像源源不断的信息流，更符合消费者看待信息传播的方式。

整合营销传播理论的先驱、全球第一本整合营销传播专著的第一作者唐·E.舒尔茨教授根据对组织应当如何展开整合营销传播的研究，考虑到营销传播不断变化的管理环境，给整合营销传播下了一个新的定义。他认为,整合营销传播在本质上是战略,在执行上是战术。21世纪更加简明的定义为:整合营销传播是业务的战略过程,指设计、优化、执行以及评估、协调对于消费者、潜在客户和目标受众的可测量的、具有说服力的品牌传播方案。

二、全球整合营销传播

在21世纪全球市场上,大多数市场营销系统将会被客户控制。由于大量的产品或渠道由电脑或数字系统掌控,全球早已迈入数字化时代。此外,一张巨大的全球信息网正在编织过程中,大多数消费者已掌握了非常成熟的信息技术。在未来全球市场中,产品的销售将会由消费者自身推动,中国近些年兴起且蓬勃发展的海外代购模式便是最好的证明。

在传统的由制造商和分销商驱动的市场中,买卖双方的地位往往是不平等的,一方的胜利必定以一方的牺牲为代价。但是,在未来全球市场中,各方的关系将会变得友好,市场的共享特征越来越明显。哪里的奶粉质量好,哪里的手机价格便宜,哪里的商场又上了最新潮流的服装,哪里产的机油更适合自家的汽车,种种消费经验都会因为顾客在各自的移动终端上轻轻一点而瞬间传遍全世界。

随着时间的推移,整合传播就成为把全世界客户联结到一起的纽带,成为未来关系市场的基石。这里的关系包括了企业与顾客的关系、产品与顾客的关系以及顾客之间的关系。所以,全球整合营销传播是指企业在传统广告、人员推销、营业推广、公共关系整合的基础上,引导全球顾客主动传播企业品牌、产品信息等,从而推动产品销售的业务战略过程或传播方案。

第二节 全球广告

一、广告的定义

"广告"一词源于拉丁语,有"注意""诱导""广而告之"之意。作为一种传递信息的活动,广告是企业在促销中普遍重视的应用最广的促销方式。广告有悠久的历史,自从人类社会出现商品交换和市场,广告就产生了。商品生产初期,社会分工使剩余产品进一步增加,交易日益增多,生产者和中间商已开始利用一些比较原始的手段进行促销活动,广告便应运而生,如街头叫卖、悬挂招牌等。随着商品经济和科学技术的发展,广告形式也日益丰富。

广告的定义随着时代的发展而变迁。早期人们通常把以说服方式(包括口头方式和书面方式等)进行、有助于商品和劳务销售的公开宣传,都称为广告。这是广义上的广告。随着时代的发展,人们把广告的概念进一步界定,形成狭义上的广告,即在营销活动中,广告是指由特定的广告主,有偿使用一定的媒体,传播商品和劳务信息给目标顾客的促销行为。

二、全球广告的内涵及媒体选择

1.全球广告的内涵

全球广告可定义为特意运用具有全球适应性的艺术方式、文案、图片、口号和其他元素传播的信息。与全球产品的境遇相似,全球广告也面临着"标准化"与"本地化"之争。在全球市场究竟是采用标准化还是本地化广告的决策完全取决于企业对利弊的权衡。标准化的广告会带来降低成本、增强控制、充分利用潜在有效的全球客户诉求点等好处,本地化的广告则更专注于产品或品牌在不同国家或文化中与当地消费者的匹配程度。何时、何地、使用哪一种形式的广告取决于所涉及的产品和公司在具体市场想要达到的目标。

2. 全球广告媒体的选择

纵观全球，各国的政治、经济、文化、科技等存在着诸多不同，各类媒体客观上也各具特点。不同媒体可将广告传播到不同的目标市场，而不同的消费者有着不同的阅读、视听习惯和偏好。因此，企业在广告媒体的选择上要综合考虑的因素有很多。各种广告媒体的优劣势比较见表 10-1。

表 10-1　各种广告媒体的优劣势比较

媒体	优势	劣势
电视	直观性强；覆盖面广；有较强的冲击力和感染力；可重复；利于激发情绪，增强购买信心和决心	主流电视媒体费用较高；容易令受众产生抗拒情绪；受收视率影响较大；被动传播
广播	传播及时；传播范围广；受众层次多样；费用较低；播出富有灵活性	信息表现力差；传播对象的精神集中度较低；信息存储性差
报纸	传播速度快，信息传递及时；信息量大，说明性强；可重复；选择性强	表现形式单一；广告寿命较短；传播信息易被消费者主动忽略
杂志	对象明确；图片精美；保存期长；引人注目；媒体版面灵活，软文形式多样	受众面较窄；成本较高
互联网（数字媒体）	覆盖面广；互动性强；巨大的信息承载量；传播速度快	传播效果难以把控；易受竞争对手冲击；易受科技因素影响

小案例

北京时间 2017 年 12 月 5 日早间消息，玛格纳环球（Magna Global）预测，2018 年全球数字媒体上的广告支出将达 2 370 亿美元，占全球广告总支出的 44%，2020 年这一数字将升至 2 910亿美元，份额达到 50%。所有形式的数字广告支出都在增加，搜索广告是迄今为止最大的部分，明年支出预计将达 1 130 亿美元，较 2017 年增加 12%，其中移动搜索广告支出预计将占据 63%的份额。玛格纳环球预计，2018 年全球移动广告支出总额将达 1 470 亿美元，较 2017 年增长 27%。此外，市场调研公司 Statista 公布的数据显示，谷歌和脸书（Facebook）不仅主导着全球网络广告市场，在整体的线上和线下广告市场的份额也高达 25%。在过去的 20 年间，广告主逐渐将其广告预算从传统媒体（如电视、报纸和杂志）向网络媒体转移。而智能手机的普及进一步推动了这一趋势，因为智能手机已经从根本上改变了人们对内容的消费方式。广告预算从传统媒体向网络媒体转移，所导致的后果之一是在线广告预算被少数几家科技公司所主导。Statista 的数据显示，当前谷歌和脸书在全球网络广告市场的份额已经达到 62%，相比之下，2016 年其在该市场的份额为 58%，2012 年为 47%。基于广告调研公司 WARC 的数据，这意味着今年谷歌和脸书在全球广告市场的份额将达到 25%。相比之下，去年其在该市场的份额为 20%，2012 年为 9%。

（案例来源：《2020 年全球在线广告支出份额将达一半》，载于新浪财经，2017 年 12 月 5 日；《谷歌脸书占全球广告营收 25% 在线广告营收 62%》，载于新浪科技，2017 年 12 月 8 日。有删改）

三、移动互联网时代的全球广告

移动互联网是将移动通信和互联网二者结合起来的，通过移动通信技术、互联网技术、平台、商业模式和应用软件等以移动通信设备呈现的信息互联方式。智能手机是移动互联网时代的标志产物，它集便携性、技术性、即时性、互动性和个性化于一身，成为重要的人际交流工具，成为信息传播的“第五媒体”。

美国媒介理论家保罗·莱文森在其著作《手机：挡不住的呼唤》中指出，正是手机的出现把人们从单一固定的信息交流形式解放出来，不再受时空的限制。以互动、移动为特征的互联网背景下的新媒体广告与传统广告存在四个方面的不同：受众行为不同、媒体构成不同、盈利模式不同、广告形式不同。

在移动互联网的冲击下，讨论全球广告的“标准化”与“本地化”已毫无意义，因为在互联网背景下信息传播本身就是全球性的。移动互联网时代的全球广告具备以下几种特性：①互动性。广告由说服变成了参与。消费者已经不再是被动的接受者，许多创意需要受众参与才能完成。广告的重心也不再是单向的自说自话、我说你听，而是试图把受众卷入，让信息自发传播。②精准性。企业对大数据的研究，改变了传统时代广告创意的生产模式。用户反馈行为的海量数据，可直接用来优化下一次的广告制作与投放，将广告更为精准地投放到消费者面前，使得点击率、转化率大幅提升。③随时性。在传统的信息媒体面前，消费者对广告信息的摄入有其专门的时效性。如电视广告专注于每晚 8 点的黄金时段，汽车电台播送广告且被消费者接收的前提是消费者正在开车且正好打开了收音机。在移动互联网时代，广告信息渗入了消费者碎片化的时间里，只要消费者盯着手机，信息的传播是无时不在的。④广泛性。移动互联网和社会化媒体的结合，带来了移动社会化网络，广告利用线上传播的力量推动消费者线下的活动，促进品牌信息与消费者的价值共鸣。⑤多样性。随着信息技术的发展，智能手机的功能越来越强大，广告能集文字、图片、视频、音频于一体，使得同一个公司的广告可能出现多种表达形式。

小案例

消费品巨头、全球第二大广告主联合利华(Unilever)宣布，将与花钱购买“粉丝”的社交媒体红人切断关系，希望此举能够让广告变得更透明。随着各大品牌在照片墙(Instagram)和脸书(Facebook)等社交媒体上的广告越来越多，一个被称为“意见领袖”(Influencer)的行业已经兴起。在这个行业中，社会名人和其他网络红人通过发布产品广告来赚钱，其追随者(俗称“粉丝”)的数量往往决定了他们的收费，因此有些人会花钱购买“粉丝”。购买“粉丝”的做法有可能侵蚀信任，从而破坏广告增长速度较快的领域之一，一个被称为“影响力营销”的每年达 10 亿美元的市场。联合利华表示，希望阻止这种乱象。该公司首席营销官基思·韦德(Keith Weed)表示，作为多芬、立顿、赫尔曼等知名品牌的母公司，联合利华承诺永不购买“粉丝”，并拒绝与购买“粉丝”的“意见领袖”合作。与此同时，公司还将优先考虑与采取行动打击欺诈和提高透明度的社交媒体平台合作。此前四个月，联合利华威胁将从脸书与谷歌等数字平台撤出投资，如果其不采取措施提高消费者信任，并消除“有毒的”在线内容。

(案例来源：《全球第二大广告主联合利华：网红“买粉”永不合作》，载于新浪财经，2018 年 6 月 18 日，有删改)

第三节　全球人员推销

一、人员推销

1. 人员推销的概念

人员推销是指通过推销人员深入中间商或消费者进行直接的宣传介绍活动，使其采取购买行为的促销方式。人员推销是人类最古老的促销手段。远在小商品经济时代，商人的沿街叫卖、上门送货等就属于人员推销的性质。在商品经济高度发展的现代社会，人员推销这种古老的形式更焕发了青春，成为最重要的一种促销形式。

2. 人员推销的特点

同非人员促销相比，人员推销的最大特点是具有直接性。无论是面对面地与顾客交流的形式，还是通过电话访问顾客的形式，推销人员都在通过自己的声音、形象、动作或拥有的样品、宣传图片等直接向顾客展示、说明，直接相互交流。人员推销的优点主要表现在以下方面：

(1)作业弹性大。推销人员与顾客保持直接联系，在促销过程中可以展示商品，进行操作示范，帮助安装调试，并且根据顾客表现出来的欲望、需求、动机和行为，灵活地采取必要的协调措施，对顾客的疑虑和问题，也可以及时进行讨论和解答。此外，推销人员在促销的同时，可兼做许多相关性的工作，如服务、调研、情报搜集等。

(2)针对性强。采取广告等非人员推销手段，面对的是广泛的社会公众。而人员推销在实施之前往往要对顾客进行调查研究，直接针对选择的潜在顾客进行促销活动。针对性强可以减少浪费，促销绩效也比较明显。

(3)及时促成购买。人员推销大大缩短了从促销活动到购买行为之间的时间间隔。采取广告促销方式，顾客有一个接受、思考、比较、认定以及到店购买的过程，而人员推销可以使顾客的种种问题迎刃而解。推销人员面对面的讲解、说服，可以促使顾客立即购买。

(4)巩固关系。推销人员与顾客长期反复交往，往往能培养出亲切友好的关系。一方面，推销人员帮助顾客选择称心如意的商品，解决产品使用过程中的种种问题，使顾客对其产生亲切感和信任感；另一方面，由于对推销人员的肯定和信任，顾客会积极宣传企业的产品，帮助销售人员扩展业务，从而形成长期稳定的关系。

二、全球人员推销的必要性

第一，在广告受到各种限制的国家，人员推销是企业常用的一种营销手段。如在中国，烟草、音像制品、药品等的销售受到了严格的控制，企业需要派驻专门的销售人员打通分销渠道。第二，在工资水平低、能轻松雇用大批当地销售人员的国家，人员推销也会被经常使用。第三，对于注重服务营销的产品，产品的有形展示和体验过程更加重要，需要人员推销的辅助才能取得最佳效果。第四，对于全球化工业产品，需要打通出口商、进口商及中间商的渠道关系，更多依赖人员推销的形式开展。

三、全球推销的潜在风险

企业在全球范围内建立人员推销团队，首要考虑的问题并不是人员推销的效率如何或是海外销售团队能为企业带来多少利润，只有排除了以下潜在风险，才能使企业的人员推销策略取得更大的成效。

1. 组织风险

通常而言，大部分跨国企业的组织架构是由驻外人员和所在国家本地人员组成的。由于环境发生了变化，部分驻外人员对目标市场认识不足，采用本国自认为成熟的管理理念、销售方式时易产生“水土不服”的现象，表现为销售团队战斗力不强、士气低落、组织松动、人员流失等一系列问题。

2. 政治风险

全球企业要充分熟悉和认识目标市场的政治特点。不稳定的或腐败的政府可能会完全改变销售团队的策略和规则。如果目标市场政治动荡，势必影响产品销售的成效。如果当地政府习惯于官商联合，则需特别小心，要制定专门的策略以求得“保护”。

3. 经济风险

企业需时刻关注全球经济的发展与风向，两国货币汇率的变化将直接影响产品进出口的难度。如本国货币对目标市场国家货币贬值，会造成出口难度增加，哪怕与出口商、进口商、中间商的关系再好，也无济于事。这时派出人员推销无疑会增加企业的销售成本，得不偿失，不如将该国团队撤回或派往其他国家，以减少企业的沉没成本。

4. 市场风险

企业进入一个新的地区，可能会由于不了解市场的情况、当地的习惯做法或竞争对手在当地的销售手段而导致决策失误，人员推销无功而返、事倍功半。此时应该令推销人员变身调研人员，对目标市场的环境进行深入的研究。这样做一方面能为企业提供熟悉该地区的宝贵信息，为日后制定销售策略提供依据；另一方面能为推销人员日后开展推销工作奠定基础，因为调研的过程也是学习与成长的过程。

第四节　全球公共关系

一、公共关系

1. 公共关系的含义

公共关系是指一个组织为改善与社会公众的联系状况，增进公众对组织的认识、理解与支持，树立良好的组织形象而进行的一系列活动。企业公共关系作为一种特殊的促销形式，包含了更为具体的内容。

首先，企业需要维护其与相关的社会公众的相互关系。社会公众主要包括供应商、中间商、消费者、竞争者、信贷机构、保险机构、政府部门、新闻传媒等。企业不是孤立的经济组织，而是相互联系的“社会大家庭”中的一分子，每时每刻都与相关的社会公众发生着频繁广泛的经济联系和社会联系。企业公共关系就是指要同这些社会公众建立良好的关系。其次，企业形象是企业公共关系的核心。企业公共关系的一切措施，都是围绕着建立良好的企业形象来进行的。企业形象一般是指社会公众对企业的综合评价，表明企业在社会公众心目中的印象和价值。在激烈的市场竞争中，一旦企业建立了良好的形象，就会拥有不凡的商誉，供应商愿意提供货源，甚至同意赊欠；中间商和消费者愿意购买产品；信贷机构愿意提供贷款；企业也容易寻求合作伙伴，开拓市场，从而在竞争中占据有利地位。反之，一旦企业给社会公众留下不良印象，则可能逐步被市场淘汰。最后，企业公共关系的最终目的是促进商品销售，提高市场竞争力。从表面上看，企业公共关系仅仅是为了建立良好的形象，同其他促销方式相比，其促销性似乎并不存在。但从本质上看，作为社会经济生活基本的经济组织形式，企业必须追求经济利益。公共关系的最终目的，仍然是促进商品销售。正因为如此，公共关系才成为促销的一个重要方式，只不过它是一种隐性的促销方式。通过企业公共关系达到促销的目的，首先经历了一个树立企业形象的环节。通过建立良好的形象，企业推销了自身，从而促进了自身产品的销售。

2. 公共关系的作用

公共关系作为一门经营管理的艺术，具有非常重要的作用，主要表现在以下方面：

(1)强化宣传，树立形象。企业在开放型、网络型、竞争型的市场体制中，为了生存和发展，就必须处理好各种社会关系，树立良好的企业形象。企业形象是指社会公众和企业职工对企业的整体印象和评价，主要通过知名度、美誉度和信任度三大要素体现。企业树立良好的形象，可以使顾客愿意购买其产品，中间商乐于与之合作，易取得银行的信任而贷到货款，能够增强凝聚力、稳定员工队伍、吸引优秀人才。如果企业发行股票，则能够提高股票价值。因此，良好的企业形象是企业一笔巨大的无形资产。现代企业的竞争已经从商品竞争、技术竞争、价格竞争、服务竞争扩大到信誉竞争、形象竞争，企业形象成为企业在市场竞争中取胜的重要法宝之一。树立良好的企业形象，一方面要靠高质量的产品和优质的服务，另一方面必须借助公共关系，将企业产品和服务等信息迅速传播给社会公众，增进社会公众对企业的了解和信任。

(2)调解纠纷，争取谅解。在市场营销中，由于利益的驱使，形成了错综复杂的关系，充满了各种矛盾，如果处理不当，就会产生各种纠纷。企业要自觉地运用公共关系，尊重公众的整体利益，重视舆论，尤其在市场营销决策发生失误时，应实事求是地采取措施予以补救，使各种纠纷得到妥善处理。因此，公共关系活动的功能之一，是减少企业与社会各方面的摩擦，促进企业与社会公众的相互了解。

(3)协调决策，提高效益。企业公共关系的现状直接影响到企业的经济效益。企业的公共关系部门根据获得的信息，进行准确的分析评估，将消费者对企业产品的要求等信息直接反映给企业决策层，协助其做出正确决策。企业决策层在制定营销战略和策略时，容易忽视公共利益，公共关系部门应及时进行分析和评议，弥补决策失误，维护和提升企业的形象，在提高企业经济效益的同时增进社会效益。

二、全球公关工作的内容

随着企业越来越多地参与全球营销，产业全球化持续发展，企业必须深刻认识到全球公共关系的价值。全球公关活动的首要任务是处理与各类传媒的关系，要在公众面前保持正面的形象。要了解受众，尽可能地掌握目标市场所在国的语言交流技巧，熟悉当地的风俗习惯。另外，全球化的发展使各国政府间的关系日益密切，环境、和平、民生等问题受到广泛关注和重视。在科技推动下发展的信息技术，使全球公关真正触及全球消费者，企业公关人员几乎能够随时随地地与传媒保持联系。因此，全球企业的公关工作应包括以下内容：

1. 调查研究

调查研究是做好公共关系工作的基础。企业公共关系工作要做到有的放矢，应先了解与企业及与其所实施的政策相关的公众的意见。要把企业领导层的意图告知公众，也要把公众的意见和要求反映到领导层。在开展公关活动之前，应设置一系列评估标准对企业品牌形象或某突发事件对消费者的影响作出初步测评，分析目标市场消费者以及社会各界对企业及其产品的态度和看法，最终确定企业在目标市场公众心目中的地位或某突发事件的影响程度等。

2. 确定目标

在调查分析的基础上明确了问题的重要性和紧迫性，进而根据企业的总目标和各方面的情况，确定具体的公共关系目标。一般来说，企业公共关系的直接目标是促成企业与公众的相互理解，影响和改变公众的态度和行为，建立良好的企业形象。公关工作是围绕着信息的提供和分享展开的，因而具体的公关目标又分为传播信息、转变态度、唤起需求。企业不同时期的公关目标，应综合公众对企业理解、信赖的实际状况分别确定。

3. 交流信息

公关工作是以有说服力的传播去影响公众，因而公关工作的过程也是交流信息的过程。有效的沟通将在公共关系活动中起到极为重要的作用，企业应通过各种方式、途径来加强与社会公众之间的联系，传递企业为当地市场谋求共同利益、为促进当地市场发展而努力的良好意愿，同时听取社会各界及公众的想法及改进意见，接受对企业的监督等。

4. 评价结果

公关效果的评价是企业公关活动中颇具意义的一环。通过在活动实施过程中及实施以后搜集、整理和分析来自各方的反馈信息，了解社会各界及公众对企业公关策略的反应，以及自身品牌形象的改善与否，从而根据需要对其进行适当的调整，并为重新定位自身形象或发展未来形象而开展新一轮公关活动创造有利条件。

小案例

就在郑州空姐遇害的 3 个多月后，又发生了温州女孩乘坐滴滴顺风车被害案件，仍处整改期的滴滴顺风车再一次引发公众对其安全性的质疑。这一次，滴滴再道歉，并表示："无论法律上平台是否有责任，以及应当承担多少责任，未来平台上发生的所有刑事案件，滴滴都将参照法律规定的人身伤害赔偿标准给予 3 倍的补偿。"

但公众对滴滴的态度依然愤慨，这估计与以下四个原因有关：第一，滴滴采取推托战术应付向其询问司机相关信息的受害者朋友，可见客服对乘客生命极不负责的态度；第二，就在事件发生前一天，该司机已被投诉，却未被平台处罚，致其仍可正常接单，这不是给乘客制造风险和埋雷吗？第三，在当事女性发出呼救信息之后，其闺蜜与家人报案，警方两次向滴滴索要司机和车辆信息却遭到拒绝，导致错过最佳救援时机；第四，此前接连出事，滴滴尚处整改期内，再次发生类似案件，足见滴滴在应急方案以及与警方联动配合方面，仍然存在较大问题。虽然在事发后滴滴表示，未来平台上发生的所有刑事案件，滴滴将给予 3 倍补偿，但是这种用金钱衡量生命的方式，让大家难以接受——有钱就了不起？

"安全"二字，已触碰到了公众的底线。他们担心，在接连出事后，滴滴顺风车变得不安全了，这是大家不能接受的。更重要的是，作为平台，滴滴在风险防控与危急应对方面所采取的保障措施，也不能让大家满意。这种意外风险，指不定哪天，自己就会遇到，要是再出事，又该怎么办？

面对这些问题，滴滴的答复是"我道歉"。有网友调侃，滴滴已经成为道歉专业户了。调侃的背后，是无奈。这一次道歉，从内容上看有些故意偏离主题的嫌疑。细读全文，滴滴无非意在表达以下四个方面的内容：一、警方快速破案，有公司的协助，我们并非无所作为；二、此前有乘客投诉该司机，公司没有进行有针对性的调查，忽视了；三、没有及时提供车主信息是因为公司注重隐私保护；四、在平台上发生的刑事案件，公司赔钱。

在深圳女教师和郑州空姐乘顺风车遇害后，滴滴并没有真正把"不可推卸的责任"作为整改的动力，而是以"事后诸葛亮"的态度为自己叫屈并一再采用这种熟悉的道歉公关，求公众谅解。一而再，再而三，公众的信任能消耗到几时？所以，不要只顾着道歉，还要拿出诚意来真正改善。

（案例来源：刘晨《滴滴的道歉"公关术"到底有多少诚意？》，载于新浪新闻，2018 年 8 月 26 日，有删改）

第五节　全球营业推广

一、营业推广

营业推广又称销售促进，是通常所说的促销活动，指经营者运用各种短期诱因鼓励消费者购买以促进产品或服务的销售的一种方式。近年来，营业推广在促销组合中的作用日益加强，其费用支出在企业促销费用支出中的比例越来越大，已远远超过广告费用支出。企业之所以对营业推广倍加青睐，是因为在日益激烈的市场竞争中，营业推广发挥着独特的作用。

1. 加速新产品市场导入的进程

当消费者对刚进入市场的新产品还不够了解，不能做出积极的购买决策时，通过采取有效的营业推广措施，如免费试用、折扣优惠等，可以在较短时间内让消费者了解新产品，促进其接受新产品，从而加速市场导入的进程。

2. 强化消费者重复购买的行为

消费者购买了某一产品，并不一定会再次购买。企业运用销售积分奖励、赠送购物券等多种推广形式，可以在很大程度上促使消费者重复购买，进而养成对产品的购买习惯。

3. 刺激消费者迅速购买

运用价格优惠、附赠品等多种方式，形成较强的利益诱导，可以刺激消费者的购买欲望，加速消费者的购买决策，从而在短期内迅速增加企业的销售额。

4. 抵御竞争者的促销活动

当竞争对手大规模展开促销活动时，可以针对性地选择营业推广的手段，抵御和反击竞争者的促销行为，保持顾客忠诚度，维持企业的市场份额。

二、全球营业推广的注意事项

在全球范围内，作为营销沟通工具的营业推广越来越流行，原因在于营业推广不仅给予消费者有形的激励，而且降低购买者对所购商品可能的风险感知。在全球营销过程中，营业推广活动应注意以下事项：

1. 整合性

营业推广活动一般分为价格促销和非价格促销两种类型。价格促销以降价、返现、折扣等形式呈现；非价格促销则采取派送样品、买一送一、抽奖和竞赛活动等形式开展。无论采取哪种形式，目的都是使消费者知晓产品、刺激购买或增加消费者的体验。但营业推广本身独木难支，整个计划和方案应与广告、公共关系和人员推销相整合，才能达到较好的促销效果。

2. 计划性

企业在开展营业推广活动时，应充分考虑该活动是由总部主导的全球性质的活动，还是由目标市场分公司主导的针对当地消费者的活动，准确计算整个营业推广活动所产生的成本和费用，做好预算管理和过程控制。在确定营业推广活动采用当地化形式开展时，要充分考虑目标市场所在国家消费者的特点和习惯，尽可能取得理想的促销效果。如在经济发展水平较低的国家或地区，消费者可支配收入较低，则应尽可能采用免费派送、免费试用和路演展示等方式，而不是赠券或抽奖；在经济发展水平较高的国家或地区，消费者更注重产品的品牌和生活的品质，可能会对免费的产品产生劣质的印象反而影响企业整体形象。

3. 针对性

营业推广的核心目的，是在短期内促使目标消费者发生购买行为。因此必须仔细思考和论证营业推广活动的目的与意义，做好市场调查，做到有的放矢。第一，针对竞争对手。根据调研反馈信息，针对竞争对手制定完善的营业推广策略。一方面了解竞争对手以往的推广策略，分析其成败的原因，做好过程控制；另一方面了解竞争对手下一次的推广时间，尽量避免与之发生时间上、地点上的冲突，因为同时开展推广活动会分散消费者的注意力。第二，针对目标客户。消费者在不同的时间、不同的地点、不同的氛围中会产生不同的需求。因此，在制定营业推广策略时，应充分考虑目标客户的特点，寻找消费者的痛点，策划活动的爆点，最大限度提升营业推广活动的有效性。第三，针对推广手段。面对全球市场的同质化及移动互联网的发展，企业除采取传统线下推广模式之外，还可以选择线上传播以及线上线下相结合的O2O(Online to Offline)模式，针对全球消费者的特点，设计一整套完善的"海陆空立体式"推广方案，以取得最佳的营业推广效果。

本章小结

整合营销传播是业务的战略过程，指设计、优化、执行以及评估、协调对于消费者、潜在客户和目标受众的可测量的、具有说服力的品牌传播方案。随着时间的推移，整合传播就成了把全世界客户联结到一起的纽带，成为未来关系市场的基石。这里的关系包括了企业与顾客的关系、产品与顾客的关系以及顾客之间的关系。所以，全球整合营销传播是指企业在传统广告、人员推销、营业推广、公共关系整合的基础上，引导全球顾客主动传播企业品牌、产品信息等，从而推动产品销售的业务战略过程或传播方案。

全球广告可定义为特意运用具有全球适应性的艺术方式、文案、图片、口号和其他元素传播的信息。与全球产品的境遇相似，全球广告也面临着"标准化"与"本地化"之争。在全球市场究竟是采用标准化还是本地化广告的决策完全取决于企业对利弊的权衡。在移动互联网的冲击下，讨论全球广告的"标准化"与"本地化"已毫无意义，因为在互联网背景下的信息传播本身就是全球性的。移动互联网时代的全球广告具备互动性、精准性、随时性、广泛性、多样性等特性。

企业在全球范围内建立人员推销团队，首要考虑的问题并不是人员推销的效率如何或是海外销售团队能为企业带来多少利润，而是应该注意排除组织风险、政治风险、经济风险和市场风险等潜在风险。

随着企业越来越多地参与全球营销，产业全球化持续发展，企业必须深刻认识到全球公共关系的价值。全球企业的公关工作包括调查研究、确定目标、交流信息、评价结果等内容。营业推广活动一般分为价格促销和非价格促销两种类型。价格促销以降价、返现、折扣等形式呈现；非价格促销则采取派送样品、买一送一、抽奖和竞赛活动等形式开展。无论采取哪种形式，目的都是使消费者知晓产品、刺激购买或增加消费者的体验。企业在开展营业推广活动时，应充分考虑该活动是由总部主导的全球性质的活动，还是由目标市场分公司主导的针对当地消费者的活动，做好预算管理和过程控制，并充分考虑目标市场所在国家消费者的特点和习惯。面对全球市场的同质化及移动互联网的发展，企业除采取传统线下推广模式之外，还可以选择线上传播以及线上线下相结合的O2O模式，针对全球消费者的特点，设计一整套完善的"海陆空立体式"推广方案，以取得最佳的营业推广效果。

中英文关键词

整合营销传播(Integrated Marketing Communication)
全球整合营销传播(Global Integrated Marketing Communication)
广告(Advertising)
全球广告(Global Advertising)
人员推销(Salesman Promotion)
公共关系(Public Relations)
营业推广(Sales Promotion)

复习思考题

1. 全球整合营销传播的内涵是什么?
2. 移动互联网时代的全球广告具备哪几种特性?
3. 企业从事全球推销应注意哪些潜在风险?
4. 全球企业的公关工作包括哪些内容?
5. 在全球营销过程中,营业推广活动应注意哪些事项?

章末案例

贸易战将倒逼中国出现世界级营销传播集团

现实的挑战就在眼前。当家电、智能手机、移动支付、智能出行等行业的中国品牌大踏步走出去,当华为、吉利、海尔、美的、联想、支付宝、微信支付已经把成为世界级品牌作为目标,中国能否涌现出世界级的品牌营销传播服务集团?

看看西方发达国家的品牌发展历史,世界级品牌的发展和跨国广告公司、跨国营销传播服务集团总是相伴相生。

时势造英雄。20 世纪初到 20 世纪上半叶,欧美诞生了最早的现代广告公司,如智威汤逊、麦肯、李奥贝纳、天联(BBDO)和奥美等。两次工业革命后,生产力急剧提高,不少市场从短缺转向过剩,企业从生产导向转向销售导向,产生了对广告和营销传播代理服务的旺盛需求。

1949 年,38 岁的苏格兰移民大卫·奥格威在纽约创办奥美广告公司。他没有文凭,没有客户,创业时银行账户只有 6 000 美元,但十年后奥美成为美国著名广告代理商,大卫·奥格威成为现代广告人的代名词。奥格威的成功,和"二战"后美国消费步入黄金时代以及美国品牌的全球化是分不开的。

20 世纪七八十年代,资本、技术、信息、品牌的全球化不断加深,现代广告公司从不同角度总结出完整的营销传播策划创意和品牌理论,如品牌管家、定位、整合营销传播、品牌资产等,这些理论与方法反过来又促进了企业品牌意识的高涨和品牌管理水平的提升,二者相互促进,比翼齐飞。国际商业机器公司(International Business Machines Corporation,以下简称 IBM)

在全球化过程中的几次战略转型，如“四海一家的解决之道”“e 时代的电子商务”“智慧地球”等，背后都有奥美广告在品牌战略以及营销传播策划创意方面的支持。奥美广告集团通过服务 IBM 这样的跨国公司，形成了全方位的服务链条和全球服务网络。耐克 1972 年成立，1978 年进入加拿大、澳大利亚、欧洲和南美，1980 年进入中国。为耐克写下“Just do it”传奇品牌口号的 W+K 广告，最早创立于美国波特兰，随着耐克全球化，也在阿姆斯特丹、德里、伦敦、纽约、圣保罗、上海、东京相继设立办公室。此外，诸如智威汤逊广告与福特汽车、日本电通广告与丰田汽车这样的长期合作、相互促进的例子，不胜枚举。

20 世纪 80 年代，美国排名前十的广告公司，国际收入占其总收入的 46%，可以说，客户的品牌走到哪里，广告公司的品牌传播服务就跟到哪里。广告营销传播的作用如此之大，有英国学者评论说：“跨国传媒（包括全球广告市场）是全球资本主义的一个必要的组成部分。”

最近一二十年，随着跨国企业全球化的进一步发展，广告传播业不断并购整合，开始形成超大型的全球营销传播服务集团，如宏盟、WPP、IPG、阳狮、电通等。WPP 就是通过一连串收购建立起能满足企业各种营销传播服务需求的全球网络，成为世界第一。

今天，当越来越多的中国品牌促进消费升级，征战全球市场，开拓“一带一路”，当华为、小米、美的、腾讯等中国的行业领先者试图成为全球性的品牌领先者，这在客观上为中国的品牌管理与营销传播服务集团的发展和全球扩张提供了机遇和条件。未来一二十年，将是中国创建世界级品牌营销传播服务集团的黄金机遇期。

回首改革开放后中国广告与品牌营销传播服务业的发展历程，从 20 世纪 80 年代起，外资广告传播公司就随着其服务的跨国品牌客户一起进入中国，通过合资方式带动了本土广告业的发展；90 年代早期，中国确立社会主义市场经济体制，随着家电、服装、快消品、保健品、互联网、房地产等产业的兴起，本土的广告传播公司随之壮大，主要为本土客户提供广告传播服务。

2001 年中国加入世界贸易组织，跨国广告公司变得强势，一些中国企业也开始转向寻求他们的服务。当时跨国广告公司的专业体系是领先的，技术和资源优势也很明显，还利用资本的力量并购本土的优秀广告公司。本土的广告传播公司虽然数量快速增加，但规模不大，人才匮乏，竞争力有限，所以像联想、海尔这样的公司都选择了电通等国际广告公司。

2010 年至今的中国市场，越来越多的中国本土品牌崛起，取得竞争优势，在互联网应用方面更是走在世界前沿。与之相应，中国的优秀本土广告公司和营销传播服务集团也逐渐强大起来。

跨国广告公司在中国地位的下降，主要原因有二。一是他们必须优先服务跨国品牌，因为跨国品牌是总部签约、全球服务的大客户，所以从人才到资源分配上不能很好地服务本土客户的品牌；二是他们服务本土客户时的做法，基本沿用其既有的套路和模式，没有专门针对中国本土企业客户的实际需求进行调整。殊不知中国的市场变化快、差异大、层次多，本土企业像在青春期快速成长的孩子，激情澎湃、四处尝试，跨国广告公司很多时候跟不上节奏，也把握不了中国消费者不断出现的新特征。很多本土企业带着巨大的希望与跨国广告公司合作，往往经过一段时间，又带着很大的失望离开，并重新寻求与优秀的本土广告传播公司合作。

数字技术和移动互联网的发展，也对跨国广告公司的经营模式产生了巨大的冲击。过去跨国广告传播公司基于品牌优势，可以从策划创意到媒介代理向客户收取比较高的服务费用和佣金，当初像奥美和智威汤逊这一级别的广告公司，拍一条电视广告片，光策划创意费就要收一两百万元。但随着新媒体和传播环境的发展，客户不再愿意为一些少而精的广告作品付出高昂费用，而是希望广告传播公司的服务团队能够提供全面服务，帮助企业成长。在高收费难以为继的情况下，高成本（尤其是高昂的人力成本）却难以调整，造成跨国广告公司的经营压力越来越大。此外，跨国广告公司的高层很多都是来自境外的专业人士，拿着比本地员工相对高许多的薪资福利，却未必对本土市场和客户有“高水平的理解”，还在某种程度上限制了公司内本地优秀人才的发展空间。

在跨国广告公司在中国的发展处于整体下滑的趋势下，国内的优秀本土广告传播公司则加速成长。2010年，省广股份和蓝色光标率先在国内上市，从而开启了中国大型本土广告传播服务集团利用资本的力量扩大规模、提升实力并与跨国广告传播集团抗衡竞争的新的发展时代。

2013年，因赛在中国广告传播业率先提出“广告传播业的中国梦”——未来应该出现一批能够走向并主导全球市场的中国品牌；未来应该出现一批能够跟跨国广告营销传播服务集团相抗衡的中国营销传播服务集团；基于对中国品牌和广告营销传播业的文化自信，中国的广告营销传播业应该在世界上赢得专业的尊重和荣耀。5年过去，王建朝的信心更强了。他对中国品牌和营销传播业的自信，在最深层次上，是一种文化自信。

广告强国总是和文化息息相关，英国、美国两国都是如此。中华文化源远流长，有很多独特的思想文化价值传承。如美国文化中有马斯洛的“需求层次理论”，最高一层是“自我实现的需要”，但因赛集团通过研究发现，中国人最高的需求层次是“圆满”，立德、立功、立言是追求圆满，物质和精神方面追求圆满，事业和家庭追求圆满，所以因赛集团在品牌价值创意库的参数设置中，把人的需要提炼为8个层次、200多个需求，把全世界最好的广告营销传播案例归入其中进行比较研究。

基于文化自信的传播才是最真诚和有力的传播，东施效颦没有出路。这一点正在被越来越多的中国优秀品牌所意识到。华为的消费者业务负责人曾经说，华为成为全球标志性科技品牌的机会在于，它有可能超越“美式精英主义”，而展示出“有抱负阶层的崛起”。无论是当年的可口可乐还是今天的苹果，都体现了美式理想、精英驱动、渗透全球而不需理会当地独特性的单一口味，而随着年轻人的觉醒，小人物在创造大历史，“有抱负阶层”在崛起，华为的“劳动者命运共同体”的文化和机制更能让年轻人共同分享利润、承担风险、打拼现在、决定未来，更有希望在全球范围得到认同。因赛集团制作的多款华为手机的广告片都体现了这种文化自信。

王建朝说，在和华为这样的品牌一起走向世界的过程中，他们越来越深刻地意识到“全球视野，本土智慧”的重要性，意识到一个文化底蕴深厚的大国，一个在世界市场上开始加速发展的经济强国，一定会造就一批世界级的伟大品牌，造就出不逊色于全球五大广告传播集团、在中国成长起来的并且能够陪伴中国品牌走向世界级品牌的营销传播新力量。

高质量发展的新时代、品牌化消费的兴起、中国品牌的全球化、中国文化自信的释放，这一切将帮助中国实现从制造大国到制造强国再到品牌强国的历史性跨越。在这个过程中，特别期待像因赛集团这样的中国营销传播服务集团能够自强不息、把握机遇，在中国市场这块肥沃的土地上快速成长，在陪伴一批中国品牌走向全球市场的过程中，发展成为世界级的品牌营销智慧服务集团。

（案例来源：秦朔《贸易战将倒逼中国出现世界级营销传播集团》，载于《经济观察》，2018年4月11日，有删改）

讨论题：

1. 贸易战如何促使中国出现世界级营销传播集团？
2. 在全球营销整合传播中，营销传播集团的作用是什么？
3. 在全球化背景下，中国的营销传播集团如何应对国际市场的竞争？

第十一章　全球营销的渠道管理

学习目标

1. 了解分销渠道的全球化趋势。
2. 掌握全球分销渠道的设计方法。
3. 熟悉全球分销渠道的管理。
4. 明确全球渠道的物流管理。

开篇案例

Zara 母公司旗下品牌或将全球触网

刚刚宣布入驻天猫的 Zara 姊妹品牌 Uterqüe，其母公司 Inditex 打算进一步扩充全球在线销售品牌数量。9 月 5 日，Inditex 董事长兼首席执行官帕布罗・伊斯拉(Pablo Isla)表示，到 2020 年前，Inditex 将在全球线上渠道销售旗下所有品牌的产品，包括没有实体门店的市场。奢侈品中国联盟荣誉顾问张培英表示，Inditex 此举是想进一步扩大线上布局，以弥补逐渐下滑的可比门店销售额。

帕布罗・伊斯拉在米兰与记者会面时宣布，到 2020 年前，Inditex 的产品将在全球任何地区可以进行网上购买，以纪念维托里奥・埃马努埃莱大街(意大利米兰市中心的一条重要街道)全球 Zara 旗舰店重新开业。他表示，"我们想把我们的时装收藏品提供给世界上任何地方的所有顾客，甚至在当前没有实体店的市场也是如此"。

据了解，到 2020 年，集团所有品牌将在所有有实体店铺的国家采用综合库存管理系统，解决在线客户订单与商店库存问题。截至目前，Zara 在西班牙、法国、意大利、中国、美国、英国和墨西哥等 25 个国家的市场采用了综合库存管理。Inditex 方面认为，因为此前射频识别技术(Radio Frequency Identification，简称 RFID)已经全面部署在 Zara 和 Uterqüe，所以综合库存管理系统的全面布局可以实现。目前，这项技术已在 Inditex 的其他全球品牌中推广，预计 2020 年前完成整个集团的生产布局。

此外，Inditex 还计划在 2020 年前，将全球所有店铺按照生态效率计划运作。与传统店铺相比，该计划可以节省至少 20%的能源和水，最高可达 50%。现阶段，这个计划已经在 Inditex 80%的店铺实施，其中中国地区门店实现率为 100%。

Inditex 2017 财年财报显示，Inditex 线上销售额占集团净销售额的 10%，同比增长了 41%，但可比门店销售额同比增长 5%，低于去年同期的 10%增速，为三年内最低值。张培英认为，正是由于线上业绩的增长以及线下门店销售额的增幅减缓，Inditex 才宣布新的全球性线上计划。

实际上，不只是 Inditex，不少快时尚品牌都在今年将线上业务作为重点发展方向。H&M

在今年 3 月上线天猫旗舰店，第一次开设第三方线上自营店铺；GAP 也在今年 6 月开设微信小程序商城，消费者除了购买商品，还可通过"扫码寻衣"查看服装库存，查找附近门店。张培英表示，由于线上建设成本低，且运送速度越来越快，线上已逐渐成为快时尚品牌的主要市场。虽然线上店铺优势明显，但线下实体门店也必不可少，只有二者相互弥补支撑，才能为企业赚取更多利润。

（案例来源：王晓然、陈韵哲《Zara 母公司旗下品牌两年内全球触网》，载于新浪财经，2018 年 9 月 5 日，有删改）

作为全球营销管理的重要环节之一，分销渠道不仅在满足全球消费者的需求方面发挥着必不可少的作用，而且是企业在全球市场上赢得可持续竞争优势的重要工具和手段。分销渠道承担着将产品或服务准确、快捷、方便、经济地送达消费者手中的职责，价格策略和促销策略在很大程度上是依靠着企业的分销渠道模式来实现的。企业所拥有的渠道资源已经成为企业参与全球市场竞争，获取全球竞争优势的关键资源。在全球市场竞争中，企业若能有效管理渠道成员和协调渠道成员利益，就能构筑竞争壁垒，实现产品的流通，获取最大的全球竞争优势。

第一节　分销渠道的定义及全球化趋势

一、分销渠道的定义

分销渠道也称分销通路或销售渠道，是指某种产品或服务从制造商输送到最终消费者的过程中产生的由一系列相互依赖的组织所构成的网络系统。该网络系统主要包括批发商、代理商以及处于系统起点和终点的制造商与消费者。

随着全球化的发展，企业开拓全球业务必须合理地搭建和管理全球性的分销系统。全球分销渠道是指原产国制造商为了把产品或服务输送给国外消费者而搭建的销售网络。相较于传统分销渠道而言，全球分销渠道中加入了出口商、物流商、进口商等，如图 11-1 所示。搭建全球分销渠道的目的，是要在合适的时间、合适的地点，以合适的价格，使合适的产品或服务出现在合适的国外消费者面前，以满足他们合适的需求。与传统分销渠道相比，全球分销渠道跨越国界，容易受国际市场营销环境的影响，物流与交易都更为复杂，渠道更长，产品的销售成本更高，风险更大。

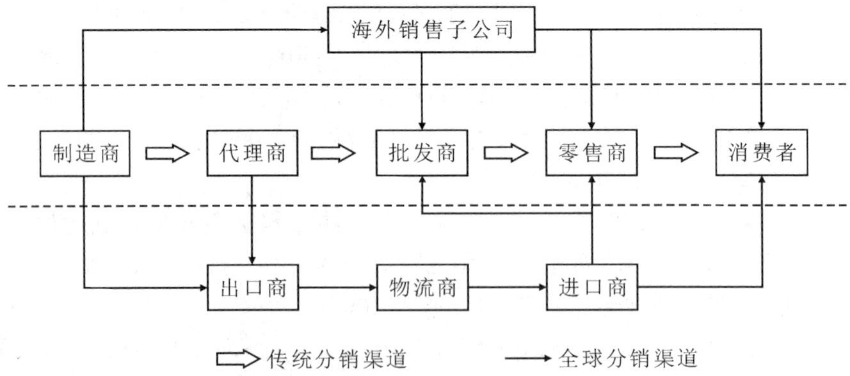

图 11-1　全球分销渠道

二、分销渠道的全球化趋势

经济全球化的势头已不可阻挡，企业面对迅猛变化的全球环境，只有主动地适应、改革，才能在不断加剧的市场竞争中求得生存和发展。首先，随着科学技术的发展与传播，新的通信和交通方式大大缩短了国与国、人与人、企业与企业之间的距离，加速的资本流动、信息流动、货品流动更使得企业面临的时空阻隔迅速消除，客观上给企业开发全球市场创造了前所未有的机遇与条件。“地球村”的形成把全球变成了一个硕大的“本地市场”，企业只不过是在这个硕大的市场中进行营销活动而已。其次，随着生产技术的持续发展，生产效率的不断提高，许多国家的生产能力逐渐过剩。对于本地市场无法消耗的产品，必须开发全球市场巨大的消费潜力，“走出去”已成为许多企业面临的战略转型目标。再次，世界各国的生产力发展水平参差不齐，同一种产品在不同的国家往往处于生命周期的不同阶段。在全球搭建分销渠道，可促使企业将本地市场成熟的产品转销到其他国家或地区，通过地域的扩张来达到延长产品生命线的目的。最后，随着全球经济一体化的发展，产业链合作、商品贸易合作已成了各国博弈的重要筹码。企业全球分销渠道的开拓，能给本国政府带来相应的利益，在国际谈判中掌握一定的主动权。因此，企业全球化的发展，必然始于分销渠道的拓展。只有合理地设计全球渠道、管理全球渠道，才能使企业在全球市场的“红海”中找到一片真正属于自己的“蓝海”。

第二节　全球分销渠道设计

全球分销渠道的设计是企业全球营销活动的一项重要工作，是站在生产者的角度规划企业跨越国界的营销网络，确定到达国际目标市场的最佳途径。设计全球分销渠道，要求企业对世界各国不同的环境因素进行综合考虑，决定渠道的长短、宽窄以及是否使用多种渠道等。从分销渠道设计的角度而言，企业要考虑以下问题：所销售的是何种性质的产品，面对什么样的目标顾客，消费市场有何特点，竞争对手渠道策略如何，中间商情况、企业自身状况、环境特征等。

一、根据产品特征设计

不同产品的特征影响企业分销渠道的设计。这些特征一般包括产品的物理特征、化学特征、技术特征、质量特征等多方面，如技术非常复杂和非标准化的产品一般应进行直销，否则可以考虑多借助中间商的力量来进行分销。在实践中，一般将产品划分为快速消费品和耐用品两类，针对它们不同的特点来选择相应的渠道策略。

快速消费品，如食品、日化品、高科技电子产品、时尚产品等，具有时效性强、贬值率高、生命周期短等特点。这种类型的产品所面向的市场消费者需求处于快速变动中，未来需求情况往往难以预测。对于这类产品，要求产品一出生产线就应以最快的速度到达消费者的手中，最大限度地缩短产品在渠道中的时间。这是产品高贬值率和市场需求的不确定性对渠道策略提出的要求。因此，渠道应尽量短和尽量宽才能符合要求。

耐用品，如汽车、家用电器、工业品原料等，具有较长的生命周期，市场需求稳定、可预测，随时间的变化较小，但产品的同质化程度较高，致使行业竞争激烈，单品价格的利润率较低，只能通过扩大市场销量赢得更大利润。因此在渠道策略上可选用较长、较宽的渠道，这样有助于提高产品的市场覆盖率。

二、根据市场特性设计

分销渠道设计会受到目标市场特性的影响，包括消费者集中程度、用户的购买频率、市场潜力、消费者的购买习惯等。

1. 消费者集中程度。在数量一定的条件下，如果顾客集中在某一地区，可由企业派人去直接销售或设立销售网点，如专卖店、海外销售子公司等；如果顾客比较分散，则必须通过中间商，才能有效地将产品渗透到世界的每个角落直至目标顾客手中。

2.用户的购买频率。如果用户每次购买的数量大但购买频率低，可采用直接销售渠道或较短的渠道，大多数的生产资料产品都采用这种渠道；如果用户每次购买的数量小但购买频率高，则宜利用中间商搭建长渠道，一般日用消费品多采用这种渠道。

3.市场潜力。如目标国家市场的消费者潜力大、需求多、范围广，则需要引进中间商提供服务来最大限度地满足消费者的需求；若市场潜力小，则生产企业可直接参与销售。

4.消费者的购买习惯。由于世界各国经济发展水平不一致，目标市场消费者的购买习惯不尽相同。有的国家消费者喜欢直接到企业购买商品，有的国家消费者喜欢逛商场。随着21世纪移动互联网的不断发展，在电子产业较为发达的国家，消费者更喜欢网上购物。因此，生产企业要将直接销售与间接销售相结合，将线上与线下相结合，以满足不同国家消费者的需求。同时，网络营销是全球大势所趋，在易贝、亚马逊、阿里巴巴等全球互联网平台搭建网络分销渠道，是未来全球企业渠道设计的一条发展路径。

三、根据销售终端密度设计

销售终端的密度直接关系着企业市场的整体布局。如果布点太稀，则不利于充分占领市场；如果太密，则可能增加销售成本，导致效率低下，并加剧各网点的冲突与矛盾。因此，如何选择和保持合适的终端密度，是设计合理的销售渠道的关键。

1.分销渠道

(1)独家分销

独家分销又称专营性分销或特殊分销，指企业在某一地区或目标市场，在一定时间内，只选择一家中间商销售本企业的产品。双方签订合同，规定中间商不得经营竞争者的产品，制造商只对选定的经销商供货。如劳斯莱斯汽车就是采用这种渠道策略，在世界各地只选用极少数的经销商，即使在大都市也只有一到两家。这种分销方式对中间商和制造企业各有利弊。

对中间商的好处是可以独家享受替厂家分销产品的全部权益，一般不需要采取降价的方式参与竞争，能够较好地保证利润的获得，如果分销的是名牌产品，还可以提升自己的市场形象，与厂商建立良好的长期合作关系。对中间商的不利在于：如果制造企业出现危机，中间商也会受到影响；如果销售不力，独家分销的地位难保，可能会被制造企业所淘汰。

对制造企业的好处：对中间商的控制比较容易，可以自主确定产品的分销价格，配货、运输、结算等方面都比较简单，在广告等促销方式上可以与中间商达成合作，降低分销成本；可以提高中间商的分销积极性，加强对顾客的服务，防止其他同类厂商利用此分销渠道。对制造企业的不利因素是受中间商的牵制较大，难以找到合理的中间商，可能会因此失去拓展市场的更好机会。

(2)选择性分销

选择性分销是指企业在同一目标市场上，在所有愿意经销本企业产品的中间商中仔细挑选出几家比较合适的中间商来销售企业产品。由于中间商数量不多，企业与中间商之间一般配合较协调和密切。这种分销方式对中间商来说，可以维持较稳定的产销关系，获取较为稳定的利润。对企业来说，比独家分销能拥有更高的市场份额，由于中间商数量不多，相对密集型分销来说成本又较低。

(3)密集型分销

密集型分销指企业对中间商不加选择，吸收尽可能多的分销商来分销自己的产品。其好处是能在较短的时间内提高产品的曝光度和品牌知名度，方便顾客购买，抢占更高的市场份额。其不足是成本负担较重，队伍庞大不易管理，应收账款回收较慢和退货问题较多等。一般而言，日常生活中的便利品会采用这种分销方式。很多企业在分销其新产品时，往往先采用密集型分销，在较短的时间内快速打开市场，然后更改为选择式分销，淘汰不合格的中间商，提高分销效率，控制费用增长。

2. 中间商的评价

中间商的能力对企业的渠道设计具有较大的影响。对中间商的选择一定要分析其经营能力、经营水平和资金周转能力，进行综合评价。因此，对中间商的评价与管理是企业渠道设计的主要任务。

(1)经营能力分析。考察中间商的经营能力，可以选用的评价指标有资金实力、人员构成、经营面积及位置分布、仓储能力等。

(2)经营水平分析。经营水平是指以经营能力为基础所表现出来的中间商的市场活动能力，可以衡量的指标有适应力、创造力、吸引顾客能力等。

(3)资金周转能力。资金周转能力指中间商的资金周转快慢、筹资能力、偿债能力、债权回收能力和资金的合理安排和使用能力等。

四、根据企业自身状况设计

企业自身的状况会影响到分销渠道的设计与选择。企业的长期发展目标、规模、财务能力，产品的组合能力、销售力量，过去的业务、经验及现行的营销策略等都影响着企业对分销渠道的选择。由于渠道一旦建立不易变更(变更会产生较高的费用)，企业在设计和选择分销渠道时应考虑与企业长期目标是否相符。企业的整体规模对拥有的市场范围、获得大客户和中间商的支持具有决定性作用；企业的财力状况决定了哪些营销只能自己承担，哪些需要委托给中间商。企业的产品组合越广，企业直接营销的能力越强；产品组合越深，越能吸引该类产品的中间商；产品组合的关联性越强，分销渠道的同质性越强，企业会产生特定的渠道偏好。

五、根据国际市场环境特性设计

世界各国的营销环境及其变化会对全球分销渠道的选择产生影响。首先，目标市场的政治、法律因素直接限制企业使用何种销售渠道。如中国对化肥、烟草等实行专卖制度，舶来品必须按照中国的专卖程序选择分销渠道。又如美国法律对于竞争市场的保护，可能造成垄断的销售渠道不会被采用。其次，目标市场所在国家的科学技术水平可能支持某些产品开辟新的销售渠道。如随着中国互联网技术、生鲜技术、冷链物流技术的发展，中国周边国家的水果、蔬菜、海鲜等在华销售渠道由过去的直接渠道变为多种渠道。再次，全球经济形势会对企业渠道选择造成影响。如在全球经济不景气时，企业需考虑尽量使用费用低廉的方式把产品送到消费者手中。最后，市场竞争环境是企业进行渠道设计时需要考虑的重要因素。当市场竞争不激烈时，可采用同竞争者类似的分销渠道；反之，则采用与竞争者不同的分销渠道。如果自己的产品比竞争者的好，则选择同样的销售渠道；如果自己的产品不如竞争者的，则应尽量避开。

小案例

京东不断拓展海外市场，加速引入高品质产品。2017 年 12 月 5 日，加拿大总理特鲁多访华期间与京东集团董事局主席兼首席执行官刘强东就双方的深度合作进行了沟通。京东与加拿大对于生鲜产品的布局还将继续深化，未来三年京东销售加拿大产品每年增长不低于200%，并尝试用无人机为加拿大农民和渔民运输生鲜，进而降低物流成本。

京东与加拿大在生鲜产品的引进、销售等方面一直频繁合作，通过产地直采的模式，为国内消费者提供优质的加拿大生鲜产品，助推消费升级。早在2015年，双方就曾达成合作并共同上线加拿大海鲜节。2016年11月，京东为加拿大供应商入驻提供了快速便捷的通道，加拿大也成为京东特有的海外直采模式“外秀肌肉”的舞台。2017年7月，京东与加拿大的合作再度提升到新的层级，京东为加拿大开启了首个国家日“加拿大好物盛典”，同时正式上线运营京东生鲜加拿大馆。这是京东设立的首个生鲜国家馆。开馆当天，京东生鲜更是售出超过14万只大龙虾，这一销量甚至影响到了加拿大当地市场大龙虾的价格走势。

据了解，京东在售的加拿大生鲜产品已覆盖海鲜水产、冷冻食品、肉禽蛋奶、水果、猪牛羊肉等多个品类。相关数据显示，“双11”期间，京东在售的加拿大生鲜产品销量是去年同期的3倍，加拿大牛肉类产品销量同比增长近800%，大龙虾销量同比增长近300%。

销量激增的背后，双方也在物流方面不断扩大合作的空间。刘强东表示，京东可以发挥物流和技术方面的优势，用无人机将加拿大的生鲜运到港口，降低物流成本。目前京东的无人机已经在江苏宿迁和陕西西安展开常态化运营，飞行累计超过17万小时。

2018年5月28日，京东生鲜战略发布大会召开。会上，京东生鲜表示，已推出“1小时达”业务，消费者购买京东生鲜产品，1小时内便可送达。据了解，日前京东生鲜“1小时达”业务已在北京地区上线测试，基本覆盖五环内大部分区域，消费者只需登录京东App搜索“京东1小时达”或进入京东生鲜主页，便可体验该服务。数据显示，“1小时达”绝大部分订单在30～40分钟内即可完成。

（案例来源：吴文治、赵述评《合作·京东生鲜“全球化”布局提速》，载于《北京商报》2017年12月6日第5版；张顺意《京东生鲜加入1小时配送战局》，载于新浪财经，2018年5月28日。有删改）

第三节　全球分销渠道的管理

对渠道的管理是企业分销工作中一个很重要的环节。分销渠道管理的中心任务是要解决渠道中所存在的矛盾冲突，提高渠道成员的满意度和积极性，促进渠道的协调性和提高渠道的效率。分销渠道的管理是保证所选的渠道有效运行的重要条件。

一、选择渠道

中间商的选择会对产品的销量、营销效果和企业声誉产生重要影响。为了获得合适的中间商，企业应该通过各种途径来寻找，然后按照一定的标准进行筛选。

1. 寻找中间商

企业为自己的产品寻找中间商时，常处于两种极端情况。一个极端是，企业可以毫不费力地找到特定的经营商并使之加入渠道系统。如日本丰田汽车、泰国红牛饮料、美国美孚润滑油等世界知名品牌，很容易吸引新的经销商销售它的产品，原因可能是因为它很有声望或产品利润较高。另一个极端是，目标市场国家的经销商过于强势，反过来挑选企业的产品或服务，企业必须经过种种努力才能使经销商愿意加入到渠道系统中来。

无论如何，积极主动地寻找中间商对企业更为有利。合适的中间商应具备以下条件：①服务对象与企业的目标市场一致。②零售商应位于顾客流量大的地段；批发商应有较好的交通运输及仓储条件。③有经销该产品必备的知识、经验和技术，有较强的售前、售中、售后服务能力。④信誉好，形象好，资金周转能力强。⑤热心经销本企业的产品。企业可以通过外国商会、世界性质的行业协会、当地金融机构、目标市场国商务部、外国领事馆、顾客、广告、互联网、出版物、电话黄页等找到中间商。

2.选择中间商

企业根据一定的标准来选择中间商。在众多标准中罗杰·潘格勒姆提出的标准最为全面、营销力最大，总的来说可以归纳为以下四个方面：

(1)财务能力。主要考察中间商的信用和财务状况。

(2)销售能力。主要考察中间商所拥有的销售人员的素质、数量，中间商达到企业期望销售目标的能力，中间商所掌握的销售网点的覆盖范围等情况。

(3)经营能力及经验。根据中间商曾经或现有的经营业务，从业务质量、与本企业产品的兼容互补程度等方面来分析其经营产品的情况，优先选择曾经经营过或正在经营优质同类产品的中间商，避免选用经营竞争对手产品的中间商。

(4)管理能力。从中间商管理层的稳定性、对销售队伍的管理状况、中间商的规模和态度、中间商的声誉等方面来衡量其管理能力。

二、激励渠道

企业与中间商签订的合同规定了中间商的责任和义务，但只有通过不断地激励才能取得更好的效果。

激励渠道成员努力工作的前提是，企业要充分了解各个中间商的需要和欲望。首先，企业要给予中间商平等的地位、足够的尊重。中间商并非企业的下属机构，而是营销链条中的一个环节，是独立的、与生产企业并行的经营者，拥有自己的市场。其次，企业激励中间商应以适度激励为基本原则，应尽量避免激励过分和激励不足两种情况。对中间商过分激励，给予慷慨的优惠条件(超过其取得合作与努力水平所需的条件)，虽能激发中间商的销售兴趣，取得高销售量，但企业未必能获得高额利润；同样，当企业给予中间商的条件过于苛刻，以致不能激励中间商努力工作，也会使销售量下降，利润减少。

1.激励中间商的措施

激励中间商的具体措施如下：①给予适当的支持，创造良好的销售条件，通过提供物质奖励来激发中间商分销产品的积极性；②合理分配利润，给予独家经销权和有价值的特许地位；③提供销售和维修人员的培训；④共同进行广告宣传，承担部分广告费用；⑤通过企业间融资、分期付款等方式，促使中间商积极进货，努力推销商品；⑥利用折扣、返利、销售竞赛等方式，尽可能地与中间商保持信息传递的连续性，互通有无，从而激励中间商提升销售绩效和管理水平。

2.建立与中间商的良好关系

采用项目合作、构建伙伴关系、制定分销规划等措施和中间商保持长期稳定的合作关系，是企业销售成功的关键。

三、评估渠道

企业的成功往往高度依赖渠道成员的绩效，因此，企业需要定期对渠道成员进行评估。通常评估的指标包括销售业绩、销售配额完成情况、销售增长情况、产品的销售范围及占有率、平均存货水平、向顾客交货时间、对损坏和遗失商品的处理、顾客服务的表现等。其中，销售业绩是最重要的评估指标。企业通常需要进行详细而全面的比较分析：一是将渠道成员当前的销售额与历史销售额进行纵向比较；二是将渠道成员之间的销售额进行横向比较；三是在确定销售任务的情况下，将渠道成员的销售额与其销售任务进行比较，完成对渠道成员的绩效考核。

四、调整渠道

全球市场环境纷繁复杂、瞬息万变，企业要对分销渠道系统进行定期调整，以适应全球市场的变化。这种调整可从三个层面上来探讨。从经营层面上看，其调整可能是由于适应市场变化、竞争变化而增加渠道成员，或者由于绩效不佳、渠道臃肿、渠道冲突而减少渠道成员；从特定市场的规划层面上看，其调整可能涉及增加或减少某特定的市场渠道；从企业战略计划阶段上看，其调整可能涉及企业整体渠道战略的转型。

1. 增减渠道成员

增减渠道成员是指企业根据市场环境、竞争环境、渠道绩效等对渠道成员进行适当的增减。企业通常需要进行经济效益分析，主要是进行直接增量分析，明确增加或减少某渠道成员后，企业利润将如何变化，这一变化是否会引起渠道其他成员的反应，其他成员的销售是否会受到影响等。这些情况企业在做决策时必须充分考虑，以便采取相应的措施防止出现不必要的矛盾。

2. 增减渠道

增减渠道是指企业根据市场变化增减某一整条渠道。当生产企业利用某一分销渠道销售产品不理想时，或者市场需求、消费者行为发生变化而原来的渠道模式不能满足需求时，生产企业会削减某条渠道，同时又增加某条渠道。如 Zara 的姊妹品牌 Uterqüe 根据全球市场变化决定删减线下实体店铺的数量而增加全球性的网络营销计划。在减少或增加某条渠道时，生产企业要考虑该决策会带来的经济效益以及竞争对手的反应。被删减的渠道可能会被竞争对手占领并成为日后企业的竞争者，企业对此必须进行仔细评估并制定预防措施。

3. 渠道战略转型

渠道战略转型是指生产企业对所利用的全部渠道进行调整，如将直接渠道改为间接渠道，将单一渠道改为多渠道等。对生产企业来说，改进整个市场分销渠道系统要特别谨慎，它不仅意味着全部销售渠道的调整，而且会涉及营销组合因素的变化，营销策略、营销理念的改变。企业要进行系统分析，以防考虑不周，影响整体销售。

第四节　全球渠道的物流管理

一、全球化物流战略

全球化物流战略是全球市场趋同性的必然结果，全球企业要想取得竞争优势，获取超额利润，就必须在全球范围内配置资源，通过采购、生产、营销等方面的全球化实现资源的最佳利用，发挥最大的规模效益。实施全球化物流战略的目的在于采购和运输的全球化以及与“第三方物流”企业的全球化同步。

全球化物流战略对于全球化背景下的企业发展具有十分重要的意义。第一，全球化生产企业需要在世界范围内寻找原材料、零部件，并选择一个或多个适合全球分销的物流中心及关键物资供应的集散仓库。建立全球化物流系统，能获得目标市场的物流技术与物流渠道，快速达到原料采购或产品流通的目的。第二，生产企业与专业第三方物流企业的同步全球化。随着生产企业全球化的发展，完善的第三方物流网络被带入全球市场，反过来进一步促进了企业的全球化。第三，为了充分应对全球化的经营，国际运输企业之间逐渐形成覆盖多种航线，相互之间以资源、经营的互补为纽带，着眼于长远利益的战略联盟，不仅使全球物流更畅通更便捷，而且使全球范围内的物流设施得到了有效的利用，最大限度地降低了运输成本。

二、全球运输

1. 运输与全球运输

运输是指借助各种运输工具将商品由产地向消费地进行空间移动的活动。运输过程不改变产品的实物形态，也不增加其数量，但能创造商品的空间效用，实现其使用价值。

全球化运输是全球物流的中心活动，是全球物流管理十分重要的环节。由于面对的是国际、洲际的运输需求，全球化运输主要采用海运、空运甚至交替多种运输方式的国际联运模式。因此，企业必须了解各种运输方式的特点，以便使用最合适的方式将货物安全送达客户手中。

2. 全球运输的基本要求

商品运输的合理化，是指商品在运输过程中，流向合理，行经的里程最短，环节最少，时间最短，费用最低，安全完好地从产地运到销售地。

在组织全球运输工作中，要贯彻及时、准确、安全、经济的原则。具体要做到以下几点：

(1)按照合同规定的交货时间，如期把商品运到销售地，保证用户的需要；

(2)避免在运输过程中发生错误，按质按量到达指定地点；

(3)在运输过程中，商品不发生变质、残损、丢失，不发生人身事故等；

(4)选择最合理的运输路线和运输工具，节约人力、物力和财力，降低运输费用。

3. 全球运输的主要方式

现阶段主要的全球运输方式有铁路运输、海洋运输、航空运输、管道运输、国际多式联运等。这几种运输方式使用不同的运输工具，各具特点，在商品运输中发挥着不同的作用，见表 11-1。

表 11-1　全球运输的主要方式

运输方式	概念	适用	费用	特点
铁路运输	利用铁轨引导火车作为承载工具的一种陆上交通运输方式	短途国际运输； 运输量大、体积较大、笨重的产品	较低	运输量大； 运输速度慢； 不灵活； 安全性较高； 受气候条件影响较小
海洋运输	又称国际海洋货物运输，是利用船舶在不同国家或地区港口间运送货物的运输方式	长途国际运输、洲际运输； 运输量大、体积较大、笨重的产品	低	运输量大； 需具备配套条件； 运输速度慢； 易受气候条件的影响
航空运输	通过飞机运送货物的一种现代化运输方式	长途国际运输、洲际运输； 轻质、高价值、时效性强、有特殊要求的产品	昂贵	运输量较小； 运输速度快； 在途时间短； 安全、准确

续表 11-1

运输方式	概念	适用	费用	特点
管道运输	利用管道作为运输工具的一种长距离输送物资的运输方式	液体、气体、煤炭等碎块、化工产品等	较低	运输量大； 持续； 运输速度较快； 安全性强； 减少中间环节
国际多式联运	以集装箱为媒介，至少采用两种或两种以上不同的运输方式，由承运人从一国约定交付地点接管货物后将货物运至另一国境内约定交付地点的现代化运输方式	长途国际运输、洲际运输	中等	以集装箱为媒介，多种运输方式结合； 国际地理差异适应性强； 手续简单； 运输成本较低； 运输效率高

（资料来源：百度百科 https://baike.baidu.com/，经作者综合整理）

三、全球第三方物流

1. 第三方物流

第三方物流是 20 世纪 80 年代由美国物流管理委员会首先提出来的，指除供方和需方之外的不拥有商品所有权的业者（即第三方），向货主企业提供物流系统，为货主企业提供全方位代理物流服务的业务模式。

第三方物流是一个相对年轻的行业，但随着世界经济和全球一体化的发展，越来越多的企业开拓了国际市场，跨国业务的增多及日益繁杂的物流需求，致使第三方物流企业所提供的物流服务更为国际化、全球化。除了开展最基础的全球运输业务以外，大型第三方物流企业逐渐演变成具备为客户提供全球性的仓储服务、货代服务、货物管理服务、港口码头与运输场站、财务和信息咨询服务、分销服务等功能的大型全球综合性物流服务集团。

2. 第三方物流的优劣

企业选择第三方物流，具有以下优势：

①有利于企业集中精力发展核心业务，提高核心能力。在科技日新月异、产品生命周期不断缩短和企业经营全球化的今天，竞争成功不再是产品开发或市场战略的最终结果，而是意味着企业拥有不断开发新产品和开拓新市场的能力。通常而言，企业的核心业务放在技术开发、市场开拓、管理等方面，而物流通常是非核心业务。因此，将物流业务交给专业的第三方去做，能使企业优化资源配置，将有限的人力、财力、精力集中于产品、市场等核心业务。

②有利于企业减少投资，降低风险。企业要想打通全球物流，设施、设备以及信息系统的投入相当大。物流外包可以减少企业对此类项目的建设与投入，让固定成本变为可变成本。另外，由于全球物流存在一定的不确定性，企业若自行实施，可能会承担巨大的财务风险。如将物流外包，加上保险的介入，企业可以将这种风险轻松转移给第三方。

③有利于企业节省费用，降低成本。第三方物流企业所掌握的核心资源、信息的快速传递、物流作业的现代化与专业化，能使企业的全球物流配送真正实现准时高效。此外，物流效率的提高，又大大降低了企业库存费用。

④有利于提升企业形象。第三方物流企业都是物流方面的专业企业，熟悉世界各国的相关法规、政策，能帮助企业熟悉和适应目标市场的相关制度，与政府保持良好的关系。同时，第三方物流企业拥有现代化的信息处理手段，能更快更及时地配送相应的产品，更好地响应市场需求的变化，从而提升企业的形象。

但是，企业选择第三方物流，也要承担一定的风险。

①对物流的控制能力降低。由于采购、分销、仓储、配送等环节交由第三方负责，企业对自身产品物流的控制能力下降。此外，第三方物流企业可能无法完全理解企业的物流战略要求，会使企业的客户服务水平降低。

②公司机密泄露风险。物流是企业战略发展的重要组成部分，第三方物流企业有可能通过产品的流向而获得企业的分销渠道资源、市场营销策略、未来发展战略等信息。此外，客户资源是企业的重要资源之一。物流业务的外包，必将导致客户资料暴露在第三方物流企业面前。因此，信息的保密尤为重要。

③连带经营风险。企业开拓全球业务，选择第三方物流，倾向于与其建立长期的合作伙伴关系。如果第三方物流企业经营不善，会连带影响企业的发展。如果企业更换第三方物流企业，往往需要负担高昂的转移成本。

3.第四方物流

第四方物流是指整合自身及其他组织机构的资源、能力和技术，以构建并实施一个综合的供应链解决方案为主的集成商。第四方物流企业通常利用分包商来控制与管理企业的点到点式供应链运作，在传统的第三方物流不擅长的领域运用自己集成的知识与技能从供应链的角度来为客户提供服务。

随着物流市场的全球化、服务需求的全球化、物流支持系统的全球化、供应链管理的全球化、企业文化的全球化等一系列全球化的发展，第四方物流应运而生。第四方物流主要服务于第三方物流。与第三方物流功能单一的服务相比，第四方物流更侧重于物流系统的设计、管理，信息系统的搭建，对企业的战略分析、业务流程重组、物流战略规划，对物流规划方案负责实施与监控等。因此，只有将第三方物流和第四方物流结合起来，才能全面提供完善的物流服务，提高全球物流动作效率，降低物流成本，扩大企业在全球市场竞争中的利润空间。

本章小结

全球分销渠道是指原产国制造商为了把产品或服务输送给国外消费者而搭建的销售网络。相较于传统分销渠道而言，全球分销渠道中加入了出口商、物流商、进口商等。与传统分销渠道相比，全球分销渠道跨越国界，容易受国际市场营销环境的影响，物流与交易都更为复杂，渠道更长，产品的销售成本更高，风险更大。随着经济全球化的发展，分销渠道同时具备了全球化的趋势。

设计全球分销渠道，要求企业对世界各国不同的环境因素进行综合考虑，决定渠道的长短、宽窄以及是否使用多种渠道等。分销渠道的设计要考虑产品特征、市场特征、销售终端密度、企业自身状况和国际市场环境等多方面因素的影响。企业要对建立的渠道进行有效的管理，包括对渠道成员的选择、激励、评估和调整。

全球化物流战略对于全球化背景下的企业发展具有十分重要的意义。如何选择最佳运输方式，使商品在运输过程中，流向合理，行经的里程最短，环节最少，时间最短，费用最低，安全完好地从产地运到销售地。企业可以选择将第三方物流和第四方物流结合起来，提高全球物流运作效率，降低物流成本，扩大企业在全球市场竞争中的利润空间。

中英文关键词

分销渠道(Distribution Channel)
独家分销(Exclusive Distribution)
选择性分销(Selective Distribution)
密集型分销(Intensive Distribution)
分销渠道管理(Distribution Channel Management)
全球化物流战略(Global Logistics Strategy)
全球化运输(Global Transportation)
铁路运输(Railway Transportation)
海洋运输(Marine Transportation)
航空运输(Aircraft Transportation)
管道运输(Pipeline Transportation)
国际多式联运(International Multi-modal Transportation)
第三方物流(Third-Party Logistics)
第四方物流(Fourth-Party Logistics)

复习思考题

1. 什么是全球分销渠道？
2. 建立全球分销渠道的战略目标是什么？
3. 如何对全球分销渠道进行管理？
4. 试述全球化物流战略对全球企业发展的意义。
5. 试述企业选择第三方物流的战略意义。

章末案例

苏宁的国际化：从采购全球渠道商到助力全球零售业变革推动者

近日，早已成为全球科技爱好者的"朝圣地"和行业风向标的国际消费电子展(International Consumer Electronics Show，以下简称 CES)在美国拉斯维加斯举行。作为中国最大的全渠道零售商，苏宁携带无人店、智能家居、AR 易购等智慧零售的最新成果和产品，第二次亮相 CES。在这次展会上，苏宁正式宣布启动"2018—2020 年千亿海外采购计划"，未来三年将引进超过 5 000 个海外品牌，覆盖快速消费品、生活家居、服饰箱包、3C 数码等品类，聚焦全渠道、全球化智能采购。

作为国内领先的 O2O 零售商，苏宁通过数百亿的技术投入，换来了大数据、云计算和物联网的领先，在全产业 5 亿会员的大数据生态系统中互联互通，利用数据产品 C2B 反向定制满足用户需求。可以说,消费场景的多元渐变和智慧零售时代的到来反向催生了苏宁的创造活力。

从现场的情况来看,不少国际性知名家电3C类厂商纷纷前去参观苏宁展区,就未来战略合作进行沟通洽谈。其中,英特尔零售全球总经理乔恩·斯汀(Jon Stine)现场与苏宁IT技术研究院院长向江旭签署战略合作协议。

有人说,这就是苏宁参展的原因:苏宁有全渠道零售平台的优势,有“中国最大全渠道零售商”的行业地位与品牌形象,有替国人采购全球优质产品的诉求与担当。

其实早在2014年,苏宁就推出了“全球买手”战略,旨在将具有全球顶尖品质的好产品带给国内消费者,满足消费者需求的同时切实解决“假货横行”的消费问题。毕竟,基于“自营+直采”模式,苏宁能够保证较强的供应链管控以及议价能力。通过深入实地考察,苏宁能在保证正品的同时减少流通成本,让消费者花更少的钱买到更多优质好物。

为此,苏宁还专门成立了高管买手团队,包括苏宁控股集团董事长张近东在内的数百名高管牵头组成的数千个买手团,深入全球147个国家和地区、100多个海外基地精选全球优质好货。

2015年,苏宁海外购已完成美国、日本、韩国、澳洲、欧洲等国家和地区供应链覆盖。在跨境电商方面,采用“自营直采+保税仓备货”的模式,业务覆盖日本、美国、澳大利亚、韩国等多个国家,并在苏宁易购开设了日本馆、韩国馆、欧洲馆、澳洲馆、东盟馆、捷克馆等海外购频道。

2016年,基于自身海外购业务以及海外当地零售,苏宁成立独立运营的苏宁国际,不仅将海外特色产品引入国内,而且将国内优质产品与民族品牌推向国际市场,完成了从跨境电商到进出口贸易公司的转变。

如今苏宁已开发出智慧采购、智慧销售、智慧服务和智慧物流产品,具备了库存预警、智能推荐、全方位社交互动、全景购物等功能,以满足用户多样化的消费需求。当然,作为中国全渠道零售行业的标杆,苏宁要做的绝不仅仅只是“买全球”。

其实,自2009年起,国际化就成为苏宁发展的重要战略方向。下一步,苏宁还将以线上线下全渠道的零售服务为核心,将整合了云商、金融、体育、文创、置业、投资六大产业所形成的大消费生态圈“搬运”出国门,让苏宁智慧零售生态在全球“遍地开花”。

张近东一直强调,智慧零售是引领世界零售业的第三次变革,它不仅延续了线上高速增长的势头,更重要的是激活了线下的增长空间。智慧零售打破了线上线下单边发展的局面,实现了新技术和实体产业的完美融合,是全球企业得以共同发展的必然趋势。

不过,苏宁虽是智慧零售的创新者,但坚持认为这不是仅凭一己之力就能完成的事情,而是全球零售行业共同探索、共同受益的事情。在这个过程中,苏宁要做的是扮演好引领者、推动者的角色。

去年7月出席中美企业家峰会时,张近东曾表示,中国正在经历消费升级,美国也在推进高端制造,双方有很多的新技术、新需求需要去共同探索。他希望与更多美国企业提升合作的深度与广度,并基于合作共同创造出智慧零售的无限可能性,推动全球零售业的变革。美国市场如是,全球市场亦如是。值得一提的是,在CES期间,苏宁还在积极推广“中国国际进口博览会”,这是去年5月举行的“一带一路”国际合作高峰论坛上确定的重量级会议,是中国坚定支持贸易自由化和经济全球化、主动向世界开放市场的重大举措,有利于促进世界各国加强经贸交流合作,促进全球贸易和世界经济增长,推动开放型世界经济的发展。

作为中国国际进口博览会的合作伙伴,苏宁将出席今年11月在上海举办的展会,与希望拓展中国市场的参展商及现场宾客共同分享苏宁经过27年积累的本地经验，并全面展示苏宁的智慧零售解决方案。

因而，苏宁正在借助CES这一联通全球优秀企业的平台，充分发挥其作为开放平台的能力优势，邀请优质境外合作伙伴组团参展，在将全球优质产品带给中国消费者的同时，积极助力经济与市场交流的全球化发展。不难发现，作为中国最大全渠道零售商及智慧零售的创新者与引领者，推动全球零售业变革，苏宁是认真的。

（案例来源：闫军《苏宁的国际化：从采购全球渠道商到助力全球零售业变革推动者》，载于《投资者报》，2018年1月15日，第504期，有删改）

讨论题：

1. 苏宁选择采用哪些渠道策略进军国际市场？

2. 在全球营销渠道策略中，“采购全球渠道商”和“助力全球零售业变革推动者”的区别何在？

3. 苏宁在进军国际市场中面临的主要挑战是什么？其如何调整营销渠道以适应国际市场？

第十二章　全球营销的组织设计和控制

学习目标

1. 了解营销组织及其结构。
2. 明确全球营销组织设计的影响因素。
3. 掌握全球营销的控制方式。

开篇案例

华为的组织结构变革

华为从成立到现在正好走过30年的历程，其战略随着环境的变化不断调整，组织结构也同步优化，从而保持了华为持续前进的动力，在中国企业发展史上树立了一面旗帜。截至2016年年底，其销售规模达到5 216亿元。

华为这30年的发展历程，大致上可以分为四个阶段：

第一阶段：从成立到1995年，直线型/直线职能型组织结构。

1987年，任正非与5位合伙人共同出资成立了华为公司。这一时期，华为先是代理香港公司的产品，随后自主研发，推动产品升级，实施集中化战略，在市场竞争上采用“农村包围城市”的销售策略，通过低成本迅速抢占市场，扩大市场占有率和公司规模。

当初在华为成立的时候，公司只有6个人，无所谓组织结构。到了1991年，公司共有20多个人，组织结构非常简单，即中小企业普遍采用的直线型组织结构，所有员工直接向任正非汇报。1992年，销售规模突破亿元大关，员工人数达到了200人左右。1994年，华为的销售额突破8亿元，员工人数600多人。组织结构开始从直线型组织结构转变为直线职能型组织结构，除了有业务流程部门，如研发、市场销售、制造，还有支撑流程部门，如财务、行政管理等。

第二阶段：从1996年到2003年，二维矩阵式组织结构。

到1995年，华为公司的销售额已经达到15亿元，员工数量达到800人，在全国电子行业民营企业排名第26位。到2000年，销售额突破200亿元，连续5年以100%的速度增长。华为在这段时期的战略逐渐从集中化转向横向一体化，从单一产品逐渐进入移动通信、传输等多类产品领域，开始朝着多元化方向发展，成为一个能提供全面通信解决方案的公司。1995年，华为在北京成立研究所，1996年开始进军国际市场。这一阶段，组织结构也在进行相应的调整。这一时期，竞争加剧，市场需求呈现多样化特征，华为谋求转型。

一方面，产品战略向横向一体化发展。地域方面，华为开始走向国际市场；市场拓展方面，继续沿用“农村包围城市”的发展战略，从发展中国家开始做起，以低成本战略，逐步将产品打入发达国家市场。经过异常艰苦的探索，海外收入在营业额中的占比从4%升至75%，华为终于实现了华丽转身。这一时期，直线职能型组织结构的优势已经变成发展的劣势：没有专门的职能机构,管理者的负担越来越重,部门之间的协调困难。

另一方面,华为的员工数量极速增加,1998 年员工总数接近 8 000 人,销售规模接近 90 亿元。如果沿用原来的组织结构,会制约公司的进一步发展。因此,华为开始进行管理变革,从划小经营单位开始,建立了事业部与地区部相结合的二维矩阵式组织结构。事业部的职能:一是在企业宏观领导下充分授权,拥有完全独立的经营自主权,实行独立经营、独立核算;二是作为产品责任单位或市场责任单位,对产品的设计、生产制造及销售活动的一体化,负有统一领导的职能。

为了最大限度地抓住各地的市场,做好产品的销售和服务工作,华为还非常重视地区公司的建立。1997 年,任正非首次提出建立合资公司,随后与铁通合资建立北方华为,收购原 102 厂建立四川华为,自此开启了华为市场战略布局大幕。2002 年,上海华为改制,成为华为市场部真正意义上的华东分部(即华为的地区公司)。随后,其他合资公司也逐步改制,华为的合资公司最终完成了它们的历史使命,演变成为后来的地区公司。

第三阶段:从 2004 年到 2012 年,以产品线为主导的矩阵式组织结构。

经过两年的低速增长,2003 年华为的销售额很快突破 300 亿元,依然保持了超过 50%的增长速度。2012 年,其销售额超过 2 000 亿元,员工人数从 2004 年的 3 万人增长到 2012 年的 13.8 万人。华为正式成为通信业的老大。2009 年,任正非开始酝酿新的改革。这一年,在极端困难的外部条件下,华为成功经受住了考验,业绩逆市飘红,全年销售额超过 300 亿美元,销售收入达到 215 亿美元,客户关系得到进一步提升。

这一阶段,华为采取了纵向一体化、多元化和国际化并举的战略,在市场竞争上采取与合作伙伴共赢的策略。

华为的组织结构从事业部与地区部相结合的组织结构,转变成以产品线为主导的矩阵式组织结构。华为虽然引进多家咨询机构进行流程再造,但其主体结构依然是以市场和客户需求为导向的产品线制的组织结构,以划小利润中心的模式,加快决策速度,适应快速变化的市场。

第四阶段:从 2013 年到现在,动态的矩阵式组织结构。

目前华为已经是一家多元化企业,形成了运营商业务、企业业务、消费者业务三大业务体系,采用矩阵式组织结构,随着战略的调整而调整。当企业遭遇外部环境挑战时,这个组织结构就会收缩并进行叠加,进行岗位、人员的精简;而环境向好、需要扩张时,这个组织结构就会扩张,增加岗位与人员。基本的业务流程则保持相对稳定。

战略决定结构,结构也在反作用于战略,华为 30 年的发展历程,很好地诠释了这一理念。华为在进行阶段性战略调整的同时,为了方便公司战略的实施与管理,进行了一系列的流程再造、组织结构变革,从最初的直线职能型组织结构,逐渐演变成了现在的动态的矩阵式组织结构。

没有最好的模式,只有最合适的模式,企业应该根据行业和自己的实际情况,探索和建立适合自己的模式。通常而言,要走向规范化、专业化、国际化,告别老板“一言堂”,合理的分权与授权是必然要走的道路,只不过在不同的场合和情况下,具体的方式方法以及度的把握需要因人而异。

(案例来源:《解密华为》,载于《中国企业家》,2017 年 12 月 28 日,有删改)

第一节 组织及其结构概述

一、组织的概念

“组织”在希腊文中的原意是和谐、协调。一般而言，组织是指为了达到某些特定的目标，在分工合作的基础上所构建的人的集合。作为人的集合，组织不是简单的毫无关联的人与人的总和，而是人们为了实现一定的目标而有意识地协同劳作所形成的群体。组织是一种系统，是由人组建的以人为主体的具有特定功能的系统。这个系统必须有特定的目标，必须有分工与协作，必须有不同层次的职权、责任作为这种分工协作的保障。从管理学的角度，组织被看作反映工作职位和个人之间关系的网络式结构。在这个网络结构中，人、职位、任务形成了特定的关系，把人们的分工与协作的范围、程度，相互配合的关系，各自的任务、职责确定了下来。

二、一般的组织结构

组织结构是人们分工与协作方式的具体实施，表明了组织各部分的排列顺序、空间位置、聚散状态、联系方式以及各要素之间的相互关系，是整个管理系统的框架。组织结构一般有直线型组织结构、职能型组织结构、扁平化组织结构等。

1. 直线型组织结构

直线型组织结构是最古老的组织结构形式，由最高管理者至最低执行者之间的行政指挥系统架构类似于一条直线，一个下级只对一个上级负责，一个下级只由一个上级领导。直线型组织结构如图 12-1 所示。在这种组织结构中，上下级关系简明清晰，层级制度严格明确，决策与执行工作有较高效率，但是管理沟通的速度和质量严重依赖于直线中间的各个层级，信息容易被截取或增删，造成管理沟通不顺畅或失误。

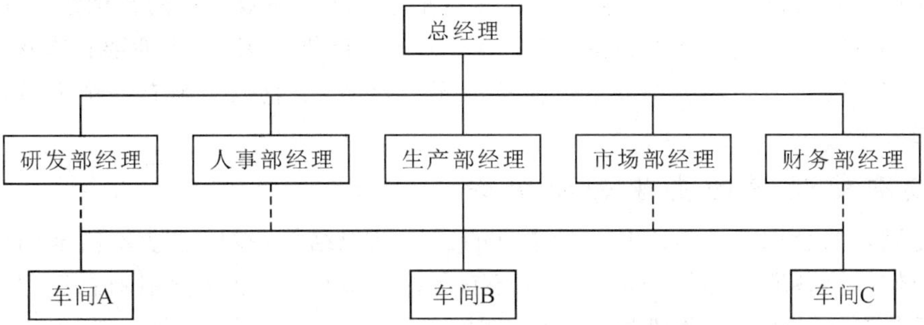

图 12-1 直线型组织结构

2. 职能型组织结构

职能型组织结构是指实现组织目标所需要的各项业务工作及其比例和关系。职能型组织结构如图 12-2 所示。这种组织结构的优点在于，把具有同类专长的人聚集在一起，可以产生可观的规模效应，减少人员和设备的重复配置，从而提升效率。但采用职能型组织结构常常会因为职能部门各自为政，追求各自职能目标而忽视整体的最佳效益。

3. 扁平化组织结构

扁平化组织结构是通过减少行政管理层次、裁减冗余人员建立一种紧凑的、干练的组织结构，如图 12-3 所示。采用这种组织结构，缩短了上下级的距离，使上下级关系更为密切，信息纵向流通快，管理费用低，员工有较大的自主性、积极性和满足感，有利于主观能动性的激发。但主管人员的管理幅度大、负荷重、精力分散，难以对下级进行深入具体的管理，随着集体规模

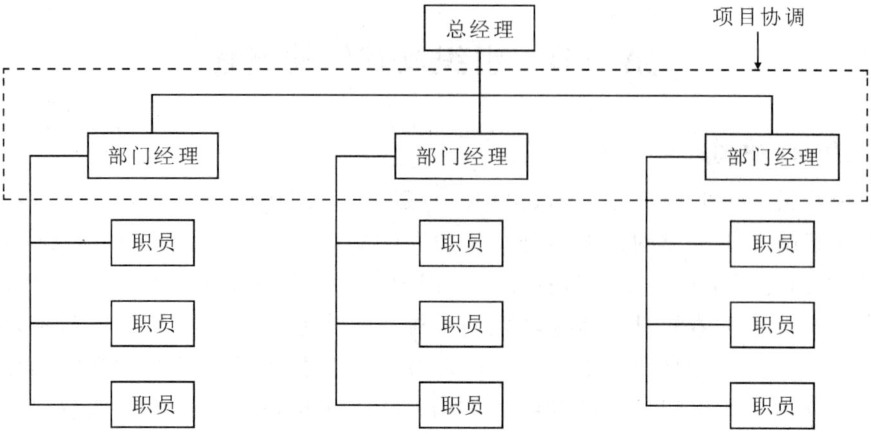

图 12-2　职能型组织结构

的扩大,协调和取得一致意见就会变得更加困难。

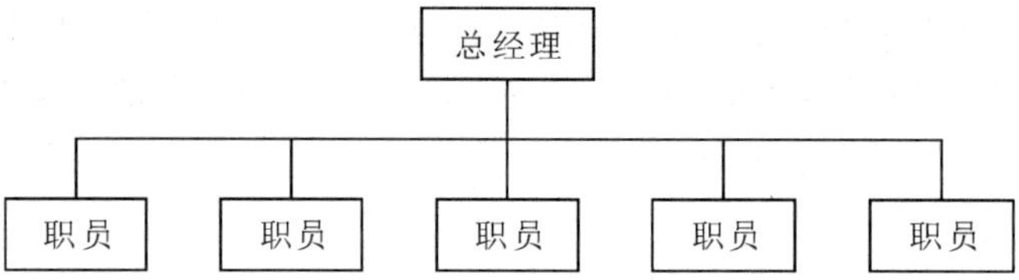

图 12-3　扁平化组织结构

第二节　全球营销的组织结构形式

市场营销计划的落实,必须通过营销组织来进行。没有高效运行的营销组织作保证,再好的销售计划都可能达不到预期的目的,甚至会成为一堆废纸。因此,企业要在市场营销部门与其他职能部门之间建立一种组织关系。在营销部门内部,企业也必须有一个高效地执行计划的组织形式。

一、按职能设置的全球营销组织

按职能设置的全球营销组织是一种常见的营销组织结构,按照企业不同部门的职能来安排全球营销架构。各职能部门分别对全球营销副总经理负责,全球营销副总经理协调各职能部门的关系与工作。根据工作性质的不同,职能部门可分为行政部、市场部、广告部、公关部、销售部、新产品开发部等,各部门设一名部门经理,经理下设各级专业人员开展相关工作。按职能设置的全球营销组织如图 12-4 所示。

按照职能部门来安排全球营销组织,能让各部门小组人员有明确的职能目标,因而可以快速投入相关全球营销工作。但缺点也比较明显:首先,由于各个下属部门分属于不同的经理管辖,难以实现部门间协调;其次,由于部门之间的工作界限划分过清,若某产品的全球营销出现了问题,可能会发生相互推诿的现象;最后,随着业务规模的扩大,产品品种的增加,更多国家市场的开发,全球事务日益繁杂,管理者往往会顾此失彼,导致组织机构的日益庞大。

二、按地理区域设置的全球营销组织

开展全球范围内的营销工作,总公司可以按目标市场的分布划定不同的区域,并标准化地设计营销工作手册或工作准则,使各个区域的营销人员按照工作手册进行全球营销工作。按

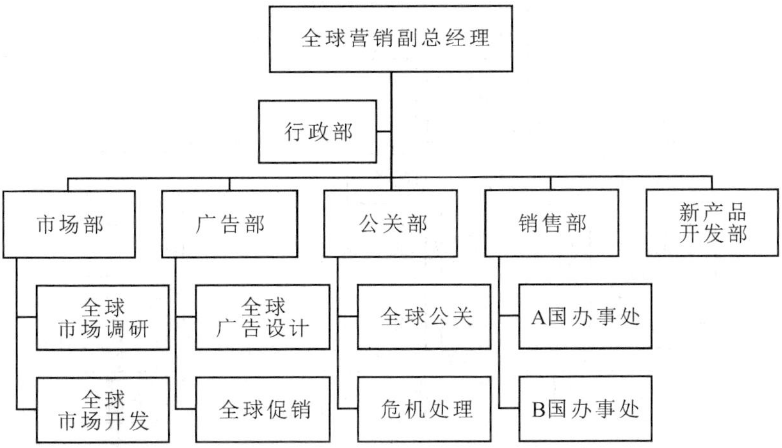

图 12-4　按职能设置的全球营销组织

地理区域设置的全球营销组织如图 12-5 所示。这种组织安排方法有着良好的市场分割性，但可能会由于相关人员能力的限制出现各区域市场销售工作效果参差不齐的现象。

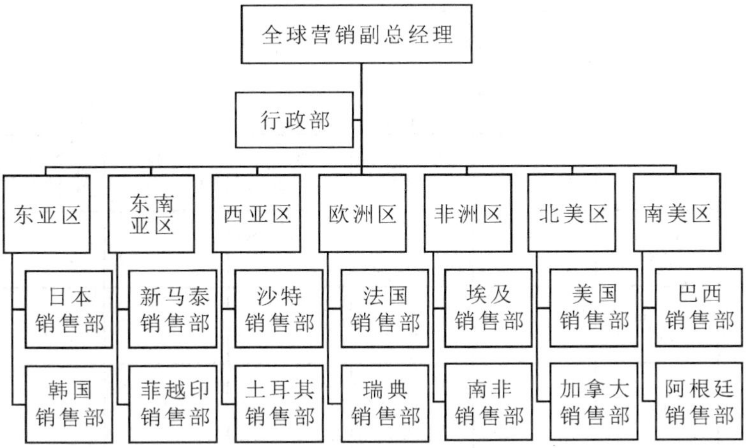

图 12-5　按地理区域设置的全球营销组织

三、按任务设置的全球营销组织

按任务设置的全球营销组织，是根据不同性质的营销目标和任务，进行组织安排的一种营销组织结构，如图 12-6 所示。

按任务设置的全球营销组织通常细分为产品导向、地区导向和顾客导向三种具体的营销组织。一般而言，产品导向营销组织适合于具有多条产品线的企业；地区导向营销组织适合于目标顾客相对集中的企业；顾客导向营销组织适合于目标顾客价值大、数量不多且分散在各地的企业。

四、矩阵型的全球营销组织

多数全球企业往往都在不同的市场中经营着不止一种商品，各种商品有着不同的产品特性，不同的市场又有着不一样的营销环境。选择矩阵型全球营销组织是兼顾两者的较好选择。矩阵组织是把按职能划分的部门和按产品（或项目、服务等）划分的部门结合起来组成一个矩阵，同一名员工既保持原职能部门组织与业务上的联系，又参加产品或项目小组工作的一种组织结构。它将组织内各有关部门有机地联系在一起，从而加强了组织内各职能部门之间、职能

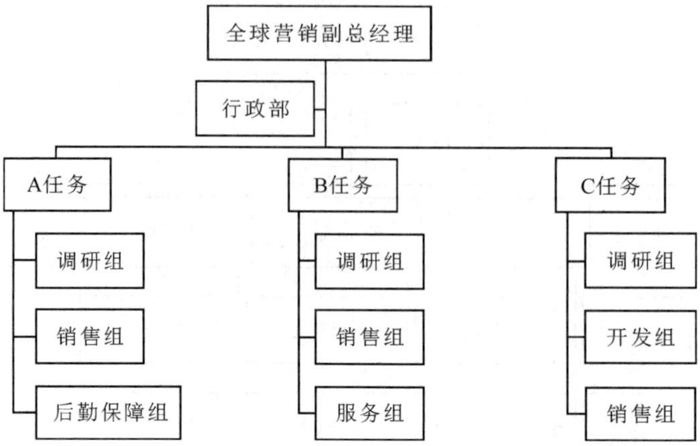

图 12-6　按任务设置的全球营销组织

部门与产品或项目之间的协作。市场-产品经理矩阵组织是很典型的矩阵组织，如图 12-7 所示。

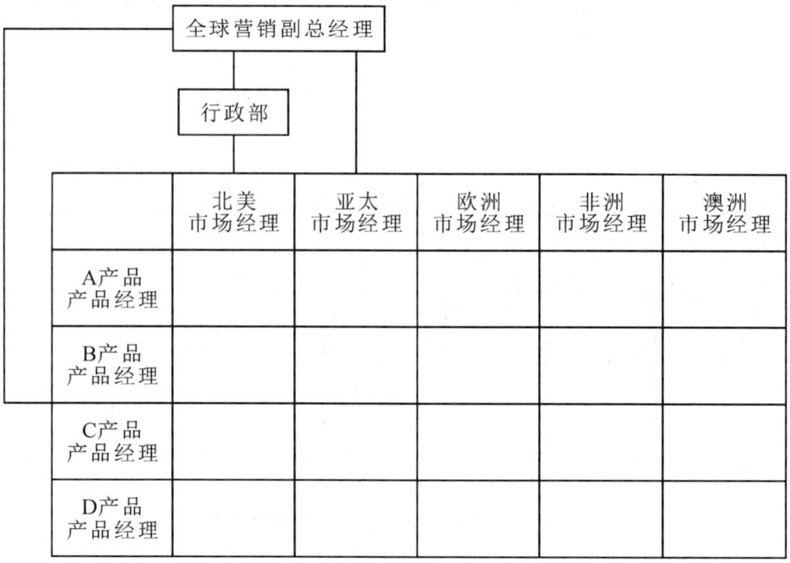

图 12-7　市场-产品经理矩阵组织

在全球营销副总经理下设各地市场经理，各地市场经理下设有管理或执行人员。全球营销副总经理既领导产品或项目经理，又领导各地市场经理。各地市场的相关职能部门，如广告部、市场调研部等都要为各产品部门配备相关的工作人员，以协助该产品经理工作。因而相关工作人员受双重领导，即在产品或项目方面受产品经理领导，在销售工作方面受市场经理领导。

五、网络型的全球营销组织

20 世纪八九十年代后，许多国际化经营企业以组织单纯化、单层化和建立联盟为目标，采取网络型组织。网络型组织使企业内部各层次、各单位之间联系灵活，企业整体以及整体的各个部分与外部建立广泛的、多种形式的协作关系，如图 12-8 所示。

网络型组织在内部实行分权化管理，在外部广泛建立联盟，能迅速适应多变的市场需求，最大限度地遏制官僚作风，形成有效的、非正式的内部沟通网络，合理利用企业内外部的新技术进入新市场，实施多元化经营，有利于专家间的沟通与流动等。但是，如果不恰当地运用分权化管理，可能会出现各自为政、自谋出路等内部竞争现象，甚至发生吃里爬外的损害企业整体利益的事件。

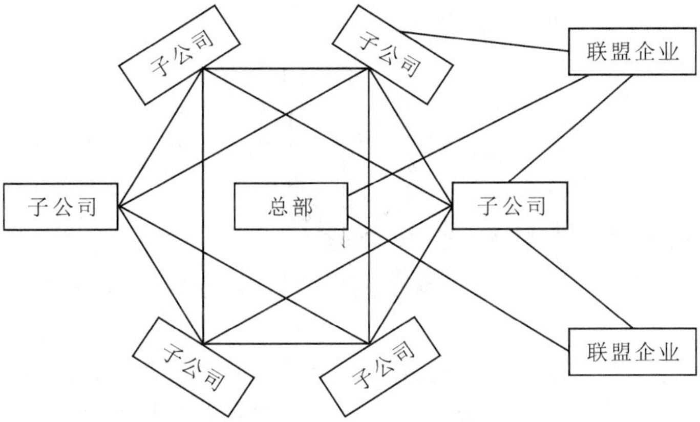

图 12-8　网络型全球营销组织

综上所述，不同类型的全球营销组织各有优劣，从事全球营销的企业要根据自身的发展战略及规模合理配置营销机构。

第三节　全球营销组织设计的原则及影响因素

一、全球营销组织设计的原则

1. 组织与环境相适应的原则

全球企业面向的是全球市场，比起企业的其他组织机构，全球营销组织与企业的外部环境，尤其是全球市场环境存在着更加紧密的相互影响关系。设计和建立全球营销组织首先要考虑与全球市场环境特别是目标市场环境的适应性问题。

2. 目标一致原则

全球营销组织的设计和建立，一定要服从于企业目标的实现，即全球营销组织机构的设置与规模，要与所承担的任务与规定达到的目标一致。企业中的每个人、每个部门对创造顾客价值、增强国际竞争力的目标实现都要有所贡献。

3. 责权利相统一原则

在确定各部门任务与目标的基础上，一定要明确其职能与职责范围，规定其应拥有的权力，并把职责、权力与经济利益联系起来，三者有机结合，才能促使全球营销组织积极主动地、有效地完成各项任务。

4. 统一领导原则

企业的营销组织机构无论由多少个部门组成，必须是一个有机整体，需要贯彻统一领导原则。这对规模庞大、经营复杂的全球化企业尤为重要。

5. 精简原则

根据全球营销业务发展与管理要求，在健全组织机构的基础上力求精简，使管理部门划分得当，管理层次合理。

6. 灵活性及稳定性原则

全球营销组织要有一定的灵活性。当企业面临的市场环境不利，营销规模与范围有所缩小时，组织要有收缩能力，使企业能生存下去；相反，随着市场的活跃与繁荣，营销规模和范围有所扩大时，组织则要有扩张能力，便于企业迅速捕捉有利机会，求得更大发展。同时，组织结构一旦形成，就要保持相对稳定，不能频繁变动，造成人心涣散。

7. 高效原则

全球营销组织的设置，必须坚持高效原则。市场形势瞬息万变，营销活动要反应迅速，决策制定和策略安排要合理、果断，信息传递要及时、准确。不能因事设职、因人设岗，杜绝机构臃肿、职责不清、决策迟缓、推诿扯皮。

二、全球营销组织设计的影响因素

全球营销组织的选择与运行往往受众多因素的影响，这些因素一般可分成以下两大类：

1. 外部因素

（1）环境。环境主要有全球营销环境和目标市场的营销环境。产业因素、目标市场所在国的政策、顾客、供应商、经销商和全球金融因素等都会对企业的组织架构设计产生影响。

（2）竞争者。竞争者营销组织的选择及运行，对企业营销组织架构设计的影响较大。若竞争者的组织架构设计较好、效率较高，则应学习借鉴；若竞争者的组织架构设计存在不足之处，则需仔细分析，加以改进。

（3）供需关系。供需变化直接影响企业生产经营的规模和产品结构。因此，需要按供需变化对企业营销组织进行调整。

2. 内部因素

（1）企业资源。企业在设计全球营销组织时，必须充分了解自身的人力、物力、财力等，以便制定企业全球营销的目标。若自身资源有限，则应谨慎扩张，循序渐进；当积累了比较丰富的全球营销经验，拥有了雄厚的实力后，再全方位融入全球市场。

（2）企业战略。企业全球营销组织应适应企业战略的需要，战略决定组织的结构和形式，组织必须根据战略的变化进行调整。初入全球市场的企业，应选择职能导向的组织形式，随着全球业务的逐渐展开，企业战略调整势必引起产品结构的调整，当产品标准化时机成熟后，就需要将职能导向组织形式调整为区域导向组织形式。

（3）企业规模。规模越大，分工越细，专业化要求越高，协调关系越复杂。职能导向和矩阵组织形式是优先考虑的对象。

（4）企业发展阶段。一般而言，企业初入目标市场相对比较谨慎，规模较小，经营的产品种类单一，专业人员有限，工作任务较轻，一个人同时扮演几种不同角色。因此，此时的组织结构应尽量简单、扁平。随着目标市场业务规模的不断扩大，进入市场的产品品种数量不断增多，人员和责任不断增加，专业化程度越来越高时，企业必须根据自身需求转向职能化、项目化、区域化的组织结构。

（5）组织文化或领导风格。有的企业文化属于权力导向型，重在维护领导的绝对权威；有的企业文化属于角色导向型，强调员工对企业的忠诚奉献、规则至上，若贸然更改，则会导致职权不清、效率低下。因此，全球营销组织结构必须与本企业的组织文化相适应。

小案例

2002 年，华为进行主动变革，采用了复杂的组织结构。这种复杂的组织结构，《华为基本法》是这样描述的:公司的基本组织结构是一种二维结构,按战略性事业划分的事业部和按地区划分的地区公司。事业部在公司规定的经营范围内承担开发、生产、销售和用户服务的职责,地区公司在公司规定的区域市场内有效利用公司的资源开展经营。事业部和地区公司均为利润中心,承担实际利润责任。

职能专业化是建立管理部门的基本原则。公司的管理资源、研究资源、中试资源、认证资源、生产管理资源、市场资源、财政资源、人力资源和信息资源等,是公司的公共资源。对象专业化原则是建立新事业部门的基本原则。可以按产品领域建立扩张型的事业部,实行集中政策、分权经营;可以按工艺过程建立服务型的事业部。地区公司是按地区划分的、全资或由总公司控股的、具有法人资格的子公司。地区公司在规定的区域市场和事业领域内,充分运用公司分派的资源和尽量调动公司的公共资源寻求发展。在地区公司负责的区域市场中,总公司及各事业部不与之进行相同事业的竞争。各事业部如有拓展业务的需要,可采取会同或支持地区公司的方式进行。

(案例来源:《解密华为》,载于《中国企业家》,2017 年 12 月 28 日,有删改)

第四节　全球营销的控制

一、全球营销控制的含义

1. 控制与营销控制

控制是检查工作是否按既定的计划、标准和方法开展,发现偏差,分析原因,进行纠正,以确保组织目标的实现,是管理人员为确保实际工作与组织计划相一致所采取的一系列措施。因此,营销控制是指市场营销管理者检查市场营销计划的执行情况,如果计划与执行情况不一致,则要找出原因,采取措施,以保证营销计划的完成。

2. 全球营销控制

全球营销控制是指面向全球市场的企业管理者对全球营销计划的执行情况和效果进行检查与评估,了解计划与实际绩效是否一致,找出两者之间的偏差及造成偏差的原因,并采取修正措施以确保全球营销计划得到有效执行的管理活动。

二、全球营销控制的过程

全球营销控制的过程主要包括以下四个步骤:

1. 确立目标

控制工作必须始于明确的目标。通常而言,大多数全球化企业在目标市场与自身发展方面均存在多个目标,如增加销售、提高份额、保证利润、分散风险、建设品牌等。全球企业应充分考虑自身的因素,做好目标管理,保证目标的具体性、可衡量性、可行性、相关性及时效性等。

2. 制定标准

标准是检查和衡量实际营销工作的依据。控制标准的制定应切合企业实际,并具有激励作用。制定标准还需考虑因产品、地区、竞争等的不同而产生的统一性与差别化的协调。此外,标准的制定应当尽可能具体与量化。

3. 衡量绩效

制定标准之后,将实际业绩与标准相比较,以衡量绩效。在实际全球营销活动中,可获得信息的途径有:①各类报表、会议记录等;②巡视、观察、检查、询问等;③由下至上的工作汇报等。但有些信息不能被量化，致使有些绩效评价工作难以开展，只能采取定性评价的方法，根据管理者的经验来判断或是召开管理层会议集体讨论分析，需要尽可能公正和客观。通常产生绩效偏差有两种情况：一是在计划执行过程中出现了问题。如环境发生了变化，或者竞争对手的策略变化对企业营销工作造成了冲击，或者自身营销管理不善。二是计划本身出现了问题。如原先制订的计划不合理，或者企业目标市场策略发生了变化。因此，必须综合考虑各种因素，做出正确的判断。

4. 纠偏行动

明确了产生偏差的原因后，一般有两种应对措施。一是修改标准。当导致偏差的因素不可控时，企业需要修改标准以适应目前销售工作的实际。如原定市场份额目标设置过高，企业根本无法达到，就需要调低市场份额标准。二是采取纠偏措施。当导致偏差的因素可控时，企业要针对其采取纠偏措施。如原定降低管理费用 8%，实际只降低了 5%。分析原因发现，全球销售人员的差旅费几乎没有下降。因此，需要严格控制、减少人员出差，通过其他低成本方式与客户保持联系。

三、全球营销控制的内容

1. 全球战略控制

为了确保企业的发展目标及制度能适应当前的全球营销环境，企业必须完成全球营销战略的控制工作。全球战略控制是要在全球的目标市场范围内，考评以下几个方面：①企业的全球营销发展目标是否符合当前全球经济的发展需要；②企业的全球营销业务是否与目标市场的需要相符合；③不同的目标市场或细分市场是否与企业全球性标准化的产品相匹配，是否需要针对市场特点制定当地化策略；④全球营销业务部门是否与企业其他部门有效地配合；⑤企业全球战略是否富有弹性，是否需要调整；⑥营销业务部门是否掌握全球不同市场的特性，渠道是否畅通，利润率如何。

2. 全球效率控制

企业对全球效率的控制，具体是要对全球各地的销售队伍效率、整合营销传播的效率、物流效率等进行评估与调整，以提升企业全球营销总效率。具体包括：①对全球范围内的销售人员的销售效率进行评估，主要有访问成交率、应收账款回收率、销售成本控制率等；②通过市场调查分析全球广告覆盖人群及其成本的比率，广告前后目标市场对产品的态度变化以及带来的销售额提升比率等；③记录全球公关活动、营业推广活动对销量的影响，哪些地区影响较大，哪些地区影响较小，是否需要调整，该如何调整；④全球物流效率是否能提升，怎样提升。

3. 全球产品控制

企业对产品的控制，是要评估产品与全球各地市场的适应性，标准化产品是否符合目标市场的需求等。具体包括：①评估自身产品的生命周期不同阶段，分析产品在目标市场环境中的变化，调整不同的产品策略；②分析竞争对手产品的改进，判断是否需要产品换代或开发新产品；③加强产品质量控制，对产品进行质量监督，跟踪顾客的使用感受及对产品的态度；④与广告、公关活动、促销活动相配合，优化产品形象。

4. 全球价格控制

价格是全球营销的关键，企业对全球价格的控制，需要紧跟全球经济形势，密切关注世界各地货币汇率变化，并调整定价方法及价格策略。具体包括：①确定合理的价格波动范围；②控制中间商的价格差距，避免出现窜货；③确定合理的转移价格，控制企业总体利润来源。

5. 全球渠道控制

由于全球营销的渠道相对复杂，渠道控制难度较大。为了使产品能顺利地到达目标消费者的手中，企业对渠道的控制十分必要，具体包括：①评估对中间商的激励程度，判断是否继续激励或是调整渠道；②设立专门的市场督导机构以健全对中间商的管理；③判断是否增加对渠道成员的投资；④与当地政府、银行、渠道成员保持密切联系，以便收集一切与企业相关的各类信息。

四、全球营销控制的基本方法

1. 预算控制法

全球营销预算控制法是根据上一年各地营销活动经费使用情况编制企业营销预算报表，以预算报表为基础来严格控制下一年的营销活动，从而达到营销控制目的的方法。企业需根据上一年预算的实际使用情况对全球各地的营销工作进行评估，找出差异并分析原因，对差异进行调整后制定下一年的预算。

2. 对比控制法

对比控制法是通过对全球营销活动及其成果与不同指标的对比，分析差异并找出原因，来控制全球营销计划的实施。不同的指标包括(各类)计划指标与具体实施指标、本期指标与上期指标、本企业指标与对手指标、本企业指标与行业指标等。

3. 比率控制法

比率控制法是一种相对数控制方法，是通过两个相关指标的比较及变化趋势分析，评估及控制全球营销活动的方法。在许多情况下，运用绝对数无法说明问题，使用具有可比意义的相对数则能进行有效的比较，进而找出差距和不足。可进行比较的比率包括全球区域市场盈利能力比率、存货周转率、市场占有率、总投资周转率等。

4. 损益分析控制法

损益分析控制法是通过分析单位产品价格、单位变动成本、业务量、固定成本额度对利润的影响，来控制营销活动的方法。如全球汇率变化导致财务费用增加，使得产品单位变动成本增加，利润下降。企业针对这一变化，需及时调整营销活动，或者提高单位产品价格，或者刺激市场增加销量，以达到企业总体利润目标。

5. 统计报告控制法

统计报告控制法是运用统计方法对大量的统计数据进行汇总、整理、分析，以各种统计报表的形式形成分析报告，自下而上向管理者提供控制信息，企业根据信息对全球营销活动进行控制的方法。

五、全球营销审计

全球营销审计是指对全球营销环境、市场营销战略和全球营销活动进行全面的、系统的、独立的、定期的检查，以便确定问题、发现机会，并提出行动建议，以提高企业的营销业绩。全球营销审计主要包括六个方面：

1. 全球营销环境审计

全球营销环境审计包括宏观环境与任务环境两种环境的审计。宏观环境包括人口、经济、生态、技术、政治、文化等环境因素。任务环境包括市场、顾客、竞争者、经销商、供应商、公众等环境因素。

2. 市场营销战略审计

企业是否以市场为导向确定自己的任务、目标并设计企业形象，企业的营销是否与自身的竞争地位、资源相适应,能否调整战略适应产品生命周期各阶段。企业是否运用最恰当的方式细分市场,是否为每个目标细分市场准确定位并制定营销组合策略;企业在市场定位、企业形象、公共关系等方面的战略是否卓有成效。

3. 全球营销组织审计

全球营销组织审计主要是对企业的组织架构、功能效率及部门间联系效率进行检验,具体包括:全球各个目标市场的营销主管人员是否有足够的权力和明确的责任开展工作;营销活动是否按功能、产品、最终用户和地区最理想地进行组织;是否有一支训练有素的销售队伍;对销售人员是否有健全的激励、监督机制和评价体系;营销部门与企业其他部门的沟通情况如何,是否有密切的合作关系等。

4. 全球营销系统审计

全球营销系统包括全球营销信息系统、全球营销计划系统、全球营销控制系统和新产品开发系统。对全球营销信息系统的审计,主要是审计企业是否有足够的有关市场发展变化的信息来源,管理者是否进行了充分的市场调研,企业是否运用合适的方法进行市场和销售预测;对全球营销计划系统的审计,主要是审计营销计划工作系统是否有效,是否对销售潜量和市场潜量进行了科学的预测,是否将销售定额建立在适当的基础上;对全球营销控制系统的审计,主要是审计控制程序是否足以保证年度诸多目标的实现,管理层是否定期分析产品、市场、销售地区和分销渠道的盈利情况,是否定期检查营销成本;对新产品开发系统的审计,主要是审计企业开发新产品的系统是否健全,是否组织了新产品创意的收集与筛选,是否在新产品投资之前进行了适当的概念调研和商业分析。

5. 全球营销生产率审计

全球营销生产率审计是审计企业的盈利率和成本效益,主要包括:审计企业不同的产品、市场、地区和分销渠道相应的盈利率,以决定企业是否要进入、扩大、缩小或放弃若干细分市场;审核营销费用支出情况及其效益,进行成本效益分析,评估营销活动花费是否合理,是否可采取降低成本的措施等。

6. 全球营销职能审计

全球营销职能审计是对企业的产品、价格、分销、促销及销售队伍效率的审计。审计内容包括企业产品线规划是否合理,产品线的制定是否科学,企业产品的质量、特色、式样,品牌的顾客欢迎程度,企业定价目标和战略的有效性、市场覆盖率,企业分销商、经销商、代理商、供应商等渠道成员的效率,广告的目标、费用、预算,企业广告对顾客及公众的效果,公关宣传预算是否合理,公共关系部门的职员是否精干,销售队伍的目标、规模、素质、能动性等。

本章小结

组织是指为了达到某些特定的目标,在分工合作的基础上所构建的人的集合。组织是一种系统,是由人组建的以人为主体的具有特定功能的系统。这个系统必须有特定的目标,必须有分工与协作,必须有不同层次的职权、责任作为这种分工协作的保障。组织结构是人们分工与协作方式的具体实施,表明了组织各部分的排列顺序、空间位置、聚散状态、联系方式以及各要素之间的相互关系,是整个管理系统的框架。组织结构一般有直线型组织结构、职能型组织结构、扁平化组织结构等。全球营销组织设计必须符合组织与环境相适应、目标一致、责权利相统一、统一领导、精简、灵活性及稳定性、高效等七大原则。全球营销组织设计受到来自全球企业外部和内部因素的影响。

全球营销控制是指面向全球市场的企业管理者对全球营销计划的执行情况和效果进行检查与评估，了解计划与实际绩效是否一致，找出两者之间的偏差及造成偏差的原因，并采取修正措施以确保全球营销计划得到有效执行的管理活动。全球营销控制的过程包括确立目标、制定标准、衡量绩效、纠偏行动四个步骤。全球营销控制的内容包括全球战略控制、全球效率控制、全球产品控制、全球价格控制、全球渠道控制等。全球化企业要根据自身实际情况，合理选择营销控制方法。

中英文关键词

组织（Organization）
组织结构（Organizational Structure）
直线型组织结构（Linear Organization Structure）
职能型组织结构（Functional Organization Structure）
扁平化组织结构（Flat Organization Structure）
矩阵组织（Matrix Organization）
网络型组织（Network Organization）
控制（Control）
全球营销控制（Global Marketing Control）
全球战略控制（Global Strategic Control）
全球营销审计（Global Marketing Audit）

复习思考题

1. 什么是组织？什么是组织结构？一般的组织结构有哪些类型？
2. 试比较全球营销诸多组织结构形式的优劣。
3. 华为国际营销部的组织架构如图 12-9 所示，说说你的看法。
4. 全球营销控制包含哪些内容？
5. 简述全球营销控制的基本方法。

章末案例

收入从 0 到 50 亿，为什么每个人都该学学销售管理？

市面上讲管理的书很多，讲销售的书也很多，但是很少有人能够把销售管理讲清楚。销售对所有的企业来说，都是重要的事情，但销售几乎严重缺乏管理。大部分企业除了定目标、谈预算之外，基本上对于销售的管理都是处于放任的状态。

销售团队更像一个团伙，而不像一个组织，很难进行配合，导致销售团队规模扩大带来的效益完全无法抵消内部协调的成本，企业的发展遇到瓶颈。很多企业在发展过程中会遇到一个跨过不去的“销售鸿沟”，可能是 5 亿、10 亿，也可能是 50 亿。为什么企业会在这一销售规

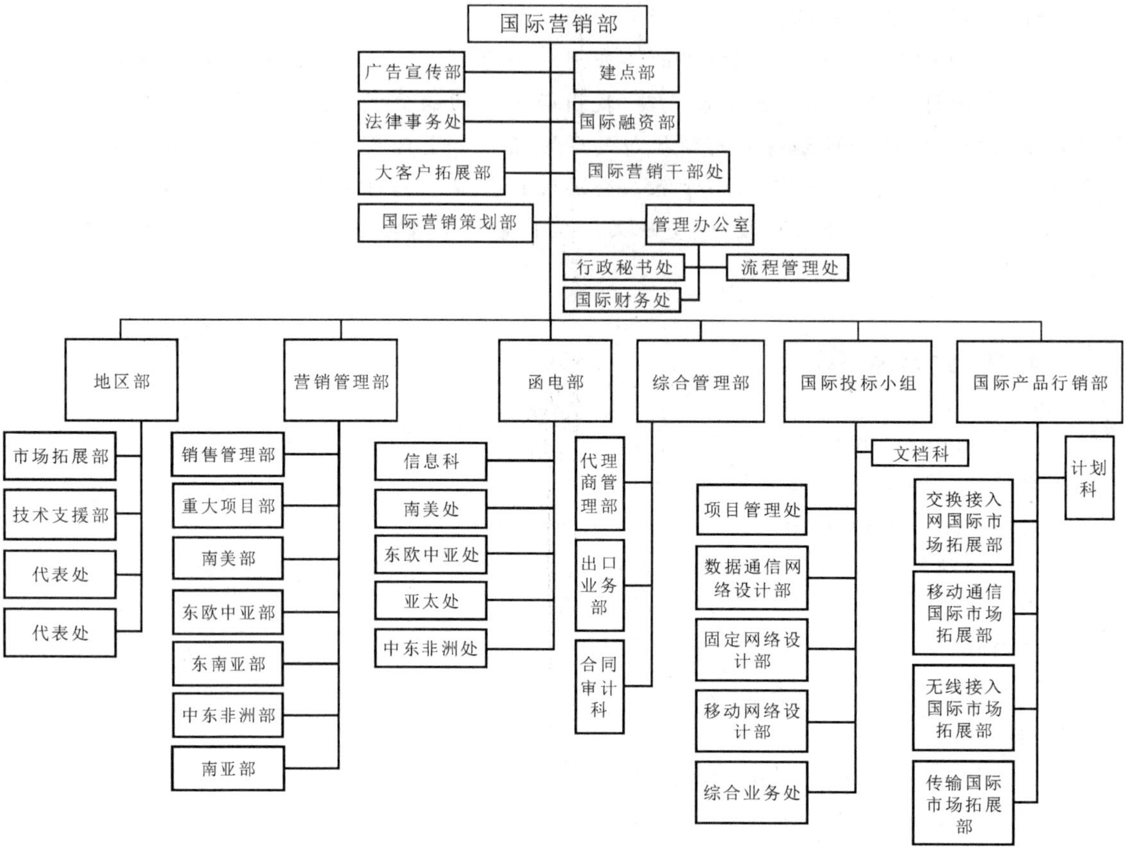

图 12-9　华为国际营销部组织架构

模上停滞不前？为什么有的企业销售额过亿然后又回到原点，有的长期增长非常缓慢？这并非单个销售员的问题，而是整个销售部门组织能力的问题。为什么会有这种问题产生？我们谈组织能力的时候，把它称之为“合力”。

一家公司的组织建设和发展，首先需要动力，也就是销售部门负责人跟公司负责人有没有驱使公司往更大规模发展的动力，不是每一家企业都有动力。因为有人追求每年的稳定增长，有人追求超越市场增长的幅度。其次需要能力，个别销售人员有没有能力做这个事，然后销售部门能否最终形成合力。一个企业在发展过程中，销售部门规模越来越大，就要有更多专业分工。

第二个问题是人员数量。无论是传统销售模式还是线上销售方式，销售规模的增长与人员数量增长一定有关系。比如我们谈零售，连锁门店的数量增长，那么店员数量更多，区域老总数量更多。如果谈 B2B 的销售，销售人员也越来越多。

所以，把两个维度放在一起，很多企业在发展过程中会出现一种状态：如果前进的动力和销售部门内耗相等，那么销售停滞。例如一家企业新开了 100 家门店，后来却关掉 80 家，甚至 120 家，因为企业发现，为了管理这新增的 100 家门店，自己甚至连存量门店都管理不好。

公司在发展过程中，很多部门需要对专业度进行提升，比如财务部门和人力资源部门。但是几个特定部门，特别是销售部门，是与人员规模相关的。专业分工和人员规模所带来的内耗，在销售部门特别明显。解决这种内耗造成的问题，企业才可以一步步往前走，这就是“销售管理”。大家形成合力，使销售规模扩大，但内耗不会因为人员规模扩大而增加，也不会因为专业细分产生部门间协调合作问题。所以需要从几个维度进行探讨：

第一个维度，销售部门定位要非常清楚。销售部门需要进行团队能力建设，合理安排人员分工。如产品销售和解决方案销售是不同的，产品销售运用的是内部思维，有什么东西可卖，把产品性能、价格以及对标企业说清楚就可以，但是如果销售解决方案，就必须非常清楚问题是什么，怎么围绕问题去设计解决方案。在销售解决方案时，销售人员必须十分了解客户需求，而产品销售更多了解的是产品功能。这种差异可能涉及企业的人才结构、组织结构，甚至销售流程。另外，每家公司对待销售部门的态度，认为其是利润中心还是费用中心，也是很大的问题。无论是利润中心还是费用中心都可以，重要的是配套不同。如果销售部门是利润中心，那么产品定价权理应归属销售部门。销售部门要有定价能力，就必须有很强的市场调研能力、产品对标能力、成本分析能力。如果销售部门是费用中心，那么从理论上讲产生营业收入是其最重要的指标，如何对费用进行管控是最重要的工作。

另外，所有公司都会面临产销不协调或者产销矛盾的问题。对生产部门来讲，希望销售部门卖的产品越标准、单一越好；对销售部门来讲，希望产品能够满足客户各种要求。当这种矛盾产生的时候，公司究竟以哪一方为主要驱动力量？如果是以生产部门作为驱动，那就是给什么样的款式、什么样的品类，销售部门将其卖出去就好，这叫后轮驱动、生产驱动。如果是前轮驱动，销售部门决定卖什么东西，生产部门就制造什么东西，能卖多少就生产多少。

"销售部门的定位"对于产生合力是非常重要的，而且定位一旦确定，不能随意更改。如果以拉动公司销售规模增长为目的定位销售部门，那么销售人员要对后端产能需求、对客户需求作判断，如果一个款式生产不出来，应该用什么样的款式代替，需要配合后端生产需求。如果是另一种，更多是给什么产品就找什么样的客户，能力是不一样的。所以，制约企业跨越持续成长鸿沟的重要原因是销售部门缺乏整体组织能力，生产部门再庞大，产品再好，还是要销售出去。

对于销售瓶颈，很多公司不是在产能方面出现了问题。销售部门不是公司所有规模增长中的障碍，而是公司要通过销售部门把所有产能，甚至品牌定位，全部推出去。一家公司的品牌定位就是客户认知，要运用销售力量和产品的合力对其予以提升。

一个门店训练员专门训练店员，使其具备高雅的气质和非凡的谈吐能力。当被问及"销售为什么与这有关系?"答案非常简单，因为该门店卖的是高端服饰产品，不是客人进来要什么衣服店员就给什么衣服，他们要根据客人的状况给出搭配意见，这与高端产品配套。如果销售高端的衣服，销售人员是低端的，品牌定位是不成立的。同样，具备高端的销售人员，产品不配套也不行。所以，销售管理要围绕"定位"及其配套展开。最终，销售部门能够成为公司在营收规模增长中一个非常重要的力量，而不是障碍。规模对销售而言是非常重要的制约因素。因为生产部门可以通过购买设备来扩大生产，销售部门则要依靠人员增长来达到业务增长的目标，而人员越多，越难管理，这在一定程度上说明了销售管理的重要性。

（案例来源：孙振耀《收入从 0 到 50 亿，为什么每个人都该学学销售管理》，载于新浪网，2017 年 11 月 22 日，有删改）

讨论题：

1. 在全球营销组织设计和控制中，销售管理的重要性何在？
2. 案例中提到的销售管理实践具体包括哪些方面？
3. 在销售管理方面，公司未来应该着重关注哪些问题？

参考文献

[1]庄帅，王艺瑾. 特斯拉不愿和拼多多"交个朋友"[EB/OL]. 超级观点，[2020-8-25]. https://baijiahao.baidu.com/s?id=1675967025649294307&wfr=spider&for=pc.

[2]乐国林. 国际企业管理[M]. 北京：机械工业出版社，2017.

[3]国际货币基金组织. 世界经济展望[M]. 北京：中国金融出版社，1997.

[4]权衡. 经济全球化发展：实践困境与理论反思[J]. 复旦学报：社会科学版，2017，59(6)：155-164.

[5]常婕. 我国企业国际化组织创新模式的分析和选择[J]. 当代经济，2007(6)：72-73.

[6]金碚. 论经济全球化 3.0 时代——兼论"一带一路"的互通观念[J]. 中国工业经济，2016(1)：5-20.

[7]厉翔，位青，王健栋，等. 中国企业国际化历程阶段分析[J]. 经济视角：下，2010(10)：50-52.

[8]蒋颖，周颖，刘治宇."一带一路"倡议下中国企业全球化的机遇和挑战[J]. 国际税收，2017(5)：22-25.

[9]菲利普·科特勒. 市场营销原理与实践[M]. 17 版. 北京：中国人民大学出版社，2020.

[10]孙振宇. 中国入世 15 年 从新成员到进入核心圈[J]. 中国经济周刊，2016(50)：16-22，88.

[11]张学波. 张裕集团国际营销策略研究[D]. 北京：对外经济贸易大学，2004.

[12]吴晓云. 全球营销管理[M]. 北京：高等教育出版社，2008.

[13]雀巢帝国：本土化成就全球化[EB/OL]. [2018-4-10]. https://www.sohu.com/a/227696375_604378.

[14]海盘. 雀巢咖啡×天猫超级品牌日 品牌营销主打"友情牌"[EB/OL]. [2018-9-28]. http://www.sohu.com/a/256659280_486194.

[15]杨明刚."雀巢"何以筑巢中国——雀巢公司在中国的营销策略[J]. 中国广告，2001(9)：57-61.

[16]盘点波音全球供应链战略演变三大阶段[EB/OL]. [2015-7-13]. http://news.163.com/air/15/0709/14/AU3CB22N00014P42.html.

[17]佟福全. 美国波音公司堪称经济全球化之路的成功典范[EB/OL]. [2007-12-6]. http://news.carnoc.com/list/93/93880.html.

[18]李政. 基于波音 787 的全球供应链战略模式研究[J]. 科技促进发展，2012(5)：97-102.

[19]印度手机市场大洗牌：小米第一，vivo 第四，华为无缘前五！[EB/OL]. [2019-1-2]. https://baijiahao.baidu.com/s?id=1621529706411571438&wfr=spider&for=pc.

[20]东方亦落. 原金立总裁被雷军招入麾下，小米"出海"又添一员大将？[EB/OL]. [2019-1-3]. https://baijiahao.baidu.com/s?id=1621622397079956841&wfr=spider&for=pc.

[21]又一国产手机品牌"诞生"，曾卖出 1.1 亿部，还是印度最畅销手机[EB/OL]. [2019-1-4]. https://baijiahao.baidu.com/s?id=1621655624884408020&wfr=spider&for=pc.

[22]印度首富强势入局！小米“生态链”植入印度，雷军5年布局被截和[EB/OL].[2019-1-4]. https://baijiahao.baidu.com/s?id=1621705582584804358&wfr=spider&for=pc.

[23]谢媛媛.小米印度第一地位不保？业务受挫或波及整个海外市场[EB/OL].[2019-1-1]. https://baijiahao.baidu.com/s?id=1621419159398718479&wfr=spider&for=pc.

[24]甘碧群，曾优娥.国际市场营销学[M].3版.北京：高等教育出版社，2014.

[25]张学敏，何酉宁.受教育程度对居民消费影响研究[J].教育与经济，2006(3):1-5.

[26]李军，黄园，谢维怡.教育对我国城镇居民消费结构的影响研究[J].消费经济，2015，31(1):56-59.

[27]王曼，白玉苓.消费者行为学[M].北京：机械工业出版社，2018.

[28]赵宝春，秦层层.消费行为中参考群体影响的评述与展望[J].当代经济，2018(19):126-131.

[29]于海英译注.易经[M].北京：华龄出版社，2018.

[30]爱德华·泰勒.原始文化[M].连树生，译.桂林：广西师范大学出版社，2005.

[31]雷蒙·威廉斯.文化与社会[M].高晓玲，译.北京：商务印书馆，2011.

[32]斯蒂芬·罗宾斯，玛丽·库尔特.管理学[M].13版.刘刚，等译.北京：中国人民大学出版社，2017.

[33]徐婷.跨国营销中的文化适应策略[J].商情：财经研究，2007(10):43.

[34]马玉梅，姚晓盈.国际商务环境下的西方跨文化管理理论评析[J].海外英语，2012(8):1-2，4.

[35]李定猛.浅谈企业伦理与营销[J].商情：财经研究，2008(1):54.

[36]谢争峻.当前时代下的国际市场营销环境分析及策略研究[J].现代营销：创富信息版，2018(10):117-118.

[37]邹胜男.政府政策制定中官方决策者与非官方参与者的演化博弈分析[J].湖北行政学院学报，2018(3):62-66.

[38]柳和城.叶景葵年谱长编[M].上海：上海交通大学出版社，2017.

[39]顾廷龙.张元济与合众图书馆[J].图书馆学通讯，1987(3):86-97.

[40]王世伟.历史文献论丛[M].上海：上海社会科学院出版社，2004.

[41]廖建军.美国政府“开放获取”政策及其对美国的影响[J].图书馆，2018(4):58-62，105.

[42]张景三.国际贸易中的经济民族主义因素[J].世界民族，2005(1):9-12.

[43]谢孟军.政治风险对中国对外直接投资区位选择影响研究[J].国际经贸探索，2015，31(9):66-80.

[44]刘中民.在中东推进“一带一路”建设的政治和安全风险及应对[J].国际观察，2018(2):36-50.

[45]徐铭蔚.研究“一带一路”框架下的国际经济法律问题[J].财经界：学术版，2018(6):25.

[46]李桂英.论商法的国际化特征[J].商场现代化，2013(24):58.

[47]杨爱葵，叶云兰.知识产权法的价值透析[J].商情，2009，34:84-85.

[48]冯晓青.利益平衡论：知识产权法的理论基础[J].知识产权，2003(6):16-19.

[49]苏宁，等.全球经济治理制度性权力变化新趋势[M].上海：上海社会科学院出版

社,2018.

[50]贡德·弗兰克.白银资本[M].刘北成,译.成都:四川人民出版社,2017.

[51]西川润.世界经济入门[M].王广涛,译.南昌:江西人民出版社,2017.

[52]奥利维尔·布兰查德.拯救全球经济[M].鲁东旭,译.北京:中信出版社,2015.

[53]陈源,胡慧超,刘蕴如,等.通证学[M].北京:机械工业出版社,2019.

[54]杨昂然,黄乐军.区块链与通证[M].北京:机械工业出版社,2018.

[55]詹宏毅.全球经济的非对称依存[M].北京:中国人民大学出版社,2010.

[56]玛丽安娜·马祖卡托.增长的悖论[M].何文忠,周璐莹,李宇鑫,译.北京:中信出版社,2018.

[57]吴云雁.基于要素分工视角下的全球经济失衡研究[M].武汉:湖北科学技术出版社,2014.

[58]杨蕙馨,吴炜峰,冯文娜,等.经济全球化条件下产业组织研究[M].北京:中国人民大学出版社,2012.

[59]国务院发展研究中心国际技术经济研究所,中国电子学会,智慧芽.人工智能全球格局:未来趋势与中国位势[M].北京:中国人民大学出版社,2019.

[60]21世纪经济报道.疫情下的全球产业链调查[M].杭州:浙江出版集团,2020.

[61]李艳.论国际贸易理论的体系与发展[D].哈尔滨:黑龙江大学,2005.

[62]钱著.论国际贸易理论体系与发展[J].企业技术开发,2016,35(20):126-127.

[63]王世军.综合比较优势理论与实证研究[D].杭州:浙江大学,2007.

[64]夏金宝.论比较优势、绝对优势、竞争优势理论的实践意义[J].价值工程,2006(2):79-82.

[65]石燕.要素禀赋理论、战略贸易政策与二元经济发展[D].湘潭:湘潭大学,2004.

[66]冯素玲,后小仙.当代产业组织理论研究综述[J].经济纵横,2007(14):84-87.

[67]黄旭,程林林.西方资源基础理论评析[J].财经科学,2005(3):94-99.

[68]吴金南,刘林.国外企业资源基础理论研究综述[J].安徽工业大学学报:社会科学版,2011,28(6):28-31.

[69]杨春华.资源基础理论及其未来研究领域[J].商业研究,2010(7):26-29.

[70]张新娜.试析基于价值链理论的企业成本管理模式[J].财会学习,2018(9):90,92.

[71]朱启铭.跨国公司跨国经营能力构建研究[D].南昌:江西财经大学,2004.

[72]张莉娜.供应链战略成本管理体系研究[J].财经界,2016(30):152.

[73]张宝贵.华为国际目标市场选择战略[J].商,2013(12):69.

[74]孙烨.国际营销的标准化与本土化[J].济南交通高等专科学校学报,2000(4):46-49.

[75]黄靖欣.浅析跨国公司的本土化战略及其实施[J].中国经贸导刊,2015(26):57-58.

[76]雷登攀.跨国公司的"全球本土化"战略[J].科技进步与对策,2003,20(7):99-101.

[77]陆卫平.国际营销标准化与本土化研究的发展脉络及最新进展[J].经济经纬,2008(2):132-135.

[78]马一德.国际营销组合标准化与本土化研究[J].求索,2007(11):24-26.

[79]清华.探讨市场细分与目标市场选择[J].现代营销:学苑版,2011(1):36-37.

[80]陆耀新.企业选择目标市场的相关战略问题探析[J].江苏商论,2006(8):120-121.

[81]张海秉.企业的目标市场选择[J].市场周刊:财经论坛,2004(1):37-38.

[82]邢艳梅. 关于市场定位策略的思考[J]. 天津职业院校联合学报,2006(5):159-161.

[83]葛亚琴. 我国智能手机市场细分和竞争策略研究——以小米手机为例[D]. 南京:南京农业大学,2014.

[84]姜文芹. 论现代企业市场定位的重要性与策略[J]. 江苏商论,2007(6):93-94.

[85]蓝进. 试论市场定位、产品定位和竞争定位之间的关系[J]. 商业研究,2007(10):51-53.

[86]程文琪. 论中国企业的国际目标市场选择战略——以格力电器(空调)为例[J]. 商,2013(12):77.

[87]ROTHAERMEL F T, HITT M A, JOBE L A. Balancing vertical intergration and strategic outsourcing: effect on product portfolio, product success and firm performance[J]. Strategic Management Journal, 2006,27: 1033-1056.

[88]马萨基·科塔比,克里斯蒂安·赫尔森. 全球营销管理[M]. 3 版. 刘宝成,译. 北京:中国人民大学出版社,2005.

[89]乔尼·约翰逊. 全球营销[M]. 3 版,江林,等译. 北京:中国财政经济出版社,2004.

[90]沃伦·J. 基根. 全球营销管理[M]. 7 版,北京:清华大学出版社,2004.

[91]FRANKLIN R. ROOT. Entry strategies for international markets[M]. London: Lexington Books,1994.

[92]HANS B THORELLI. Networks: between markets and hierarchies[J]. Strategic Management Journal,1986,7:37-51.

[93]NOHRIA N. Is a network perspective a useful way of studying organization[M]. Boston:Harvard Business School Press,1992.

[94]FORSGREN M,JOHANSON J. Managing networks in international business[M]. UK:Gordon & Breach,1992.

[95]HENRY WAI-CHUNG YEUNG. Critical reviews of geographical perspectives on business organizations and the organization of production:towards a network approach[J]. Progress in Human Geography,1994,4(18):460-490.

[96]JOHN STARK. Global product:strategy,product lifecycle management and the billion customer question[M]. UK:Springer,2007.

[97]逯宇铎,叶娇. 国际市场营销学[M]. 上海:格致出版社,上海人民出版社,2012.

[98]王霞. 我国奢侈品消费市场现状、特点及趋势分析[J]. 商业经济研究,2018(9):49-51.

[99]方征,韩坚. 全球营销标准化与本土化问题研究进展评析[J]. 学术交流,2006(3):78-81.

[100]雷如桥,陈继祥,刘芹. 基于模块化的组织模式及其效率比较研究[J]. 中国工业经济,2004(10):83-90.

[101]张莉莉,董广茂,杨玲. 模块化下的产品创新战略[J]. 科学学研究,2005(S1):275-278.

[102]阳正义,舒昌. 市场营销学[M]. 北京:清华大学出版社,2018.

[103]聂元昆,吴健安. 国际市场营销学[M]. 北京:高等教育出版社,2012.

[104]朱慧慧. 基于 TRIZ 的服务创新方法及其应用研究[D]. 武汉:华中科技大学,2017.

[105]菲利普·R. 凯特奥拉,玛丽·C. 吉利,约翰·L. 格雷厄姆,等,国际市场营销学

[M]. 赵银德，沈辉，钱晨，译. 北京：机械工业出版社，2017.

[106]王海忠. 全球营销：规则 · 指南 · 案例[M]. 北京：企业管理出版社，2002.

[107]郑佳. 品牌管理[M]. 杭州：浙江大学出版社，2010.

[108]菲利普 · 科特勒. 营销管理：分析、计划和控制[M]. 梅汝和，等译. 上海：上海人民出版社，1990.

[109]唐 · E. 舒尔茨，菲利普 · J. 凯奇. 全球整合营销传播[M]. 黄鹂，何西军，译. 北京：机械工业出版社，2011.

[110]沃伦 · J. 基坎，马克 · C. 格林. 全球营销学[M]. 4 版. 傅慧芬，戚永翎，敦晓凌，译. 北京：中国人民大学出版社，2009.

[111]高洁，周鑫，王伟. 第三方物流项目管理[M]. 上海：上海交通大学出版社，2009.

[112]闫国庆，李肖钢，赵娜，等. 第四方物流[M]. 北京：清华大学出版社，2011.

[113]倪杰. 管理学原理[M]. 2 版. 北京：清华大学出版社，2011.

[114]陈启杰. 现代国际市场营销学[M]. 3 版. 上海：上海财经大学出版社，2013.